行政專題論述

增訂二版

林克昌　編著

作者簡介

林克昌先生，五十七年畢業於政治大學公共行政研究所，曾任職臺北市政府研究發展考核委員會、行政院臺灣北區區域建設委員會，六十年轉職行政院研究發展考核委員會，歷任專員、研究員、主任、研究委員、處長、主任秘書，並先後兼任海洋大學、淡江大學及中央警察大學等校教職，三十餘年來，研究論著甚豐。六十八年及七十八年，奉派赴美國哈佛大學研究及明尼蘇達大學訪問學者。

許 序

行政是推動國家政務的根本，也是國家存在與發展的基本要素。一個國家的行政是否健全地在軌道上有效運行，不僅攸關全體國民的權益和福祉，也深切影響國家社會未來的長遠發展。當前世界各國均面臨外在環境自由經濟競爭的衝擊，以及內在環境民主政治思潮的高漲，我國以文官制度為主體的政府行政體系，自亦遭遇前所未有的強烈挑戰，故此，「政府改造」便成為提升國家競爭力的指標，也是新政府的施政主軸之一，如何解決現行行政組織體系紊亂、運作僵化、效率不彰等陳年舊病，以求行政革新，提升國家競爭力，朝向福國利民的目標邁進，正考驗著新政府的智慧、膽識與魄力。

作者林克昌先生，為余就讀政治大學公共行政研究所同班同學，賦性誠純，擇善固執，為人謙沖，才識優越，於求學時期，即好學深思，研讀甚勤，余素甚欽佩。民國五十七年，克昌兄於公共行政研究所畢業後，先後通過國家公務人員高等考試及甲等考試及格，曾任職於台北市政府研究發展考核委員會、行政院台灣北區區域建設委員會、行政院研究發展考核委員會等機關，勤公之餘，深研公共行政相關學識，頗有心得，為求教學相長，理論與實務結合，執教上庠，傳道授業，先後兼任海洋大學、淡江大學及中央警察大學等校教職，陶成多士，士林敬重，論著甚豐。尤於公職期間，任事積極，在艱彌厲，迭著功積，備受長官倚重與同僚愛戴，曾兩度榮膺六十三年度及六十七年度全國保舉最優人員，至八十七年再榮膺行政院模範公務人員，洵為多士之表率，公僕之典範，當之無愧。

今克昌兄，以其集行政、教學、研究在一身，融理論與實務於一爐之學殖素養，彙輯其近年來，鑽研當前國內行政專題重要心得文字共三十餘篇，名曰：「行政專題論述」，內容概為公共行政之範疇，主題涵括：行政組織、公共政策、高級文官、高等教育、行政革新、為民服務、基層人力、計畫作業、公車問題、戶籍行政等，涉及面極廣，其中有系統理論之分析，亦有實務行政現狀之探討，且提出政府機關推行行政功能時，應當遵行的原理原則和具體可行的方法，期能作為解決問題，克致效果的參考。例如：論中央行政組織問題及論行政組織理論與實際適用的差異——兼析行政院組織法修正的問題兩篇，提出組織設計脫離不了「管理」，二者相互依存，息息相關，行政機關組織欲達成其任務，組織之工作必先作合理之劃分，「結構」並應力求全面整合；公共政策的運作過程及決策模式一篇，也提出決策者應該認知：政策應正確反映形勢、政策標的人口應適當參與、政策方案應慎重選擇，以及政策過程互動應適切，否則，不當的運作與決策，會產生許多不良影響；餘如：當前戶籍行政之探討、談當前行政革新應有的作法、解決基層人力問題之芻見，以及如何落實為民服務之作法等多篇論述，均語重心長地指出公務員必須透過個人反思和自覺，以因應企業性政府的需求，加強「以顧客為導向」的正確服務觀念，提升國家競爭力，均為發人深省之論。中庸哀公問政章云：「博學之、審問之、慎思之、明辨之、篤行之。」克昌兄服公職之餘，留心凡百庶政，發為文章，嘉謨成帙，是真能力學、慎思、明辨、篤行，乃知識報國之有心人也。

總之，該「行政專題論述」，資料豐富，立論平允，見解明晰透闢，分析精細深入，文字簡練暢達，對有志於公共行政問題之研究者，是一項極為重要的資料；對於政府主管業務之決策者及其幕僚作業者來說，尤指出重要的方法與方向，實難能可貴。茲將付梓，余深佩其為人為學，爰綴數語，樂為之序。

考試委員 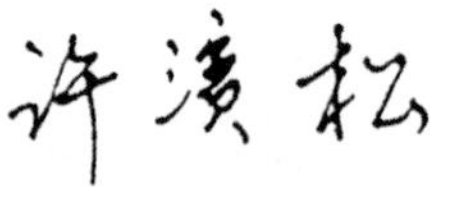 謹識

九十一年八月十五日

目 次

其他研究論著目錄

1. 台北市政府人事機構之研究（碩士論文），國立政治大學公共行政研究叢刊第六種，國立政治大學公共行政研究所出版，五十七年六月。
2. 專案檢討台北市自來水廠業務狀況報告書，宋玉清、林克昌等，台北市政府研究發展考核委員會編印，五十七年七月。
3. 專案檢討台北市公共汽車管理處工作獎金辦法報告書，宋玉清、林克昌等，台北市政府研究發展考核委員會編印，五十七年十月。
4. 專案檢討台北市公共汽車管理處業務狀況報告書，宋玉清、林克昌等，台北市政府研究發展考核委員會編印，五十八年二月。
5. 台北都會地區問題研究，鄷裕坤、林克昌、許濱松，國立政治大學公共行政研究叢刊第十種，國立政治大學公共行政研究所出版，五十九年四月。
6. 都會地區範圍淺釋，「市政學刊」第二期，五十九年九月。
7. 增進本省公務人員工作知能方案，鄷裕坤、林克昌，台灣省政府委託專題研究，六十二年五月。
8. 建立大都會制度研究——住宅問題，鄷裕坤、林克昌，行政院經濟合作委員會編印，六十三年一月。
9. 台北市議會組織與職權之研究，傅宗懋、林克昌、許濱松，國立政治大學公共行政研究叢刊第十一種，國立政治大學公共行政研究所出版，六十三年十二月。
10. 台北市各區公所地位與職責之研究，傅宗懋、林克昌、許濱松，政治大學公共行政研究所專題研究，六十四年九月。
11. 行政法精義，國防管理學校編印，六十五年二月。
12. 韓戰以來美國總統統帥權運用之探討，七友出版公司出版，六十五年三月。
13. 加強營建管理方案，鄷裕坤、林克昌，光復大陸設計研究委員會六十五年度專題研究。
14. 法學緒論，國防管理學校編印，六十六年四月。
15. 加強基層農業推廣工作實施方案——人事及經費部分，楊家麟、林克昌，經濟部委託研究案，六十六年四月。

16.行政法精義，七友出版公司出版，六十九年九月。

17.徹底消除走私、販毒、職業賭博、流氓四大毒害之研究，酆裕坤、林克昌，光復大陸設計研究委員會六十六年度專題研究。

18.工業區管理維護問題之研究，傅宗懋、林克昌等，行政院研究發展考核委員會六十六年度研究計畫。

19.大陸光復後建立現代化警察組織方案，酆裕坤、林克昌，光復大陸設計研究委員會六十七年度專題研究。

20.如何解決行政機關高級公務人員任用問題之探討，行政院研究發展考核委員會編印，六十七年三月。

21.台灣地區現代化民意調查研究——第一期計畫，行政院研究發展考核委員會六十七年度研究計畫。

22.醫師、律師會計師、建築師及技師等專門技術人員教考用配合問題之檢討及建議意見，行政院研究發展考核委員會六十八年度研究計畫。

23.行政院暨所屬各機關公務人員為民服務訓練績效評估調查研究，許濱松、林克昌等，行政院人事行政局六十八年度委託研究計畫。

24.台灣地區現代化民意調查研究——第二期計畫，行政院研究發展考核委員會六十八年度研究計畫。

25.醫師教考用配合問題之分析檢討及改進建議，行政院研究發展考核委員會六十九年度研究計畫。

26.光復大陸後規劃警察組織教育訓練方案，酆裕坤、林克昌，光復大陸設計研究委員會六十九年度專題研究。

27.漢學研究資料及服務中心工作成效檢討報告，行政院研究發展考核委員會七十一年度研究計畫。

28.行政革新的必要性與近年來成果，研考月刊第十卷第二期，七十五年二月。

29.行政計畫之理論與實務，行政院人事行政局編印，七十五年三月。

30.我國國家賠償法制頒及施行之研究，林克昌、謝嘉梁等，行政院研究發展考核委員會編印，七十七年五月。

31.建立政府機關出版品管理制度之研究，林克昌、謝嘉梁等，行政院研究發展考核委員會編印，七十七年五月。

32.「飆車」問題之成因及防制途徑專案研究綜合報告，林克昌、詹志宏等，行政院研究發展考核委員會編印，七十八年十一月。

33.健全我國警政組織體制之研究，林克昌、胡文中等，行政院研究發展考核委員會研究報告，七十九年二月。

34.「大家樂」問題之成因及防制途徑專案研究綜合報告，林克昌、詹志宏等，行政院研究發展考核委員會編印，七十九年四月。

35.人事人員服務態度調查研究報告，許濱松、林克昌共同主持，銓敘部及行政院人事行政局共同委託研究案，七十九年八月。

36.台灣地區中產階級政治傾向之研究，林克昌、吳明燁，行政院研究發展考核委員會研究報告，七十九年十一月。

37.行政機關處理人民陳情案件之研究，林克昌、黎小丁等，行政院研究發展考核委員會研究報告，七十九年十二月。

38.基層農會承辦農保業務相關問題檢討分析報告，林克昌、古步鋼等，行政院研究發展考核委員會研究報告，八十年三月。

39.強化職業同業公會組織功能，擴大委託行政業務分析檢討報告，林克昌、張淑彩等，行政院研究發展考核委員會研究報告，八十年十二月。

40.公益彩券發行管理辦法之研究，林克昌、古步鋼、劉上惠等，行政院研究發展考核委員會研究報告，八十一年三月。

41.現行水資源管理機關組織調整及相關問題分析報告，林克昌、涂淳惠等，行政院研究發展考核委員會研究報告，八十一年五月。

42.畜（野）犬管理問題分析報告，行政院研究發展考核委員會研究報告，八十一年六月。

43.當前未升學未就業青少年問題及其對策分析報告，林克昌、侯乃鳳等，行政院研究發展考核委員會研究報告，八十一年十二月。

44.加強職業同業公會管理輔導之研究，林克昌、張淑彩等，行政院研究發展考核委員會研究報告，八十二年一月。

45.各級機關基層人力問題之探討，人事月刊第十六卷第二期，八十二年二月。

46.土地使用分區變更時程分析，林克昌、張文蘭等，行政院研究發展考核委員會研究報告，八十二年二月。

47.論行政革新的必要性與應有的共識，行政管理論文選輯（公務人員進修讀本）第十輯，銓敘部主編，八十二年五月。

48.行政院暨各機關處理關說請託事件要點之研究，林克昌、涂炳深等，行政院研究發展考核委員會研究報告，八十二年五月。

49.台灣地區民衆政治傾向與投票行為之研究，林克昌、莫季雍、劉上惠等，行政院研究發展考核委員會研究報告，八十二年八月。

50.公務人員升等考試制度暨有關問題之研究，傅宗懋、林克昌共同主持，考試院委託研究計畫，八十五年五月。

附錄一：相關論著（收錄於本書所附光碟）

一、改善台北火車站前道路交通芻見

二、台北市公車發展問題之研討

三、戶籍行政發展方向之探討

四、有關稻穀產銷及工商營運情況訪問調查報告

五、高樓限建措施之檢討（提要）

六、行政機關高級公務人員考用問題之探討

七、綜論台北市公車問題

八、當前戶籍行政之探討

九、對教育環境的幾點省思

十、推動為民服務工作之整體規劃

十一、談當前行政革新應有的作法

十二、我國非經濟性計畫的成就

十三、赴德訪問觀感

十四、德國聯邦公共行政學院簡介

十五、掌握民意需求

十六、如何落實為民服務工作

十七、行政機關計畫作業概述

十八、研究報告撰寫

十九、行政革新的必要性與近年來的成果

二十、論行政革新的必要性與應有的共識

附錄二：相關參考資料（收錄於本書所附光碟）

一、戶籍登記暨白籍謄本專案調查研究報告（提要）

二、出國手續專案調查研究工作綜合報告

三、台北米價米市實地調查報告

四、今年主要製造業景氣動向與因應措施檢討

五、公營銀行放款業務檢討改進報告

六、改進都市交通問題之研究（提要）

七、改進電宰毛豬措施之研究

八、訪問手冊

九、加強政治革新方案——警政革新

十、行政院七十一年度遴派社會科學人員出國深造實施計畫

十一、加強培育及延攬高級科技人才方案

十二、加強社會科學發展六年計畫（草案）

十三、行政院遴派社會科學人員出國深造六年計畫

十四、行政機關組織與人員配置問題研究報告（提要）

十五、台灣地區行政區域劃分問題分析報告（提要）

十六、人事人員服務態度現況及其改進之研究（提要）

十七、現行行政體系層級調整問題分析意見

十八、社會福利彩券發行辦法草案

十九、公益彩券發行條例（草案）

二十、健全警察組織體制分析意見

二十一、海洋事務主管權責整合問題探討（提要）

二十二、提高行政效率實施方案（草案）

二十三、行政革新方案

二十四、行政革新推動計畫

二十五、行政院暨所屬各機關組織及員額精簡計畫

台北市公車問題之探討

張議長建邦致詞：

各位先生，市府各位首長，本會各位同仁，今天我們舉行第三十次的學術講座，非常高興能夠請到林克昌教授來談臺北市公車問題之探討。林教授是國立政治大學公共行政研究所畢業，曾在美國哈佛大學研究，現在擔任行政院研究發展考核委員會的研究委員兼處長，也在淡江大學以及中央警官學校兼任教授，他有很多著作，我不再一一說明。

現在公車問題，不管在路線經營、服務水準以及票價方面，都是臺北市民、市政府以及我們議會非常關心的問題，所以今天由林教授來談公車問題，我們特別感到高興。現在就請林教授。

林教授克昌：

議長、各位小姐、各位先生，我剛剛到大會來，也是坐公共汽車來的，對於臺北市公共汽車的問題，大概在十多年以前，國內有三大報稱我是公車專家，實際上剛剛議長也跟各位說明過，我不是學公車的，不能稱為公車專家，但是我有豐富的坐公共汽車經驗。今天跟各位報告這個問題，以研究方法來看，可以說是一種探索性的研究，所以我這個題目下得很大，所能向各位報告的可說是面的探討，至於進一步深入的層次，還有更多專家在研究這個問題。以下我分成幾點向各位報告：

壹、市民代步工具

多年來，公車一直是臺北市民代步的主要工具，亦是市區大眾運輸的最重要骨幹。雖然由於國民生活水準之提高，而自用車輛（包括小汽車及機車）日益增加，但是公車的營運量仍然逐年上升。在近十餘年間，先後有公車開放民營與實施聯營等重大措施，促使公車之營運量、行駛路線及里程等均有大幅度的增加，但是票價與經營虧損問題，卻依然困擾不已，以致公車問題經常成為報章與社會關注的焦點。

今年四月間，鐵公路及計程車費率調整之後，公車票價與虧損問題，再度成為熱門議題，且業者為之喋喋不休。同時，據聞市府當局將於近期內提出公車票價調整方案，報章亦不斷出現改善公車服務品質的呼籲。因此，擬分由乘客需求、營運成本、節約能源及都市交通等層面，剖析目前公車所存在的問題，並研提相關建議意見，俾供參考。

貳、近年公車發展情況

首先，就公車營運量的增加而言；在民國五十八年四月以前，係屬市營公車一家獨營的局面，直至開放四家民營公司，且陸續有臺北縣民營公車借道駛入市區營運後，公車營運總量乃大幅度提高。其次，再就公車行駛地區的擴張而言；五十八年以前，市營公車之行駛僅局限於市區內，開放民營後，分區營運仍以市區為主。迨六十六年，公車實施聯營，共有十家公車單位參加（包括市營公車及欣欣、大有、大南、光華、臺北、三重、首都、指南、中興等九家客運公司），而公車行駛地區擴及市郊，進入臺北縣及基隆市境，形成大臺北都會區大眾運輸網路的雛型。本文謹就五十七年至七十二年的資料，列表分析其較重要年份，公車發展之情況如后（如表一）。

依表一所列資料顯示；在十六年之間，公車營運量之變動，以五十八年、六十六年及六十八年等三個年份的幅度較大，其中五十八年及六十六年，分別因開放民營與實施聯營，而營運量為之大增。六十八年則因票價大幅調整，致使整個營運量下降。以下茲就各項營運量變動情勢詳予剖析如下：

一、公車路線：在五十七年市營公車獨家營運，全市公車路線僅及五三線，五十八年開放民營，在五十九年全市公車增為一〇二線，增加約近一倍。至十家公車單位聯營，在六十七年增為一八五線，其增加約近二・五倍。迨七十三年公車多達二三八線，較五十七年增加約三・五倍。公車路線之增闢，在於擴大營運量，便利乘客，但是恒因欠缺通盤規劃，而造成各種未盡理想的情事，諸如路線甚多重疊，且以主要幹路為主，增加道路交通擁塞情況。目前有十三條路線為多家公車合營行駛，曾因爭載乘客而發生糾紛。

二、營運里程：在五十七年僅四二五公里，至六十六年增為二、六五九公里，增加五倍有餘，七十二年更高達三、一三四公里，為五十七年七倍多。七十二年全年公車行駛里程多達二億零七十餘萬公里。足見營運里程增加較路線為高，而每一路線的里程亦見延長。路線里程延長，則常有路線迂迴，增加乘客交通時間；又有分段購票乘車者，增加部份乘客負擔。

三、營業車輛：五十七年計六八九輛，五十九年增為一、三三五輛，七十二年為二、六五九輛，至七十三年多達三、三〇六輛，增加三．七九倍。車輛多而班次增加，對提高運輸服務品質有相當助益。

四、平均每日班次：五十七年為一六、二七五班次，七十二年為七一、〇四四班次，增加三倍有餘，在每天公車營業時間十八小時中（上午六時至午夜十二時），平均每秒鐘均有一班次發車。若以全年行駛班次言，七十二年約近二千六百萬班次，足見公車營運量之龐大。

五、平均每日載客量：五十七年八十九萬五千餘人次，七十二年增為二百三十八萬餘人次，僅增加一．六倍。就人次之多言，幾近平均臺北市民每天搭乘公車一次之數。

六、平均每班次載客量：從五十七年以後呈逐年增加趨勢，至六十三年的七二．三六人為最高，六十四年以後則呈逐年下降現象，至七十二年僅及三三．五九人，不及六十三年之半。每班次載客量之下降，對乘客擁擠現象有所改善，但公車營運成本卻為之提高。

綜合以上六項分析，在十六年間，公車營運發展至為迅速，依其擴張比率高低而言，依序為營運里程增加六三七．四一％；平均每日班次增加三三六．五二％；營業車輛增加二八五．九二％；路線數增加二七七．三六％；平均每日載客量增加一六六．四五％。相反地，平均每班次載客量，則自六十四年以後逐年下降，以七十二年份與五十七及六十三兩年份比較，各僅及六一．〇三％與四六．四二％。由此可見，公車營運規模之擴大，而每班次載客量下降，其單位營運成本提高，雖然票價經多次調整，客運收入增加（全年收入五十七年僅三億餘元，七十二年高達四一億餘元，增加達十二倍餘），但近年來仍陷於虧損狀況。

此外，在乘客構成比率亦是影響公車收入的因素之一，依市營公車資料顯示（如表二）使用優待票之乘客之比例甚高，四年間一直維持五〇%左右，若依七十三年六月份聯營十家公車的資料，優待票所佔比率亦為四九．九一%。如此可知，持用優待票乘客比率高，對公車營運是一大壓力。至於各型車比較之構成比率，大型車乘客比率逐漸下降，而自強公車（冷氣車）乘客在四年間增加一倍，小型車亦有所增加，足見乘客對冷氣車與行駛郊區的小型車之需求，均在增加之中。

參、問題與建議

從前述分析得以窺知，十六年來公車各項營運發展，增加比例約在三至六倍之間，而載客量則僅增加約一．六倍。本文擬就公車乘客、經營單位與都市交通等方面，剖析目前公車所存在的問題，並研提若干建議意見。

一、公車路線：現有二百餘線公車，大部分集中於市區幹道上，且路線重疊的情形至為嚴重，造成幹道交通負荷量日增與交通秩序紊亂的現象。另外，部分路線行程曲折迂迴，增加乘客交通時間，並提高行車成本。凡此均因公車路線，未對人口分佈、地形、或人口集散情況，詳加調查，並予通盤規劃使然。宜應由市府主管單位，負責長期規劃，分期調整，建立棋盤式分佈的路線，減少行程曲折。

二、站距問題：依臺北市公共汽車客運業管理辦法第九條規定：行車站距，公共汽車以三百公尺以上，公路汽車八百公尺以上為原則。然依筆者多年觀察結果，為減少公車停車次數、縮短行車時間、減少尖峰時間多數乘客等候少數乘客上下車之情形，改善公車靠站而阻礙交通之現象，以及降低停車之耗油與機件耗損等行車成本，行車站距確有擴大之必要，其距離宜增加為八〇〇至一、〇〇〇公尺。

三、站牌設置：依現行規定：非同一營運單位，站牌與站牌間之距離應以十二公尺至二十公尺為度。但實際上其設置恒過於密集，亦有同一營運單位多路線共用一個站牌，以致尖峰時刻，公車擁擠一處無法確實靠站停車，不僅乘客上下秩序大亂，無法守秩序排隊上車，道路交通亦為之阻塞。至於設站地點，恒位於交叉路口、市場、學校、醫院等，影響交通秩序與安寧至鉅。凡此，亟應全盤檢討調整。

四、靠站停車：由於站牌設置過於密集，尖峰時刻車輛之擁擠，以及駕駛人員之習慣等原因，公車常有未能確實靠站停車之情事，不僅妨礙道路交通，更嚴重破壞乘客排隊依序上車。同時，計程車或其他車輛佔用停車站的情形，均應取締，俾便公車確實靠站與乘客排隊上車，否則公車將成為破壞排隊上車的禍首。

五、車輛養護：目前公車養護工作未盡理想，不僅關係出車率、肇事率及營運成本，更是製造空氣污染與噪音的根源，也是影響「公車形象」的主因之一。應由主管單位確實督導與取締。

六、其他服務品質：若以服務態度、車輛清潔及行車狀況等三項衡量公車服務水準，則市營公車均較其他民營者為優。現行規定對服務態度、車廂清潔均有具體規範，但大都仍未見澈底執行，尤其清潔一項，最為疏忽。至於行車狀況，法規並未加規定，實際上屢見急剎車或快速蛇行的狀況，尤其民營公車更然。此外，候車亭設置不多，任由乘客日晒雨淋，亦是缺失之一。服務態度宜採激勵方式，訂定競賽辦法，定期獎勵表揚。車廂清潔宜採檢查及競賽方式，督促改善，行車狀況宜採獎懲併行方式。

七、較高品質班車：乘客對公車的企求，不外乎迅速、安全、舒適等三項。目前公車只有普通班車、自強冷氣車、小型車，而以往曾有較快速的直達車及區間車均告停駛，實有令人遺憾之處。尖峰時刻宜有直達車行駛，以應乘客需求，其票價亦另行酌予提高。

八、班次調節：依前述之分析，近年來公車班次增加率約為載客量之兩倍，而平均每班次載客量約下降四〇％，以致平均行車成本提高。因此，在班次調節上實尚有調查分析，並作合理規劃之必要。增加尖峰時刻班次，並考慮酌減非尖峰時刻之班次。

九、經營管理：各公車單位經營管理欠善，仍是營運虧損之主因，不論人事、油料、養護或吃票情事，均有待檢討改，尤其人事費用之降低與吃票情事之遏阻，皆在於內部管理之加強一途。行政人員之精簡、取消隨車服務人員（車掌），以及嚴懲吃票事件，均應規劃澈底執行。

十、優待票問題：目前公車優待票以學生、兒童、軍警及老殘四種為眾，似宜將高中或國中以下學生及軍警之優待票予以取消，俾合理減輕公車營運成本及普通票乘客票價之負擔。

十一、票價問題：市府公車主管單位對於營運成本、票價計算等皆有其標準與計算公式，是否妥適容待考究。其根本之計，在標準與方式訂定核計之前，應先有合理經營模式為依據，並確定其合理的投資報酬率，其模式則有待主管單位研究確立，並加倡導。

十二、票證問題：目前公車之收票、收現及分段計票問題，一直困擾不已。實際上收票或收現應可併行，分段計票則不宜超過兩段，以免計收之困擾，減輕乘客負擔。至於票證之統一製售，實際上並無優點，反而增加聯營組織在營收統一分配之人力與財力，票證可恢復由公車單位自行製售，並得相互通用乘車，再透過各公車單位定期換票結算，仍可獲致目前統一票證之功能。

十三、聯營組織：自六十六年起由十家公車單位簽訂契約書，組成聯營管理委員會，實施聯營，依契約書之條款，聯營範圍有路線統籌分配，班次統一調整、站務與行車人員統一管理、票證統一製售、營收統一分配及統一稽查等六項，但是實施以來，僅有票證製售與營收分配獲得統一，其餘各項聯營事項，並未實現預定效果，而該組織之組設並未具效益。若解散其組織，僅需票證恢復各公車單位自行製售，並無其他阻礙存在。

肆、結語

依今後臺北都會區交通設施長期建設發展的情形而言，公共汽車仍將是大眾運輸之主幹，因而公車發展及服務水準之高低與民眾日常生活密切相關。市政當局在公車整體規劃發展方面，確應擔負起更為積極的角色，克盡督導、協調與輔助的功能。亦即市府主管單位應發揮統籌作用，負起規劃與推動的職責，有計畫地分期執行，以減輕公車單位與市民之困擾與阻力。主管單位於執行過程中，亦應重視公車單位的輔導與喚起民眾配合的宣導，俾利公車健全發展。

其次，宜應建立公車營運的正確觀念，在主管機關必須確認：公車係屬公用事業之一，關係民眾生活福祉至切，既然開放民營，則應促其健全發展，而其必要條件，在於合理的投資報酬率。所以，整體成本結構與票價核計，均應以客觀精確的分析規劃，切勿過於遷就民意或其他因素，否則勢不利於公車發展與服務品質之提高。另外，在乘客大眾方面；亦須體認公車廉價政策當有其限度，且成本、營收與服務三者息息相關，相互循環。因此，調整費率（票價），增闢較高品質班車（如直達車、冷氣車），在生活水準普遍提高的前提下，是必須且為公車發展的新方向。同時，民眾亦應認識公車的運輸特性，公車乃是大眾運輸工具，其任務在於定點與快速的運送，並非個人自用的交通工具，如計程車一般，得依個人需求提供服務。也唯有大多數民眾建立正確觀念，在公車路線規劃調整，站距延長與站牌設置等方面，始能臻於更合理的地步。

再就十家公車單位的發展歷史與營運規模而言，市營公車至今仍首屈一指，有三十餘年歷史，經驗累積最多，營運量佔大部分，依七十三年六月份資料顯示，市營公車之車輛有一、七二〇輛，佔五三・〇二%，路線一三〇線，佔五四・六二%，行駛里程佔四一・四二%，乘客人數佔三九・九二%。所以，市營公車宜發揮其示範作用，不僅要以服務大眾為重要目的，提高服務水準，以作為激勵其他民營公車之指標，更應透過市府之決心與努力，建立合理的經營管理模式，以作為其他民營公車努力的目標，並藉以分析核計公車營運合理的費率結構。因此，今後市營公車本身，尚應加強研究發展與規劃的功能，負起更多責任，以為推動全市公車發展的主要原動力。

最後，有關尖峰時刻公車專用道之規劃實施，行駛雙層巴士之可行性，以及取消隨車服務人員等問題，不僅關係公車將來發展，在整體交通設施方面，尚涉及不少相關因素，實有待市政當局詳加研究規劃。吾人誠然期望，憑藉臺北市公車的健全發展——快速、舒適、安全，進而導致整個都市道路交通更便捷與井然有序。今天的報告就到此為止，謝謝各位！

張議長建邦：

非常感謝林教授對臺北市公車問題有深入的探討，散會。

台北市議會第三十次學術講座演講稿，七十三年十一月二十三日。
台北市議會學術講座專輯 3，七十三年十二月二十五日。

表一：台北市公車發展概況統計

項目 / 數量比率 / 年份	路線數		營運里程		營業車輛		平均每日班次		平均每日載客量		平均每班次載客量	
	數量（線）	增加率（%）	數量（公里）	增加率（%）	數量（輛）	增加率（%）	數量（班次）	增加率（%）	數量（人次／日）	增加率（%）	數量（人次／班次）	增加率（%）
57 年	53	100.00	425	100.00	689	100.00	16,275.23	100.00	895,719.10	100.00	55.04	100.00
58 年	90	169.81	1,139	268.00	1,321	191.73	19,536.46	120.04	1,064,772.13	118.87	54.50	99.00
59 年	102	192.45	970	228.24	1,335	193.76	24,294.75	149.27	1,350,814.98	150.81	55.60	101.02
60 年	104	196.23	1,034	243.29	1,350	195.94	25,501.33	156.69	1,509,713.21	168.55	59.20	107.56
61 年	110	207.55	1,158	272.47	1,419	205.95	26,100.66	160.37	1,674,740.19	186.97	64.16	116.57
62 年	116	218.87	1,203	283.06	1,494	216.84	26,820.19	164.79	1,851,843.53	206.74	69.05	125.45
63 年	116	218.87	1,237	291.06	1,489	216.11	26,653.73	163.77	1,928,715.32	215.33	72.36	131.47
64 年	122	230.19	1,315	309.41	1,663	241.36	27,889.97	171.36	1,952,012.95	217.93	69.99	127.16
65 年	121	228.30	1,346	317.71	1,882	273.15	32,942.33	202.41	2,042,440.11	228.02	62.57	113.68
66 年	179	337.74	2,659	625.65	1,809	262.55	48,871.66	300.28	2,328,509.22	259.96	47.65	86.57
67 年	185	349.06	2,598	611.29	1,908	276.92	52,952.54	325.36	2,501,390.69	279.26	47.24	85.83
68 年	180	339.62	2,461	579.06	1,926	279.54	51,543.67	316.70	2,345,821.65	261.89	45.51	82.69
69 年	191	360.38	2,643	621.88	2,368	343.69	59,016.52	362.62	2,320,741.00	259.09	39.32	71.44
70 年	195	367.92	2,867	674.59	2,495	362.12	64,372.66	395.53	2,376,571.66	265.33	36.92	67.08
71 年	197	371.70	3,038	714.82	2,642	383.45	68,377.11	420.13	2,351,718.48	262.55	34.39	62.48
72 年	200	377.36	3,134	737.41	2,659	385.92	71,044.17	436.52	2,386,665.71	266.45	33.59	61.03

資料來源：臺北市統計要覽（七十三年），臺北市政府主計處編印。

說　　明：57.61.65及69等四年係閏年，依366日計算每日平均量。

表二：台北市市營公車乘客人數（構成比率）統計

年份	各型車比較				各種票別比較		
	大型車	自強公車	小型車	合計	合計	普通車	優待車票
69	94.57	5.10	0.33	100	100	51.79	48.21
70	93.11	6.52	0.37	100	100	49.51	50.49
71	91.31	8.19	0.50	100	100	44.74	55.26
72	88.30	11.15	0.55	100	100	49.69	50.31

資料來源：臺北市公共汽車管理統計月報（七十三年五月份），臺北市公車處編印。

說　明：1.優待票包括老殘票、學生票、軍警、孩童等優待票。

2.自強號公車包括大型及中型冷氣車。

第三十次學術講座

時　間：七十三年十一月二十三日

地　點：本會地下一樓交誼廳

講　題：台北市公車問題之探討

主持人：議長張建邦博士

主講人：行政院研考會研究委員兼處長　林克昌先生

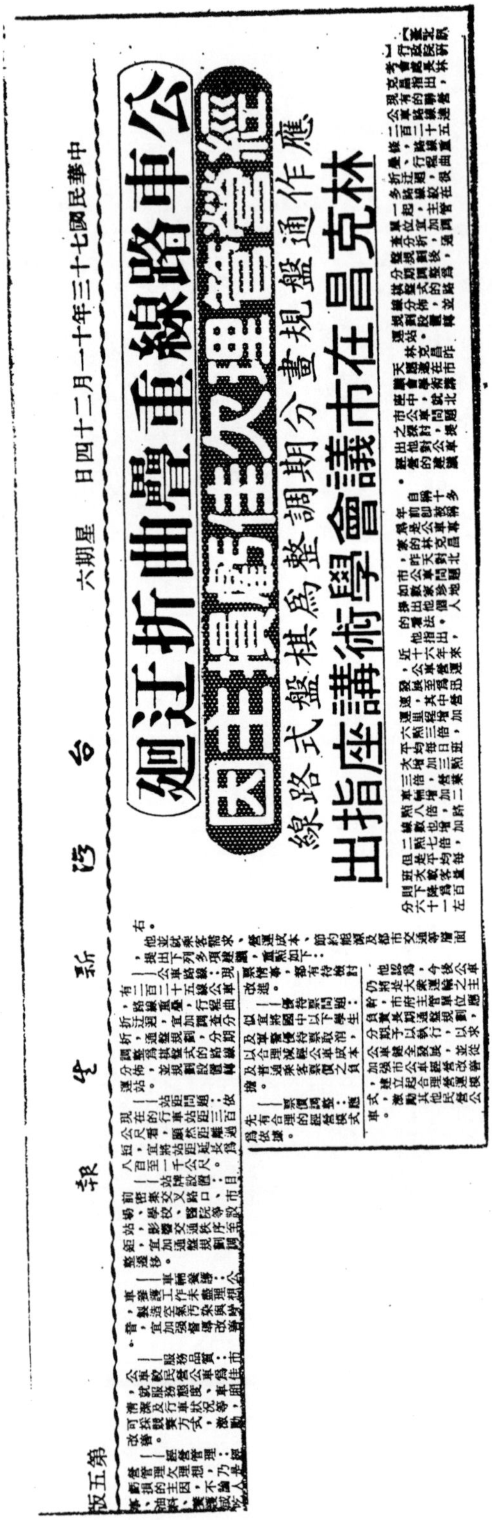

台灣新生報 第五版 中華民國七十三年十一月二十四日 星期六

公車路線重疊曲折迂迴
經營管理欠佳虧損主因
應作通盤規畫分期調整為棋盤式路線
林克昌在市議會學術講座指出

台灣新生報
中華民國七十三年十一月二十四日

公車聯營實際上是各自為政
爭相搶走黃金路線造成浪費

路線絞在一起，站距太小家子氣，站牌又擠成一堆。臺北市的聯營公車明知有這些經營上的根本缺失，但就是沒有決心對症下藥，使公車營運看似密密麻麻，服務週到，卻不是一種高效率的經營方式。

公車路線的繁複重疊，自聯營後即因公車業者營運利益所在，視路線為命脈，每家業者都不願意捐棄小見而成就大我，使公車美其名是聯營，卻無聯營之實，路線自始自終即無法真正做好整體性規劃，當然不能避免路線的不合理情事。

「路線像蜘蛛網似的弄成一團，對乘客而言，不快反慢，也容易造成交通瓶頸。」行政院研考會處長林克昌，昨天應邀以「北市公車問題之探討」為題，首先即指出公車目前第一個毛病就是出在公車路線的絞在一起，並非公車經營的良策。

北市有二百多條公車路線，看起來是服務週密，而事實上仍有各自為政的感覺，沒有良好的轉運設計，也沒有考慮彼此重疊的浪費，但卻基於私利，始終不能突破十家公車業者的成見，使北市公車路線更精簡合理與效率化。

和路線的缺點大同小異的站距、站牌問題，過短的站距與過密的站牌，都使得公車營運，尤其在尖峰時段，相互擠成一堆，不但影響營運績效，也波及整個交通流暢，反而在製造交通瓶頸，失去公車應有的安全、舒適、便捷的基本要求。

站距太短的情形，主管單位並不是不知，而是長於被寵慣了乘客的反對，自始至終，乘客對公車的要求，幾乎都希望能做到「出門即見站、下車即到家」的服務，所以，在各於多走幾步路的心理下，不願意看到站距過大。

這種站距拉不長的困擾，直接影響到行車成本的增加，也浪費能源，但每有調整站距的行動，即屢遭乘客抗議，使得站距總是擁擠難暢，也拉長不易，乘客的自私心態的確是有待檢討。

至於，站牌的太密，有一部份責任應由公車業者來負擔，現行的公車站牌大部份是撿現成的，由廣告業者為了廣告而免費提供站牌，公車業者也樂於接受，就不在乎一個站牌設三、四條公車路線，而如果是設在精華地段，站牌林立，路線卻更加密集，公車靠站不易，影響了站牌應有的招呼功能。

另一方面，路幅的過短與紅綠燈的太多，都使公車的行駛受到約束，即使設有定時公車專用道，也因其他交通工具的佔用而效益難全面發揮，站牌的功能更是打了折扣。

有關路線、站牌、站距的缺失，一直是公車經營上的老話題，學者專家也時有建言，但總是理想與事實相差一截，鑑於公車要更好的期許，公車業者與主管單位實應積極檢討和深思。

（本報記者吳昭明）

中華日報
中華民國七十三年十一月二十四日

行政院研考會李克昌分析指出
公車欲經營合理化
優待票應考慮取銷

【台北訊】對公車問題夙有研究的行政院研考會委員兼處長李克昌，廿三日在台北市議會演講時指出，要促使公車經營合理化，公車的優待票應考慮取銷，起碼近期內應首先取銷國中、國小學生優待票。

李克昌是應台北市議會邀請，以台北市公車問題之探討為題發表專題演講。

他在談到公車優待票問題時指出，最近四年以來，使用優待票的數量佔全部票證的百分之五十左右，今年六月的統計亦為百分之四十九點九二，顯示優待票的使用量穩定的佔了全數的一半左右，換言之，每一位使用普通車票的乘客，一半的支出要用來補貼持用優待票者。

李克昌認為，發售優待票固然有相當的歷史淵源，然而仔細分析起來，卻有諸多不合理之處。

他指出，接受國民教育的學生，原本就有學區的畫分，售予優待票不僅不合理，且有鼓勵越區就讀之嫌；高中以上的學生，既非國民義務教育，其有能力，有意向繼續唸書，又怎能寄望得到額外的補助；至於軍警優待票，公教優待票都能取銷，軍警的待遇並不比公教低，軍警優待票也應可考慮取銷。

李克昌認為，持優待票的乘客由持普通票的乘客來補貼，還有一項極不合理之處，那就是公車乘客多為中、低收入民衆，讓這些乘客來承擔較多的開支，在理論上也不見得說的過去。

他指出，公車惟有在合理的經營規模之下，才能達到健全發展的目標，否則只是不斷的調整票價，並不能有效的幫助公車業者。

李處長認為，在目前公車聯營的體質之下，公車經營規模要合理，還必須從公車路線、車輛調度及公車站距上改善著手。

他認為，目前公車路線過於曲折，路線與路線重疊的情形也很嚴重，站距下限僅三百公尺的規定，也有加大的必要，應該延伸為八百至一千公尺設站一處，如此必可直接或間接的節省營運成本。

他同時建議，公車的服務員應可全面裁撤，只要有司機一人服務即可，諸如鐵路列車及公路國光號班車的服務小姐，其服務功能可謂極為低落，國光號服務小姐的最大用處，可能是在陪司機聊天，免得司機打瞌睡。他認為，公車經營上的嚴重問題之一，就是人事不夠精簡。

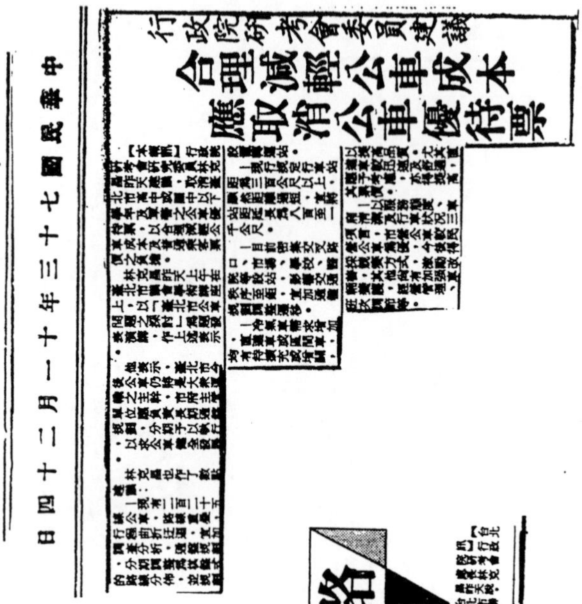
中央日報
中華民國七十三年十一月二十四日
行政院研考會委員建議
合理減輕公車成本
應取消公車優待票

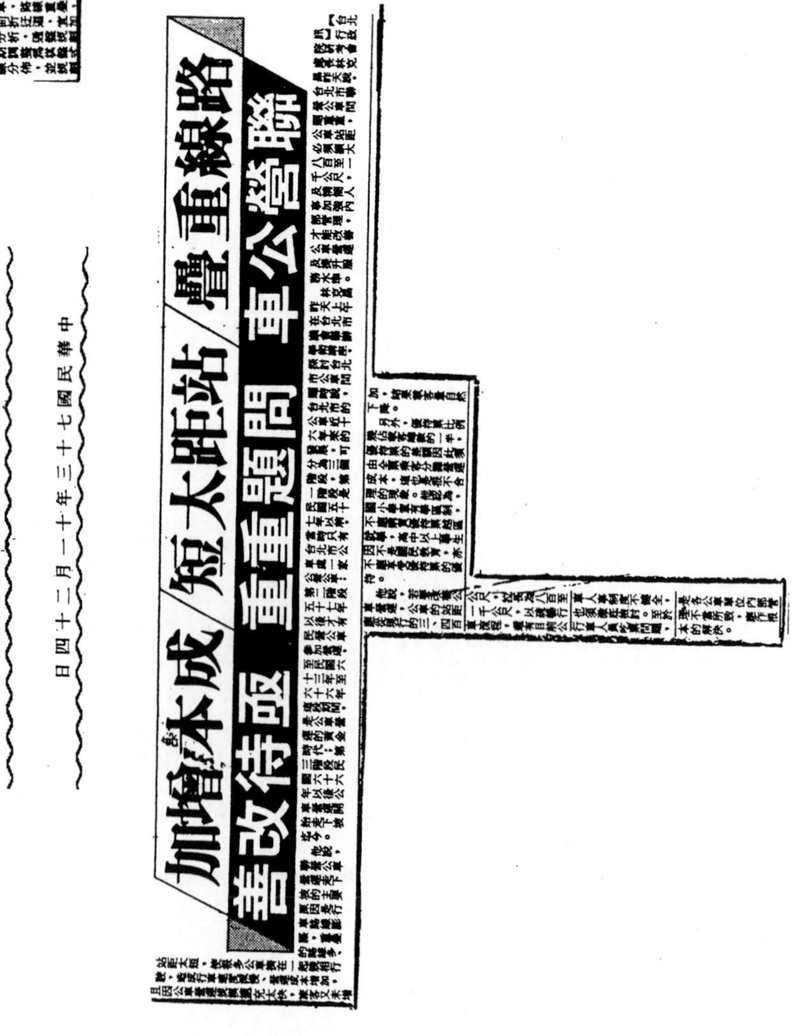
聯合報
中華民國七十三年十一月二十四日
路線重疊 站距太短 成本加高
聯營公車 問題重重 亟待改善

中國時報

中華民國七十三年十一月二十四日

公車服務過度、市民有福難享

平均每秒發車一班、行駛路線遍佈全市

規劃欠佳阻礙交通、空談便捷適得其反

【台北訊】台北市的公車班次，由十六年前的每天一千六百多班次，增加爲目前每天七萬一千班次，平均每秒鐘有一班公車發車，每一分鐘有六十輛公車在市區行駛，但由於路線的規劃不當、站距過短，不但沒有提供市民便捷的服務，反而造成了交通秩序的混亂，行政院研考會研究委員兼處長林克昌認爲這種現象有待改善。

林克昌處長昨日應邀在市議會演講「台北市公車問題之探討」時，作上述表示。

林克昌指出，台北市的公車路線由十六年前的五十三條，增加爲目前的二百三十八條，由於規劃不當，以致演成路線重疊，或絞成一團的現象，嚴重影響行車時間及交通秩序，最理想的公車路線規劃是棋盤式，市府這麼多年來未做過調整，主要由於涉及因素太多，尤其是市民的壓力太大。

林克昌認爲，目前的法定站距三百公尺太短，最好能擴大爲長爲八百至一千公尺，因爲站距太短，影響行車時間，油料消耗，機件磨損，尤其在尖峰時刻爲了等一人下車，犧牲多數人的時間，實在沒有道理，除了站距，站牌的距離太近，甚至於一個站牌有多條路線，造成公車無法順利停靠，影響上下車秩序，也有待改善。

林克昌對優待票的[illegible]，近四年的資料，台北市公車優待票所佔比例爲百分之五十，等於每個普通乘客都要爲優待票乘客貼補部份的票額，但搭乘公車的乘客，大多是中下階級的民衆，由他們來補貼優待票的差額，很不公平。

林克昌坦承優待票的改革確實不易，但他仍提出下列建議：

－台北市國小、國中皆劃定學區，不應享有優待權利。

－高中以上教育，並非國民義務教育，顯示有能力就學，而軍警人員的待遇已經提高，都可以考慮取消。

林克昌強調，任何一件突破性的作法，都會遭遇壓力，市府可以採取漸進程序，首先取消國小、國中學生的優待票。

〔台北訊〕行政院研考會處長林克昌廿三日在一項演講中，建議取消公車隨車服務員，他並舉例說，國光號隨車服務員，大概只有一項功能，就是陪司機聊天，避免司機因長途開車而打瞌睡。

林克昌昨日在台北市議會談台北市的公車問題時，他認爲現在已非講求勞力時代，公車隨車服務人員可以減少，以降低公車營運成本。

林克昌說，鐵公路的隨車服務員，也都沒有存在的必要，以國光號的隨車服務員而言，除了陪司機聊天，避免司機打瞌睡外，沒有其他用處，至於所增加的成本，只好轉嫁到乘客的身上。

民生報

助長中小學生越區就讀

林克昌主張取銷優待票

【台北訊】行政院研考會綜合計畫處處長林克昌昨天以「台北市公車問題之探討」為題發表演講指出，公車優待票的存在，無異是將不合理的負擔轉嫁到乘客身上，市政當局應突破一切壓力儘速取銷任何優待票。

他表示，學生優待票的目的，是供學生就學使用，而目前國中、國小均有學區制，徒步上學即可，不需搭乘公車，因此，如果、聯營公車實優待票給國中以下的學生，即助長了越區就讀。

高中以上的教育，他認為並非國民義務教育，每個想受更高教育的學生，沒有理由要一般公車乘客來負擔其部分交通費。

關於軍、警優待票，林克昌強調更不應給予優待。他指出，目前軍、警人員的待遇，不但不比一般的公務人員低，甚至還比公務人員多，自然不應當使用優待票，事實上，公務人員也沒有使用優待票。

林克昌並指出，目前台北市聯營公車的優待票比例竟高達百分之五十，其他一般乘客要大幅負擔不符票價成本的部分，不但不公平，而且也使公車營運成本，難以合理化。

他強調，自己也有孩子讀書，但是客觀理性的分析公車票價問題，優待票應當予以取銷。

國光號小姐形同閒置

林克昌希望精簡人事

【中央社台北二十三日電】行政院研究發展考核委員會綜合計畫處處長林克昌今天說，台灣汽車客運公司國光號客車服務小姐，只具有與駕駛員聊天，防止他打瞌睡一項服務功能。

林克昌藉著這個例子，希望公營事業單位精簡人事，節約開支，同時改善將不必要費用轉嫁消費者的現象。

臺灣日報

中華民國七十三年十一月二十四日

特稿

輔導公車業者營運與發展
宣導市民正確的運輸觀念
解決公車票價問題・府會應負起責任

本報記者：[illegible]嘉玲

「公車票價調整方案」日前曾因鑑於國內油價可能波動，以及勞動基準法公佈後，公車業者人事成本增加兩項因素而幾乎停擺現在這兩項因素均已不成阻礙公車票價調整的因素，而市府高級官員也表示，市府將於市議會開臨時大會之前，將公車票價調整方案送請議會審查，公車票價調整已勢在必行，因此，公車業者及市府主管單位應切實面對公車問題，積極解決問題，提高服務品質，讓市民心服口服。

行政院研究發展考核委員會處長林克昌昨日上午於市議會以「臺北市公車問題之探討」作專題演講，林處長在講演中指出，公車發展現況的各項問題，並提出建議：

一、路線分佈問題：目前臺北市公車路線的安排，有重複、曲折的現象，應針對臺北市的地形，作長程規劃，朝理想的棋盤式路線努力，一步一步進行。

二、站距問題：臺北市都市道路規劃過於細密，紅綠燈號太多，不僅在交通上發生阻塞現象，也使公車行車時間增加，油料耗損浪費，因此，站與站間的距離應考慮擴大到八百至一千公尺，[illegible]市民多走一點路，運動運動。

三、站牌設置問題：七、八個站牌設於一[illegible]，屢見不鮮，造成公車[illegible]多站牌設置在需要[illegible]設、[illegible]。

四、公車靠站問題：除了上[illegible]之一，公車[illegible]停靠外，駕駛人的[illegible]及主管機構皆應積極訂定辦法，[illegible]。

五、營運單位車輛養護問題：車輛養護不佳，車身震動，產生噪音及排放黑煙、污染環境等，都導致市民對公車形象的印象不好，同時，養護工作不注重，車子耗損厲害，營運成本自然提高。

六、服務水準問題：其中包括行車人員服務態度、行車狀況及車廂清潔等問題，市府主管單位應謀求改善辦法，安排十家公車互相觀摩競賽，以求改進。

七、班車調度問題：應對尖峰時段、離峰時段的需要估算清楚，才能做有效的調度。

八、[illegible]

九、[illegible]

林克昌表示，公車票價的計算可將其營運的歷史性資料作為計算基礎，確定其合理投資報酬率。

他說，公共汽車是大眾運輸的主幹，因此，市府主管單位及議會應負起更多的責任，扮演更積極的角色，輔導公車業者營運發展，宣導市民正確的大眾運輸觀念。

事實上，市民要求的是快速、舒適、安全的交通工具，公車服務品質好才是最重要的，票價提高幾塊錢，對消費日漸升高的臺北市民，應該不成問題。

研考會林克昌處長表示
公車票價的擬訂要考慮合理營運

〔臺北電〕行政院研究發展考核委員會處長林克昌表示，公車票價的擬訂，一定要考慮公車的合理經營規模，確定其合理投資報酬率。

林克昌是於昨（二十三）日上午應臺北市議會的邀請，以「臺北市公車問題的探討」為題講演時，作以上的表示。

林克昌指出，臺北市公車發展過程中的確產生許多問題，而經營管理不善是公車營運虧損的主要原因，他建議十家公車業者精減人員，減少人事費用，並取消優待票，使公車營運成本合理化。

林克昌並建議，規劃尖峰時段公車專用道，設計雙層巴士，以及提高服務品質，使人人坐公車，藉公車的正常發展來解決臺北市的交通問題。

林克昌說，開車有找停車位的麻煩，騎機車又危險，因此，公車仍將是大眾運輸的主幹，市府及議會應有此體認，負起更積極的責任，加強輔導業者，並宣導市民正確的大眾運輸觀念。

臺北市政

中華民國七十三年十二月五日

台北市公車問題之探討

【本刊特稿】多年以來，公共汽車一直是大臺北地區民眾代步的主要交通工具，而其票價與經營虧損的問題，則經常成為報章及社會大眾所關注的焦點。

行政院研考會委員兼處長林克昌，應臺北市議會第卅次學術講座之邀，以「臺北市公車問題之探討」為題發表專題演講，分由乘客需求、營運成本、節約能源及都市交通等層面，探討目前的公車問題。

林克昌是公車問題專家，他首先指出，臺北市現有二二五線公車，路線重疊，行程曲折迂迴，宜予重新通盤規劃，並規劃分期調整為棋盤式的路線分佈，並規劃設置轉運站。

他並就臺北市公車現況提出以下各項建議：

1.站距問題：依現行規定的行車站距為三百公尺以上，顯然距離太短，宜將站距延長為八百至一千公尺。

2.站牌設置：目前在密集交叉路口、市場、學校、醫院等設站，影響交通秩序至鉅，宜加以調整遷移。

4.車輛養護：一般公車養護工作未盡理想，製造空氣污染和噪音，有關單位應加強督導改進。

5.服務品質：以服務態度、車廂清潔及行車狀況三項而行，市營公車較民營公車為優，今後可採競賽方式，以激勵公民營公車單位之榮譽心。

6.班次調節：平均每班次載客量之下降，提高了行車成本，應設深入調查以調整合理的班次；增加尖峰時刻班次，非尖峰時刻的班次宜酌量減少。

7.較高品質的班車：一般市民對冷氣車的需求增加，尤其是迅速舒適的直達車宜予增加，甚至可以提高其票價。

8.經營管理：經營管理欠佳，一直是公車虧損的主因，不論人事、油料或吃票等情事，均有待檢討，尤其人事費用之降低與吃票情事之遏阻，皆有待於內部管理的加強改善。

9.優待票問題：目前優待票以學生、兒童、軍警及老殘四種為主，似宜將高中國中以下學生和軍警之優待票取消，以合理減輕公車成本及普通乘客票價之負擔。

10票價調整：市府公車單位對於營運成本、票價計算皆有標準及公式，其是否適合現行營運需求應再詳加分析研究。

11票證問題：收票、收現與分段計票等問題，一直困擾不已；實際上，收票及收現可以並行，而分段收票不宜超過兩段。

12聯營組織：自民國六十六年起，由十家公車單位簽約組成聯營管理員委會，實施聯營，雖然聯營範圍計有路線統籌分配、班次統一調度、站務與行車人員統一管理、票證統一製售、營收統一分配及統一稽查等六項；但實施以來，僅票證製售與營收分配獲致統一，其他諸項並未實現，該組織似乎已無存在意義。

林克昌在結論時指出：今後公車仍將是大眾運輸之主幹，市府主管單位應負起長期通盤規劃，分期予以執行，以求公車健全發展。他同時呼籲，應加強市營公車經營的改善，建立合理營運的模式，以激勵民營公車效尤

臺灣時報

公車虧損管理不當
上下吃票是致命傷

台時 11.28 (2)

本報記者 陳碧雲

經營管理的不當，是公車虧損的最大原因，其中的「吃票」是主要因素。

行政院研究發展考核委員會研究委員兼處長林克昌指出，平均每人每天要坐一次公車，根據七十二年底資料顯示，每年搭乘公車者有二百卅萬人次。

他說：五十七年以前，臺北市只有公車處的存在，從五十八年以後，始有民營的加入，其中，六十三年是公車營運的黃金時代，而六十六年以後公車發展有走下坡的現象。

林處長認為，經濟發展、因而班次量增多、路線與車輛也跟多起來了，但為什麼公車倒反而走了下坡，他分析說，班次雖增多，但載客人數卻反而降低，這與路線、站距有著極為密切的關係。

臺北市可說是國內公車路線最多的城市，不過，路線雖多，但規劃不夠嚴謹，重複路線過多，倒反而減弱了它的營運功能。林遠昌指出，臺北市有個奇特的現象，許多公車路線常擠和在一起，在相同路線中，常會有「搶功」的情形發生，所以，也就產生了闖紅燈、搶黃燈、開快車，車禍率也就相對提高。

他認為，臺北市公車路線多年來一直未作過調整，因此，造成了公民營公車混亂一片的情形，林克昌希望棋盤式的路線分佈是最理想的狀況。路調是長期的問題，但若要改善，則需事先詳加計劃，他建議，不妨以電話號碼分區改換的做法為範本。

根據規定，二站之間三百公尺即可，但是，林克昌認為，這種規定太「愛惜」市民了。三百公尺不僅易發生交通阻塞現象，而且行車時間亦造成影響。因此，他建議不妨將站距拉長為八百至一千公尺。

他更覺得奇怪的是，往往七、八個車用同一個車牌，等到車子一來，乘客必須迎接跑後，若同時來個四、五輛車的話，不但亦發生停車的混亂，乘客上、下車的秩序也跟著被搞亂了。

公車虧損不論在公營或民營單位來講，都是相當沉重的負擔，然而，優待票的使用亦直接影響到合理投資報酬率。林處長認為，國中以下學生不應該買優待票，因為，國中以下學生就讀有學區劃分，若公車單位出賣優待票給他們的話，無形中就幫助他們越區就讀。另外，高中以上學生不屬在國民義務教育之內，所以，也不應享受優待票，同時，軍警現在的待遇也不見得比公務員差，是否有必要再發售優待票頗值得考慮。

人事費用、油料養護費、吃票問題是公車經營管理的核心，也就是說，上述三個問題處理得當與否，直接影響到公車合理的投資報酬率。因此，公民營公車單位若想使虧損減至最低，實在有必要勇於面對事實，對症下藥，否則，捨本逐末的一味要求主管機關加價，屆時，恐怕會得不償失！

民眾日報

中華民國七十三年十一月廿四日

林克昌演講公車問題
主張合理減輕成本
取消數項優待車票

〔台北〕中央警官學校副教授林克昌昨天表示，目前持用公車優待票乘客佔百分之五十左右，比率偏高，他建議將國中以下學生及軍警優待票取消，以合理減輕公車成本及普通乘客票價之負擔。

林克昌昨天應台北市議會邀請，就「台北市公車問題之探討」爲題發表演說時，作以上表示。

林克昌指出，目前持用優待票，乘客所佔比率太高，以市營公車近四年情況言，一直維持百分之五十左右，又以七十三年六月份十家公車的情況言，優待票比率爲百分之四十九點九一。

林克昌說，優待票使用以學生、兒童、軍警及老殘四種爲乘，他認爲，宜將國中以下學生及軍警的優待票取消。

他指出，國中以下學生就讀是依學區劃分，不須使用優待車票搭乘公車，將優待票售給這些學生，無異鼓勵學生越區就讀。同時，目前軍警人員待遇不比一般公務員低，因此，他建議將這兩類優待票給予取消。

林克昌並表示，乘坐普通票的乘客大都爲中下階層市民，如以優待票的負擔轉嫁給他們，是不合理的。

青年日報

中華民國七十三年十一月二十四日

規劃公車專用車道
使用進口雙層巴士
林克昌為公車營運把脈
提出八點建議加強管理

【本報訊】行政院研究發展考核委員會研究委員兼處長林克昌昨（廿三）日指出，公車票價調整的前提是業者應有健全合理的經營與管理，否則再調整也沒有用。

他說，優待票甚至應該逐步取消。

林克昌是應臺北市議會之邀在第卅次學術講座中就「臺北市公車之探討」發表了一個小時探索性的研究報告。

他的報告中最中肯又有突破性的意見還有：

①北市公車路線近年來一直沒有調整，已出現過度集中的現象，不僅效果不佳，對交通流量也是障礙，但若要更換或調整路線需分期分段逐步實踐。

②站與站的距離太小，目前的站距大約兩百公尺，這種現象嚴重影響行車速度，同時停車、起步浪費油料增加成本，有時爲了載一、兩個人，而讓公車靠站停泊，等於用多數人的時間待候少數人，他建議站與站距離拉長至八百至一千公尺。

③站牌的位子太靠近，在尖峰時間會影響交通；另外醫院與學校門口常是站牌密集的地方，但有妨害安寧的問題，亦應重新規劃。

④車輛應定期保養以減低維護成本。

⑤公民營公車應在行車安全、清潔與服務品質上相互競賽，並每月選出前三名。

⑥市政府要對尖峰時間的人口流動有整體的調度，例如錯開上班與上學的時間。

⑦業者應加強與市民的溝通，使大家知道公車是爲公衆服務，有時犧牲個人的利益是應該的。

⑧他建議臺北市在交通尖峰時間擴增公車專用車道；建議使用雙層巴士。

日期	73.11.24	來源	自由日報

自由日報

探究公車經營虧損
專家建議加強管理
進一步再謀投資報酬率

【臺北訊】臺北市公車問題一直是爲人所廣爲探索的重要課題，公共行政專家林克昌昨天指出，公車事業經營管理的不當，是公車營運虧損最大原因。他建議各個營運單位應力求改進內部之管理，考慮合理的經營規模後，再進一步謀得合理的投資報酬率。

現任行政院研究發展考核委員會研究委員兼處長的林克昌，昨日應邀參加臺北市議會的學術講座中針對臺北市公車問題作了一次探索性的研究分析，他指出，公車營運之發展情形可分爲三個階段：民國五十七年以前是臺北市公車的天下，至五十八年才有民營公車加入營運之行列—此爲公車發展之第一階段。

六十三年間開始爲公車營運的黃金時代，此時期的每班次平均載客人數可高達七、八十人之多，是屬第二階段。而至六十六年以後，公車發展出現走下坡的現象。

因此，現今儘管公車路線密布如織、營運量成長較以往增加七倍，但平均載客量卻未與之俱增，反而有大幅下降的現象。他認爲，此對業者而言，勢必嚴重影響公車業營運成本，以致發生虧損。

而在公車經營管理方面，林克昌教授表示，目前營運單位對於人事費用之支出，仍嫌不夠精簡，應酌量減少或取銷公車之隨車服務人員；且注意油料、養護等問題，大力革除「吃票」之陋習，重視公車營運單位內部管理的問題。

然而，在擬定公車票價之前，必須考慮合理的經營規模，求得合理的投資報酬，他並建議由臺北市公車處率先建立應有之經營規模，負起更多的責任，擔任爲其他九家民營單位表率之角色，以求改善當前的公車問題。

日　期	73.11.28	來　源	大華晚報

河邊閒話

馬無草料不肥

老兵

行政院研考會研究委員林克昌，日前在臺北市議會學術講座上，以「臺北市公車問題之探討」為題發表演講，建議取消臺北市高中或國中以下學年及軍警之公車優待票，以合理減輕公車成本及普通乘客票價之負擔，使公車得以健全發展。

此外，他並附帶提出一連串改進意見，包括延長站距，調整路線，增闢直達車或區間車，加強車輛維護與管埋，以及舉辦競賽、激勵改善服務態度、車廂清潔、行車狀況等等，無一而非公車經營的要圖，業者自應儘量參辦。

其實，據業者反映，目前公車面臨嚴重的財務危機，連維持現狀都心餘力絀，遑論健全發展，故一再懇請調整票價，以濟眉急，無如市府左右為難，只好採取緩兵之計。

市府的苦衷原可理解，蓋調整票價一案，勢遭到市議會和輿情的反對，是否會影響物價波動，更應從長計議。

不過，減輕成本倒不失解決問題的另一有效途徑，林委員以專家身分所提取消優待票的建議，顯然合理可行。

實際上，綜合多年來多方面的觀點，幾乎公認優待票早該取消，以普通票貼補優待票的差額，委實有欠公平。

再說，學生、軍警及資深公民，未嘗不可享受乘車的優待，但宜由有關機關編列專案預算支應，不必而且不該慷他人之慨轉嫁於一般乘客，既不許提高票價，又不敢取消優待票，卻片面要求公車業者改善營運，未免強人所難。

台北市公車路線分佈及站牌設置問題研究

壹、現況分析

交通乃是都市形成與繁榮的重要因素，但一般城鎮常為交通問題所困擾，其解決之道，莫不以發展大眾運輸（包括電車、地下火車、高架火車及公共汽車等四種運輸工具）為要。

以臺北市之情形而言，近年來市營公共汽車已成為市區大眾運輸之主幹，然其運輸量尚不敷居民之需要，致有公共汽車（以下簡稱公車）局部開放民營之舉。

自民國五十八年四家民營公車分別行駛以來，對市區大眾運輸問題之改善，實有不少貢獻。惟公車路線及班次俱增後，市區若干道路之交通情況，則益形擁擠混亂，筆者研討其原由，以為與公車路線之分佈及站牌設置未盡適當有密切之關係。茲分析其現況，並提出改進建議供有關機關參考。

一、主管單位：

（一）路線分佈：依「台北市公共汽車客運業管理辦法」第七條各款規定觀之，公車營運路線核准之權責係在市政府建設局。

（二）站牌設置：依「台北市公共汽車客運業管理辦法」第九條第一款之規定，公車各路線停車站牌之設置位置，係由市政府建設局會同警察局勘查核定之。

二、公車數量：

（一）公民營比較：截至五十九年底，台北市公民營公車共計達一、四四八輛（未包括台灣省公路局、三重客運、台北客運等借道營運車輛），其對台北市居民所提供之服務究各有多少，吾人可由表一所列班次及載客量統計數字，得以發現下列事實：

1. 五十九年全年公民營公車班次總計有九百餘萬班次，載客量則達四億八千八百十萬餘人。

2. 公民營公車相較而言：在班次數量上，由於市營公車之車輛多達八百輛，而班次亦約佔有百分之六十八，民營公車之車輛僅六百四十八輛，所闢路線之里程亦較長，因之，其班次僅及百分之三十二。由是可知市營公車對市民所提供服務之機會，多於民營公車一倍有餘。
3. 然就載客量而言：市營公車則僅多於民營公車百分之十三而已，管見以為，此或與民營公車路線里程較長，而乘客上下較多有關。如是則可知台北市居民搭乘民營公車並不少於市營公車。

（二）營運量比較：由前項載客量之統計分析，吾人得知公民營公車對市區大眾運輸之貢獻，幾乎等量齊觀。至其營運情況如何，可於五十九年十一月份之統計數字（表二），窺知其梗概：

1. 除市營公車外，尚有六家民營公車。公民營公車共開闢一〇一條路線，其中市營公車有六十條路線，民營公車亦有四十一條路線。
2. 公民營公車平均每日行車里程之總和達二十七萬餘公里，約等於往返台北與高雄間之鐵路里程三百六十五次。
3. 公民營公車平均每日計有二萬七千八百餘班次，以公車行駛時間十七小時（上什六時三十分至下午十一時三十分）計算，則平均每小時開出之公民營公車達一千三百餘班次，亦即每兩秒鐘有一班次。
4. 公民營公車平均每日載客量總計為一百五十二萬餘人次，若台北市居民（包括市民及非市民）以二百萬人計，則平均每日有四分之三居民搭乘公車一次，由是可見公車在台北市居民生活中的重要性。
5. 公民營公車平均每公里載客量為五・五六人，其中以市營公車平均每公里載客量六・七三人為最高，中興客運及指南客運兩家民營公車，或因路線里程較長，且票價以每人公里計算，致其每公里載客量分別低至三・三六人及二・一九人。

三、路線分佈問題：

（一）行駛幹道：市區之繁榮與否，有賴於交通之便捷至切；因之，公車路線之開闢，常具有引導市區發展之功能。然現時公民營公車皆以提高營運量為目標，而大都以人口集中之市區幹道為行駛路線。但此種公車路線分佈之型態，卻使市區幹道之交通流量大為增加，市區交通情況因之更形擁擠與混亂。此即成為公車對市區交通改善的阻礙之一。如現時中山北路、忠孝西路、中華路、羅斯福路等地區之交通混亂情況，即其顯例。公車路線之開闢，固具有繁榮市區及吸收新乘客之功能，惟如今公民營公車一窩蜂地湧向市區幹道行駛，其就道路交通及市區之均衡發展而言，實非計之得者。

（二）交錯重疊：公民營公車既均為目前營運收入設想，故其所開闢之路線，不僅以行駛市區幹道為足，更以駛經熱鬧地段為主，遂造成公車路線雜亂交錯及重疊纍纍兩種畸形現象，其對市區交通影響之嚴重，可想而知。茲分別舉例說明其事實如次：

1. 雜亂交錯：台北市火車站前地段可謂全市交通匯集之焦點，公車路線交錯於該地段者幾佔半數。茲將駛經台北火車站前（忠孝西路）之公車路線統計如表三，依表列統計數字，得以瞭解公民營公車路線雜亂交錯之情況，有如下述：

(1) 全市七家公民營公車，除中興客運及指南客運原係借道營運（台北市改制前）未開闢路線經台北火車站前地段外，其餘五家公車皆闢有駛經該地段之路線。

(2) 市營、欣欣、大有、大南、光華等五家公車共開闢九十八條路線，其中駛經台北火車站前地段之路線計四十九條，其比率高達百分之五十。

(3) 公車未開放民營之前，市營公車已有百分之四十一的路線駛經台北火車站。迨公車開放民營後，不僅市營公車駛經台北火車站之路線未加調整，四家民營公車所新闢之路線，又有百分之六十八係駛經台北火車站。若以光華客運而言，其所闢之七條路線，皆駛經台北火車站。

(4) 由以上之分析，可知大部分公車路線駛經台北火車站前地段，再加以火車站每日吞吐之計程車為數眾多，與台灣省公路局東西兩站進出之班車，亦至為頻繁，自無怪造成北門口一帶之交通流量，高踞全市之首位，其在五十八年底已達平均每小時四千三百十一輛次之量，亦即平均每秒約有一・二輛汽車經過，成為全市交通最擁擠之瓶頸。

2. 重疊纍纍：公車路線重疊現象早已存在，致有調整路線之議。於公車開放民營之前，市政府亦為避免公車路線之重疊，曾確立民營公車分區營運之原則，劃市區為四個營運區域，並僅核准四家民營公司創立，規定四家民營公車，僅得在一營運區域內開闢路線。惟自民營公車行駛後，全市公車路線總計增加約達一倍（計五十一條），其路線重疊之情形亦較往昔更為嚴重。

以現時羅斯福路之情況而言，即有八條公車路線重疊。若僅就市營公車路線而言；則亦有約五分之一的路線甚多重疊部分。

公車路線重疊之原因，乃在於市區大部分道路狹窄，不宜行駛大型車輛之公車，且為營運收入之計，公民營公車皆沿人口稠密之道路開闢路線，不願冒然另闢新路線。

總而言之，公民營公車皆以行駛市區幹道為主，致路線重疊纍纍，其對市區之交通及發展，足以產生下述不良之影響：（一）增加市區幹道交通負荷量，降低道路交通流速，尤以交通尖峰時刻更為嚴重。（二）各路線公車為爭取乘客時有違規超車或其他糾紛發生。（三）造成市區帶狀之畸形發展，未能發揮開闢新公車路線以促進市區全面平衡發展之功能。

四、站牌地點問題：

（一）交叉路口：依現場觀察，公車停車站牌設於交叉路口者最多，如是雖獲得便利乘客搭車或換車之益，然對市區道路交通卻產生莫大的阻礙。因交叉路口本為交通流速較緩之地點，再加以公車靠站停車之阻擋後方行車，而交通流速更為之降低，致使不守交通秩序之甲種車輛闖行慢車道，增加交通之混亂，使交通安全益形堪虞。

（二）市場鬧區：公車每於市場或熱鬧地段普設站牌，固可得便利乘客及招攬較多乘客，惟因此所形成交通紛亂之情況，遂愈形嚴重。如現時台北火車站前，中華路、中山堂、南門市場、古亭商場等地區之情景。

五、站牌設置問題：

（一）站牌稠密：由於公民營公車皆湧向鬧區路段普設站牌，致公車停車站之站牌至為稠密，而難能達到「非同一營運單位，站牌與站牌間之距離，以十二至十五公尺為度。」之標準（台北市公共汽車客運業管理辦法第九條第二款規定）。甚至有一個站牌為六條路線所共用之情形，以致公車之靠站停車至為困難，交通秩序因之大亂。就公車停車站之站牌密度而言，則以台北火車站前（忠孝西路兩旁）之停車站為最高，該地段兩旁設有公車站牌多達一百三十六個（未計及省屬公路局班車之站牌），其靠火車站一旁設有七十三個站牌，其相對一旁亦設有六十三個站牌。

（二）停車站小：市區幹道兩旁安全島之公車停車站，大都於道路建造時預建，但預建之停車站，往往所佔地段太短，不夠容納靠站之公車。依筆者實地觀察，在忠孝西路（公園路口至北門）計有四段停車站，長度僅三百餘公尺，除供省屬公路局班車靠站外，尚設有七十三個公車站牌，平均每一站牌可得停車地段尚不及三公尺之長度，實不足於容納一輛公車停靠，致有六條路線的公車共用一個站牌停車。又如羅斯福路古亭商場，該停車站長度僅八公尺，只能容納兩輛公車同一時間靠站，而該站卻有四家公車的十三條路線設站，若在交通尖峰時刻，七、八輛公車同時到站之情形甚多，如均欲靠站停車，實屬困難。

由上述站牌稠密及停車站小兩種情況，公車靠站停車因之極端困難，在市區交通問題上遂形成下列各種弊端：

1. 公車未能確實靠站停車，乘客上下車皆感不便，並造成人車紛雜，交通安全堪虞。
2. 時有公車於快車道上停車上下乘客，阻擋後來車輛通行，影響交通流速，形成道路交通瓶頸。
3. 形成快車道之擁擠，致常有違規超車，甚至肇事。
4. 公車有因靠站不易而闖行慢車道之情形，致交通秩序混亂。

六、相對排列設站問題：

道路兩旁設置公車停車站之情形，以相對排列者為多。如台北火車站前忠孝西路兩旁公車停車站之情形，即為顯例。若以羅斯福路八處公車停車站言，就有六處係相對排列者。原本公車站牌之設置，已有站牌稠密及停車站小之弊病，又相對排列設站於交叉路口或市場鬧區之道路兩旁，則沿路兩旁靠站停車之公車倍增，而道路交通為之阻塞，往來車輛通行困難，致時有甲種車輛氾濫於慢車道之情景，市區道路之交通混亂自不待言。

七、站距太短問題：

（一）站距標準：依「台北市公共汽車客運業管理辦法」第九條第一款之規定：各路線停車站站距，公民營公共汽車視實際情形以三百至五百公尺為原則，公路汽車以八百公尺以上為原則。

（二）實際站距：公民營公車皆為增加載客量起見，每於各路線沿途頻設站牌，縮短各站間之距離。茲以台北火車站前忠孝西路（公園路口至北門口）地段為例，該地段長度僅五百六十公尺，而兩旁竟設有一百三十六個站，其靠火車站一旁，大有及光華兩家公車，各有六條及七條路線分別在三處停車站同時設置站牌停車，其平均站尚不及一百五十公尺，未符規定之情形殊為明顯。若再以市營公車0南路線為例，其平均站距亦僅四百二十公尺而已。

（三）損失估計：公車站牌密集及站距太短所產生之弊端，以阻道路交通及降低市區交通車速最為嚴重。現時公車各路線沿途所設之站牌，皆在三十個以上，其可能發生交通阻礙之停車站，若以二十個計算，再以平均每日二萬七千八百班次衡量之，則台北市區道路交通，因公車靠站所產生之阻礙，將達五十五萬六千次。每次停車間若以五秒鐘計算，則每日公車停車時間將耗費七百七十二小時。若與縱貫鐵路穿過台北市區所造成四十餘處平交道，因而產生之交通阻塞情形相比，恐尚有過之而無不及。此外，由於公車站距太短，尚產生下述之弊端：

1. 停車時間多，難以達到公車便捷之效能。
2. 停車頻繁，雖便利少數乘客之上下車，卻浪費車上較多數乘客之等待時間（尤以交通尖峰時段）。
3. 公車之停車及起程次數多，增加市區道路磨損，提高道路修護費用。
4. 增加公車營運成本，其原因有三：(1)停車頻繁，輪胎磨損大，加速折舊。(2)車輛起程多，油料耗費率增高。(3)車輛機件損壞快，保養費及折舊俱增。

（四）總而言之，公車停車站站距短，雖可收增加載客量及便利少數乘客（即減少乘客之徒步距離）之利，卻有影響市區大眾運輸之便捷，並增加市區道路修護費用及公車營運成本等弊端。

貳、檢討建議

一、公民營公車路線分佈與站牌設置，不僅關係公用事業及市區交通之管理，且與市區建設及發展具有密切之關係，依規定僅將其核准之權責授予建設局及警察局，其他工務及都市計劃等單位不與焉，實欠審慎。

二、市營公車與民營公車所提供之服務，可謂等量齊觀，不宜有所偏頗。今後市政府主管單位除注意市營公車之改善外，尚應善用「台北市公共汽車客運業管理辦法」第七條第三款及第二十二條所規定之職權，加強民營公車之督導及輔助，不宜任其畸形發展或經營不善。對於公民營公車的發展應通盤籌劃，擬訂長程計劃，並定期予以檢討。

三、市政府於五十六年十一月間，成立「台北市交通秩序改進督導會報」後，曾研訂交通秩序改善計劃多種，惟於有關公民營公車方面之計劃獨付厥如，似欠周詳。

四、公民營公車路線分佈情況宜儘速加檢討調整，爾後亦應定期為之，以求適應道路交通與市區發展之需要。於檢討調整或核准公車路線之際，主管單位應注意下列事項：

（一）市區幹道行駛公車路線過多之情況，應加規劃調整，以降低市區幹道之交通流量。

（二）公車路線之調整與核准，除應減少路線之重疊外，對將來應行開闢之路線，宜於事先劃規，藉以指導公民營公車之發展。

（三）多條車路線交錯於某一地段之情形，應速予協調疏導，以免造成道路交通之瓶頸。

五、現時公車停車站之設站地點應予改善如下：

（一）停車站與交叉路口、市場、鬧區、學校、醫院等保持五十公尺以上之距離。

（二）道路兩旁之停車站應避免相對排列設置，宜有五十公尺以上之距離相互錯開。

六、公車站牌設置情形宜改進者如下：

（一）每一停車站不宜設有太多站牌，應對各站地段長度及靠站班次多寡，詳作調查分配。

（二）不同營運單位之公車站牌，以不設於同一停車站為原則。

（三）同一站牌為多路線公車所共用之情形，應檢討改善。

七、新建或改建道路工程時，宜規劃較長路段為公車停車站，以供將來新闢公車路線設站之需要。

八、交通流量較高之道路，有考慮公車停車站遷設慢車道之必要。

九、公車停車站站距三百至五百公尺之規定。宜參照都市計劃學童徒步距離（半英里）予以修正，公車站距應以兩個徒步距離為度，或以一千公尺之站距設站為宜。

十、為改善目前台北火車站前（忠孝西路）地區之交通擁塞情況計，應採行措施如下：

（一）經該地段之公車路線，宜限制得於兩旁僅設一站。使現有之一百三十六站減至九十八站。

（二）以該地段為終點站之公車，應將其停車站遷設於附近交通流量較低之街道，即如十路、二十七路、三十七路等路線之市營公車。

（三）規劃調整行經該地路段之公車路線，期以減少公車流量。

（四）遷移該地段現有停車站，改建於慢車道，嚴禁騎樓走廊停放物品或車輛，並定時禁止特種車輛之行駛。

（五）出入公路局西站之車輛應行改道，減少其出入車道。

十一、 對未確實靠站或違規停車之公車行車人員與其營運單位，均應嚴加處罰。

參、結語

縱貫鐵路穿越台北市區，形成四十餘處平交道，阻礙道路交通流量甚大，早為各方面所重視，政府曾不惜耗費鉅額費用，從事陸橋或地下道之建造，以圖補救，甚且有鐵路高架之議。然於市區平均每日約二萬七千餘班次公車之停車靠站，產生五十五萬餘次頻繁的交通阻礙，其對道路交通流量影響之程度，實不亞於鐵路平交道者，卻為有關部門所忽略，就改善市區道路交通而言，誠為一大憾事。

筆者深信若能將現時公車停車站之數量予以減半，並將其站距延長至一千公尺，則每日至少可減少公車之停車次數約達二十七萬次，對市區交通之改善，必有顯著之助益，同時又不必耗費市政府多少經費，其何樂而不為。倘若公車路線及站牌之設置再為適當之調整，則市區道路交通擁擠之疏導，當指日可待，市政府用於交通改善之經費，亦將大幅度下降。市政府得以較少之經費預算，創造較舒適、便捷、安全交通環境，乃是市民共同的期盼。

台北市政第一六一期，六十年五月廿五日

表一：五十九年台北市公民營公車班次及載客量統計

區分	項目	班次	載客量
市營公車	數量	6,190,838	276,928,005
	百分比	68.08%	56.74%
民營公車	數量	2,903,293	211,173,163
	百分比	31.92%	43.26%
總計	數量	9,094,131	488,101,168
	百分比	100.00%	100.00%

表二：五十九年十一月份台北公民營公車路線、里程、班次及載客統計

項目／單位／類別	路線	行車里程	班次	載客量	平均每日里程	平均每日班次
	線	公里	次	人	公里	次
市營公車	60	3,803,130.40	515,600	25,612,387	126,771.01	17,186.67
欣欣客運	11	1,168,263.70	121,502	7,149,439	38,942.12	4,057.07
大有客運	13	988,901345	95,182	5,232,761	32,963.38	3,172.73
大南客運	7	701,357	24,497	2,655,109	23,378.57	816.57
光華客運	7	821,838	59,966	3,194,168	27,394.60	1,998.86
中興客運	1	199,067	10,477	669,677	6,635.57	349.23
指南客運	2	534,900	7,320	1,170,631	17,830.00	244.00
總　　計	101	8,217,457.55	834,544	45,684,172	273,885.92	27,825.13

表三：台北市忠孝西路（火車站）公民營公車路線統計

營運單位	經火車站前路線		全部路線	
	數量	百分比	數量	百分比
市營公車	26	41.67%	60	100%
欣欣客運	6	54.54%	11	100%
大有客運	6	46.15%	13	100%
大南客運	5	71.43%	7	100%
光華客運	7	100.00%	7	100%
總　計	49	50.00%	98	100%

分類別		報名	中國時報	日期	60.07.05	版次	5版

公車 路線重疊 站牌不當 造成交通混亂

一窩蜂地行駛幹道 妨礙市區均衡發展

〔本報記者胡雲特稿〕台北市自五十八年四家民營公車分區行駛以來，市區大衆運輸問題的改善，雖有不少貢獻，然而在公車路線[illegible]，市區若干道路的交通狀況，則[illegible]，[illegible]原因，[illegible]於公車路線分佈及站牌設置未盡適當的關係。

公車路線

[illegible]公車路線分佈問題，可從下列兩項問題看出端倪：

㈠行駛幹道的弊病：目前本市公民營公車，皆以提高營運收入爲目標，並且大多以人口集中的市區幹道爲行駛路線，但是道[illegible]，如中山北路、忠孝西路、中華路、羅斯福路等地區的交通情況，尤爲明顯的例證。

所以，公車路線的開闢，固然有繁榮市區及吸收客源的功能，如今公民營公車一窩蜂地擠向市區幹道行駛，如此道路交通及市區之均衡發展而言，皆有「作繭自縛」之惑。

㈡交通狀況：公民[illegible]

「雜亂交通」：台北市火車站前地段的[illegible]

車站前每日吞吐的計程車，與省公路局東西兩站出入之班車[illegible]，無疑地成爲北門口一帶交通流量[illegible]市首位，以五十九年[illegible]統計，該地已達平均每小時四千三百十一輛次之多，亦即平均每秒約有一、二輛汽車經過，所以北門口則成爲全市交通最擁擠的瓶頸地帶。

「重疊路線」：公車路線重疊現象早已存在，市府爲避免公車路線之重疊，曾確立民營公車分區營運的原則，而劃分爲四個營運區域，並核准欣欣、大南、光華、大有四家民營公司[illegible]

考其原因，不外乎：①市區大部份道路狹窄，不宜行駛大型車輛的公車；②爲照顧營運收入計，公民營公車皆沿人口稠密之道路開闢路線，而不願貿然另闢新路線。

分類別		報名	中國時報	日期	60.07.05	版次	5版

熱鬧地段 市場附近 公車站牌林立

公車靠站停車難 市民上車不方便

總而言之，公民營公車皆以行駛市區幹道為主，致使路線重疊，其對市區的交通發展，足以產生下述不良之影響：①增加市區幹道的交通負荷量，降低道路交通的流速，尤以交通尖峰時刻更為嚴重；②各路線公車為爭取乘客，時有違規超車、超速或其他糾紛發生；③造成市區帶狀之畸形發展，未能發揮開闢新公車路線，以促進市區全面平衡發展的功能。

關於站牌地點的問題，林克昌認為，站牌設於交叉路口，雖可獲得便利乘客搭車或換車之便，但對市區道路交通則產生莫大的阻礙，原因是交叉口為交通流量較大的地點，再加上公車停站停車的阻礙，致使[illegible]後車輛佔行進車道，更增加交通上的混亂。

公民營公車常在市場或熱鬧地段普設站牌，這種情形固然可以招徠較多的乘客，然其所製造出的交通紛亂情況，已愈形嚴重，如火車站、中華路、中山堂、西門市場、古亭商場帶地區之街衢，均為有目共睹之紛亂狀況。

林克昌說：站牌的稠密，亦為造成交通紊亂的因素之一。由於公民營公車除了向鬧區普設站牌，致使部份主要道路站牌形成稠密的現象，甚至有一個站牌為六條路線所共用的情形，以致公車站停車至為困難，交通秩序亦因之大亂。

分類別		報名	中國時報	日期	60.07.06	版次	2 版

社論

公車路線應合理分配

[illegible]

分類別		報名	中國時報	日期	60.07.12	版次	5版

專家意見

站牌共同利用情形應改善
火車站前停車場必須遷移
公民營公車業站停車次數應減少

關於站牌設置情形，市警局、建設局以應從下列三點予以改進：

（一）每一停車站不宜設有太多的站牌，而應將各站地段長度及各站車輛班次的多寡，詳作調查與分配。

（二）不同營運單位的公車站牌，以不設於同一停車站為原則。

（三）一站牌為多條公車路線所共用的情形，應予改善。

建設局表示：今後市府新建或是改建道路工程時，該局將計劃預留較長地段的公車停車站，以適合將來設站的需要。但於交通流量較高的道路，並決定將公車停車站移兩旁設於慢車道上，同時將公車停車站距三百至五百公尺的站距或設有改革的必要，該局將來計劃參照都市計劃學專家徒步距離半公里為度，予以修正，因此公車站距宜以兩個徒步距離為度，以期從減少部份停車站後，得益於道路交通流量的暢通。

故公車專家林克昌認為，要改善台北火車站前一帶地區的交通擁擠的情勢，似應採取下列五點的措施：

（一）縱貫該地段的公車，應停於兩旁各設一站，而使現有的一百卅六站減至九十八站。

（二）以該地段為終點站的公車，應將其站牌遷設於附近交通流量較低之街道，諸如十路、廿七路、卅七路等市公車應遷移設。

（三）應專設路線地段的公車路線。

（四）取消該地段現有停車站，而改設為慢車道，並禁止攤販擺放物品等，並決定將此停車場計劃遷於後站道中行駛。

（五）出入公路局西站的車輛應改道，以求忠孝西路的暢通。

林克昌說：該路段交通雖為本市主幹，雖然阻礙交通頗為嚴大，但這問題市府目前已不能再拖延，從長遠看或地下道的建造，以圖補救。

可是，公民營公車行駛於市區內，每天平均約有二萬七千餘次路站停車，約發生五十五萬餘次頻繁的交通阻礙，其對道路交通影響的程度，實不亞於火車平交道，但這項極大的問題，現都為市政當局所忽視，這為市政建設中一大缺憾。

分類別		報名	中國時報	日期	60.07.12	版次	5版

公車路線站牌設置頗欠審慎

新開闢的路線　應於事先規劃

【本報記者胡雲特稿】交通乃是都市形成與發展的重要因素，但台北市卻常為交通問題所困擾，其解決的途徑，則以發展大衆運輸（公共汽車）為要圖。

近年來由於政府倡導大衆運輸工具，因此，本市公民營公共汽車則已成為市區大衆運輸的主幹，雖然這項大衆運輸的主幹，為本市市民帶來了甚多「行」的便利，但市區若干道路的交通情況，則為着公車路線與站牌等設置未能與道路[illegible]密切配合的原故，造成交通[illegible]亂，

據市府一位熟悉公車業務官員認為：公民營公車路線的分佈與站牌的設置，不僅關係著公用[illegible]及市區交通的管理，且與市區建設及發展亦具有密切的關係，而目前依規定路線及站牌等核准之權責授予建設局、警察局，而其他如工務局與都市計劃等單位卻不參與，頗欠協調，市府對此究有商榷之價值。

他說：市營公車與民營公車所提供的服務，市建設局不宜有所偏頗，應等量齊觀，因此，今後建設局除注意市公車民[illegible]改善外，並應加強督導公車的發展及取締業者[illegible]務，以防止其[illegible]，形[illegible]發展或[illegible]不[illegible]，所以市[illegible]與公民營公車的發展，應有一適當的規劃，擬訂長程的計劃，分期予以實施或設計。

鑒於現有公民營公車路線分佈的情況，[illegible]位官員認為已到了加速[illegible]計劃的時候，以求密切配合道路交通與市區發展的需要，但是在合理[illegible]之[illegible]，[illegible]下列三點事項：

㈠應避免行駛市區狹窄的公車路線過多，以免造成市區擁擠的交通混亂。

㈡公車路線的調整除應減少路線的重疊外，對將來新行開闢的路線，宜於事先規劃，務以顧及民營公車的發展。

㈢多條公車路線交錯集一地段的情形，應逐予協調疏導，以免造成道路交通的瓶頸。

對於現行公車停車站的設置地點問題，他建議應作下列二項的改善：

㈠停車站與交叉路口、市場、醫院、學校、戲院等，應保持五十公尺以上的距離，以期杜絕十字路口等地區交通阻塞的現象。

㈡道路兩旁的停車場，應避免相對排列設置，宜有五十公尺以上距離，相互錯開。

論發展雙層巴士之可行性

壹、前言

自民國五十八年臺北市公共汽車（以下簡稱公車）局部開放民營以來；在營運數量方面雖業經倍增，但由於市區及近郊人口俱增與其往返移動頻率高漲，對公車需求量依然不斷上升，致形成公車仍供不應求之情勢，遂有臺北市政府交通局發展「雙層巴士」計畫，並預期於六十三年實現。同時，在輿論界亦有加附和倡議之事。然就其發展計劃構想而言，不外乎企圖藉較大容積之雙層車輛，增加每班次公車之載客量，以提高單位營運量，緩和乘客擁擠之現象。惟現時世界各大都市發展雙層巴士為例不多，且似亦非一般公車發展之重點，故雙層公車之優劣，以及臺北市區道路現況發展雙層公車之可行性等問題，實有詳加檢討之必要。

貳、優劣分析

一、優點方面：雙層巴士係以其車輛規格見長，增加上層座位，於公車使用雙層車輛後，可獲得三項優點：

（一）車輛容積倍增，每班次公車載容量得以增加，以減少乘客擁擠現象，提高乘客「舒適」之程度。

（二）減輕行車人員（駕駛員及車掌）用人費之成本，得以提高公車單位收益，改善營運情況。

（三）降低單位人口使用道路面積，以減低市區道路交通流量，收改善交通擁擠之效。

就上述諸優點而言；雙層公車不僅有較多座位得以提供乘客較為舒適之服務，亦對公車營運與市區道路交通之改善將有所俾益。凡此，均係主張發展雙層公車之主要理由。

二、缺點方面：雙層車輛之高度勢必較一般單層車輛為高，但車身寬度卻礙於法規限制與現行道路規格而不容加寬，車身高度亦非隨之提高不可。由於其車身之高度及重心皆有別於現行單層公車，故於發展雙層公車之前，尚存有下列四項問題，容待慎重考究。

（一）行車速率：雙層公車之高度及重心均較現有公車車輛為之提高，其迴轉半徑距離勢必拉長，運轉不便。再者，車重及載重俱增，減速停車滑行距離加長，必將降低其行車速率，致難獲公車所應講求「迅速」之目標。

（二）行車成本：雙層公車雖可獲減輕行車人員用人費成本之利，但車重及載重俱增，油料耗費，機件及輪胎之磨損率等勢必增加，而油料、保養及折舊等行車成本亦將提高。同時，道路維護費用因行駛重型車輛可能增加。故雙層公車究能降低多少營運成本，尚須從長期的觀點詳加分析。

（三）行車路線：基於雙層公車之高度及重量，運轉較欠靈活，狹窄街道當不宜行駛，市區幹道交通流量高，行車速率較低之雙層公車行駛，可能降低交通流速，所以，雙層公車其行車路線之規劃，乃有諸多因素應加考量。

（四）載客數量：上下雙層公車之頂層費時費事，一般短程乘客與老弱婦孺是否樂意更上一層乘坐，仍有待證實。又頂層乘客亦不得像底層一般擁擠，否則車輛重心提高，影響行車安全。由此，可能造成雙層公車下擠上空現象，載客量可能增加有限（尤其非交通擁擠時刻），因而產生投資之浪費。

參、道路限制

一般道路建造與有關設施之設計，必以行駛車輛之規格及性質為依據。惟雙層公車之高度及性能皆有異於現時臺北市區所行駛之車種，市區道路亦未為之作預期之設計，故發展雙層公車將受市區道路設施之種種限制。茲由其「車身高度」、「車身寬度」及「車輛重心」等三方面，分析可能產生之困擾如次：

一、車身高度：我國汽車尺度限制車身高度為三・八〇公尺，雙層公車可能超過該限制高度。因之，現時臺北市區有下列各項道路設施之高度，將對雙層公車之行駛構成阻礙：

（一）車亭高度：亭簷距路面低，無法容雙層公車靠站停車。

（二）陸橋高度：懸空距離不足以供雙層公車通過。

（三）街燈高度：部份道路街燈高度較低，對雙層公車靠右行駛，產生阻礙。

（四）懸空線路：包括電話及電力線路懸空太低，影響雙層公車通過。

（五）鐵路懸柵：市區鐵路平交道達近四十處之多，所建管制柵欄之高度低，對雙層公車穿越有其困擾。

（六）交通燈號：部份道路交叉口所設燈號高度有限，且橫越路面，對雙層公車行駛右側路道，將有阻擋。

（七）街樹橫枝：現有部份街樹橫枝係依單層公車高度修剪，雙層公車將難以適應。

二、車身寬度：現行我國汽車尺度限制車身寬度為二・五〇公尺，快車道之寬度亦據而規劃，雙層公車若超越該限制寬度打造車身，必將佔用兩線車道行駛，致造成道路交通之混亂及擁擠，亦與現行法規不符。故其車身寬度必須遵照規定不能加寬，如此車輛重心必隨車身高度有所提高，其行車操作必將有所差異。

三、車輛重心：基於雙層公車車輛重心勢必隨其車身加高而提高，行駛於現有市區道路，將有下列數項難以適應之狀況如下：

（一）迴轉半徑：車輛重心高其迴轉半徑亦增，現時市區道路之彎曲及道路圓環之分流設計，是否適合行駛雙層公車，是否使之成為交通之擁塞因素，尚待進一步之測量分析。

（二）道路縱坡度：陸橋、地下道及部份道路之縱坡度，皆適應現有車輛而設計，而雙層公車之高度、重心、載重、性能皆有別，其爬坡率能否行駛通過，容待細密分析研究。

（三）道路橫坡度：由於雙層公車之重心提高，道路橫斷面之坡度大的地段，對其行駛可能發生傾斜，甚至肇事。故雙層公車可能有開闢路線不易或行車牛步化之困境。

肆、發展可行性

自前述兩項分析，可知由於車輛之規格及性能，致發展雙層公車之利弊參半。再就臺北市區道路現況而言，對於雙層公車之發展，實有甚多障礙，必須加以排除，卻非短期間內所能完成之工程，而發展雙層公車似乎未盡如同市政府主管單位之構想，得以一蹴而成之事。至於其發展之可行性如何，吾人則可再自乘客需求程度，經營者投資效益及市區交通必要性等三方面，予以衡量分析如後：

一、乘客需求程度：如第二項所分析；雙層公車頂層上下費時費事，非短程或老弱婦孺所欲乘坐。又現時公車行車狀況欠穩，一般乘客尚存戒心，若非處於交通擁擠時間，乘坐頂層座位需求不大，可能產生頂層乘客稀少現象。故對乘客而言，公車增加頂層似非所需求之事。

二、經營者投資效益：雙層公車之特長在於輛載客量較高，目前公車營運量僅係局部不足而非全盤不敷，乘客數量在時序上欠穩定，因時間差異其變化起伏差距至為懸殊，乘客擁擠現象僅上下午交通尖峰時刻而已。故雙層公車所能發揮功能之時機，在每日行車時間內（以十八小時計），充其量不過四小時，其餘十四小時中，由於上述乘客需求程度不高，勢無「用武之地」。因此，以較多投資購用雙層公車，又未能發揮其效能，形成投資效益降低，對公車經營單位自屬不利之舉。

三、市區交通必要性：由於臺北市區道路之現況，對發展雙層公車可謂困難重重，其發展可行性，自應視市區交通運輸有無必要而定，否則花費龐大之經費，且經由相當時間，以改建現有道路與修繕有關道路設施，適應發展雙層公車之需要，其後果則可能得不償失。目前公車需求量在時序上尚存甚大差距，並非全面性的問題，乘客對雙層公車需求程度不高，致其效用亦低，且對市區道路交通或有增添混亂因素之可能。再者，世界各國大都會區，大都並不以公車為大眾運輸之主要工具，故就未來長程交通發展計畫而言，往後臺北都會區之情形，恐亦非公車所能負起大眾運輸之重任。因之，不論就目前環境或將來發展趨勢而言，發展雙層公車皆有所不宜之處。

綜上所述，無論從何角度加以分析衡量，台北市發展雙層公車之效用及其可行性均偏低，故市府交通主管當局實宜再加客觀剖析，放大眼光，為長期交通發展著想，切勿急於一時或片斷改善需求，以致公私兩部門均為市區交通建設投資有所浪費。

台北市政第二四五期，台北市政府發行，六十二年三月六日。

分類別		報名	中國時報	日期	61.08.30	版次	6版

發展雙層巴士

解決北市交通擁擠現況
預計兩年之後將可實現
市內將構成便捷交通網

（本報訊）在民國六十三年時，台北市的公共汽車，將有雙層巴士出現，為市民服務。

推動這項工作的台北市府交通局說：在台北市發展雙層巴士，並非完全摒棄目前行駛的單層公車，原因是雙層巴士與單層公車的高度不同，其行駛的路線與單層公車亦有所區分。

雙層巴士由於高度較高，所以交通局將來在規劃其行駛路線時，將依據道路的狀況，而予以規劃，而於其不能行駛之路線，將由單層公車擔任，換言之，雙層巴士與單層公車交錯行駛，編織成一個便捷的交通網。

交通局指出：發展雙層巴士這種大眾交通工具，就目前市府的財力與民營公車公司的營運收入狀況，將不致發生太大的困難，同時發展雙層巴士，可解除本市兩項交通上的重大壓力。

第一、雙層巴士由於載客人數較多，對於道路交通流量可以減輕，因為一輛雙層巴士所載的人數，約為單層公車的一至二倍，而且一輛雙層巴士的長度，也比兩、三輛單層公車為短，同時在上下午兩個尖峰時期，又可減少因單層公車加密班次行駛後，所造成的道路交通擁擠的情況。

第二、雙層巴士在開始行駛後本市的計程車數目，將會隨著減少，原因是由於這種大眾交通工具的行駛，使市民感到更便捷後，大部會搭乘此，而且票價較廉，所以本市部份計程車由於生意清淡，勢必停駛，由此市府可自然的達到限制計程車成長的目的。

交通局表示：該局決定在六十三年時，本市公共汽車路線部份將改由雙層巴士行駛，不過在未行駛前，該局現正積極着手作公車路線的重新規劃，及乘客「旅次調查」，期以從路線重新規劃中，調整部份不合理的路線，並加強雙層巴士行駛的路線，而「旅次調查」主要是為了解市民的切實需要，並以此調查資料作為開闢雙層巴士路線的依據。

交通局強調說：將公車改成雙層巴士，對台北市道路狀況和市府財力的負擔，則不是些微困難的事，同時發展雙層巴士也是根據本市實際的需要而作此決定的，當然發展雙層巴士並不能徹底解決台北市目前和將來的交通狀況，原因是雙層巴士仍然行駛在地面上，如果要徹底解決，本市應比照歐美各國大都市一樣，發展「地下車」（Metro），將大眾交通工具放在地面下，可是發展地下車對本市來說，無論在財力與人力上都有很大的困難，所以解決本市大眾交通工具問題，「只」有朝向發展雙層巴士方面着手改進。

分類別		報名	中央日報	日期	62.03.08	版次	6版

發展雙層公車 可行性偏低

市府研究已有結果

（中央社臺北七日電）臺北市政府研究發展雙層公車，市府研究發展考核委員會的林克昌研究結果，認爲本市發展雙層公車的效用及可行性偏低。

雙層公車可以增加載客容量，提高乘客的舒適程度，減少公車單位成本並減低市區道路交通流量。但是雙層公車的設計，車身寬度、車重心的限制。

林克昌指出，我國汽車尺度限制車身高度爲三點八公尺，雙層公車必然要超過這項限度，同時限制車身寬度、道路淨寬、部分街道淨高、架空線路、並入道路號誌高度、部分道路交叉口的高架道路，以及街道樹枝，都將造成雙層公車行駛的阻礙，若要改善，需要時間也需要很大經費，可能得不償失。

現行汽車寬度限制爲二點五公尺，雙層公車必須超過這限度，行駛時佔用兩線車道，造成交通阻礙。車身重心也將隨車身增高而提高，降低轉彎時的穩定。道路殘破，須改變現行法規，將降低行車安全。

從乘客搭乘來說，雙層公車頂層上下較費時，非但在車站停留時間增加，將來可能產生頂層乘客稀少現象。

從營運管理效益來看，現時公車營運高峰只在上下午交通尖峰時刻才有，因此，雙層公車發揮功能的時段，在每日十八小時行車時間內，約只佔四小時，如以較多資本購置雙層公車而不能發揮它的效益，對公車營運自屬不利。

從市區交通必須通盤而言，臺北市區道路現況，對發展雙層公車有很多困難，世界上已發展的都市，大多不以公車爲大衆運輸主要工具，往後臺北市的發展，恐怕公車也不能負起大衆運輸的責任。

去年八月，臺北市政府交通局曾考慮發展雙層公車，預期於六十三年實現，林克昌建議交通局應從長期交通發展着想，不要急於一時或片斷的改善，形成市區交通發展的混亂。

分類別		報名	聯合報	日期	62.03.14	版次	13版

再談雙層公車

玻璃墊上

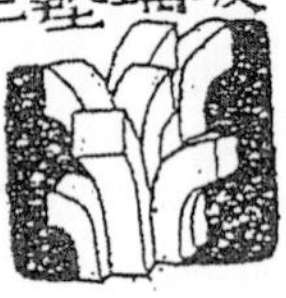

何凡

到現在為止，台北的交通工具仍以公共汽車為主，每天一百多萬人次的運輸力，可證天天在台北做「牛馬走」的人，多數搭公車。計程車雖然有一萬多輛，但是仍然要算是「奢侈品」，每天上班上學的人是不可能經常以之代步的。可惜公車現在正陷入困境，加價不可能，改善無希望。以前我曾經想到，是不是可以試用容量大而佔地小的雙層公車呢？這種車我在倫敦和香港都坐過，覺得平穩和單層車一樣，而沿途觀賞街景頗為有趣，這和人口多了，不住平房住樓房一樣，是一種合理的發展。而且報載曾有商人申請試辦，何妨讓他試試。

但是據本月七日中央社的消息說，雙層公車經市府訴願委員會林克昌研究的結果，認為可行性不大。林君同意雙層車有容量大，舒適，提高公車單位收益和減低市區交通流量等等好處。但是卻受車身高度和寬度，及車輛重心的限度。我國汽車現在限制高度為三點八公尺，寬為二點五公尺，雙層車將超過此限度。又候車亭、陸橋、街燈、電線、鐵路欄柵、燈號、街枝等都會妨礙雙層車。還有，老弱婦孺恐怕不願「更上層樓」，及雙層車只能在每天交通尖峰四小時發揮功效。有這種種考慮，因此北市府交通局預計明年實現的雙層公車，還要擱下去。

林君的研究可能都是事實，不過有時我們看見貨櫃車滿街跑，如果雙層車的高寬不超過貨櫃車，則那些路障也就不存在了。至於說到老弱婦孺不願上樓，香港的老弱婦孺乘客也不少，並不足為雙層車之患。香港的雙層車候車亭無遮蓋，所以也沒有高度問題。至於街枝、街燈等並不難配合。最大的問題是陸橋，但是有陸橋的地方不走雙層車也就解決了。說到雙層車只能解決尖峰時間交通，果能如此，目的也就達到了，因為尖峰時間以外交通並無問題。總之，林君無妨進一步研究怎樣解除雙層車的困難，使它能在台北走起來，不也是公車的一個改進嗎？

又，林君的研究結論有一段說、世界上已發展的都市，大多不以公車為大衆運輸主要工具，往後台北市的發展，恐怕公車也不能負起大衆運輸的重任。就現狀說，歐美及日本大都市中，都是以小汽車為主要交通工具。但是現在已有車多之患，尖峰時間寸步難行，頗有悔不當初之感。他們現在一面發展地下交通，同時在研究在地面上採取大量運輸辦法，說不定公車還有加強的可能。再說就我們的三百七十餘美元的國民所得而言，進入小汽車交通時代，恐怕還要有相當長的時間。因此公車離淘汰還早得很，怎樣改善及利用它才是當前要務。

臺灣地區選民抽樣調查研究

——我國國民之現代化過程與投票行為

（中央社台北七日電）根據一項「我國國民之現代化過程與投票行為」的調查研究發現：被訪問的選民中，絕大多數對於目前的社會、經濟狀況及政府的措施，感到滿意；絕大多數選民都重視候選人本身的能力，以及對地方建設的意見和貢獻；現代化過程增加了人民政治興趣及判斷能力。

台灣省家庭計畫研究所，接受政府的委託，進行本項研究，參加研究的學者們，以台灣地區選民為研究對象，對六十六年十一月舉行的地方五項公職選舉，用有系統的抽樣調查，蒐集我國人民有關社會背景、社會關係、政治傾向及投票行為等各種資料，了解我國國民所受現代化過程的影響，並分析我國國民對於各種社會與政治現象的態度與行為。

二次世界大戰後，非西方國家之現代化過程，乃是社會科學家研究的主要課題之一。起初西方國家對於一九五〇年代以後新興的亞非國家的現代化努力，均抱有熱切的希望，於是「政治發展」、「社會融合」等積極性的名詞，便常用來形容非西方國家在政治、經濟及社會各方面預期可以達成的進步。不幸的是，大多數亞非及拉丁美洲國家並未在過去二十餘年中達成西方學者預期的成就，相反地，「政治發展」常轉變成「政治腐化」，「經濟發展」變成「經濟委縮」，而「社會融合」也常轉變成為「社會解體」或「社會革命」。

在許多亞非國家從事現代化建設的過程中，我國政府在台灣地區努力所得的成就是一個極突出的例子，在不到三十年的時間中，把原來一個以農業和農業加工為主的經濟，建設成為一個邁向重化工業的現代化社會。人民的預期壽命延長了十一歲以上，國民生活水準及教育程度大幅提高，對外貿易持續成長，政治及社會也日趨平等開放，並且克服近年來國際政治及經濟上的各項衝擊，各國領導階層及學術界人士莫不認為是一個極為難得的範例。

對於台灣地區現代化的過程，不少中外學者曾經加以研究。但是綜合而言，他們的研究多半有兩種缺陷：第一是側重於經濟方面的分析，缺乏政治及社會方面的探討；第二是只運用了總體性的資料（aggregate data），而欠缺全省性有系統的調查性資料（survey data）作為分析的基礎，因而侷限了他們的研究的深度及推廣性。

基於上述原因，參加台灣省家庭計畫研究所接受政府本項委託研究的學者，乃決定以台灣地區全體公民為研究對象，對六十六年十一月舉行的地方五項公職選舉選民，用有系統的抽樣調查，蒐集我國人民有關社會背景、社會關係、政治傾向、及投票行為等各種資料，期能從以上這些資料中，一方面瞭解我國國民所受現代化過程的影響，另一方面並進一步分析我國國民對於各種社會與政治現象的態度與行為。

目前本項研究的初步資料分析已告完成，為了對於曾經接受本項研究計畫訪問人員訪問的八千多位選民有所交代，並使社會各界人士能從本項研究所得之經驗性資料，瞭解民意的動向與社會的實況，參加本項研究的學者乃決定將初步資料分析的結果，摘要予以發布。

壹、研究的設計、方法與程序

本研究採取社會科學中的多科際的研究方法，參加研究的學者有人口學家、政治學家與社會學家；研究的程序，是參考世界各國類似研究的理論架構，以及本國學者已有的發現，先建立一個理論性的模型。

一、研究的理論模型及主要變數

在本研究的模型中，係以「政治態度」、「投票傾向」及「投票行為」等三項為主要相依變數，而以「社會背景」、「現代化態度」、「社會關係」、「對本身及社會經濟的一般滿意度」、「政治傾向」、「投票過程」、「競選活動」、「省籍關係看法」、「對國家社會之看法及政府措施或人員的滿意度」等為影響上列三項因素的獨立變數，再從這些變數的相互關係中，導引出一系列的假設，作為運用資料加以判定的主要對象。

二、抽樣方法及程序

為了使所抽出之樣本能代表各縣市及全台澎地區，抽樣分為兩階段。第一階段係以各縣市為單位抽樣，為使各縣市之樣本中之選民數足以作為多項因素分析，原則上決定，各縣市之樣本數為至少有三百人，其中高雄市、台中市、台南市、高雄縣及桃園縣五縣市，因社會經濟變遷較大，特增大其樣本為五百人；而台北市及台北縣因人口數較多，亦將其樣本數依公民數比例分別增加為五百三十人及四百三十人；且將各縣市樣本數再加百分之十的失落率，以確保最後樣本數能達原定人數。依此原則，第一階段自全地區抽出八千四百二十九位公民為樣本。

第二階段係由縣市樣本中，依各縣市選民所佔全省公民總數之比例，決定各縣市應抽出之樣本數。全部樣本數決定為四千人，以代表全臺灣地區，其抽選比例為全體選民二千二百十七分之一。由此種程序所抽出之四千個樣本，足以代表全臺澎地區。

在第一階段抽樣時，為使全省都市化程度不同地區之選民，在樣本中均有成比例之抽中機會，乃先將各縣市之鄉鎮市區依都市化程度分為五層，並將各層內鄉鎮市區依地理位置排列，累積其公民數，依系統抽樣法決定抽樣間隔，抽選應訪問之樣本鄉鎮市區，再從選出之鄉鎮市區依相同方法抽出應訪問之投票所，每一被選投票所內任意選出十名公民為訪問對象。如此一共選出一八五個鄉鎮市區，以及八四三個投票所，每一投票所按投票人名冊隨機抽樣抽出十人造冊，交由訪問人員依冊訪問，若有受訪問人遷徙或三次造訪未遇者，則另行抽樣予以訪問。本項研究關於訪問對象之抽樣方式，完全根據統計學之原則，分由縣市、鄉鎮、投票所等多層次之抽樣，採取嚴謹之態度，以求其客觀及代表性，並符合行為及社會科學研究方法之程序。

三、訪問人員訓練

基於本研究進行實地訪問抽樣規模之龐大，對於訪問人員之遴選及訓練均力求審慎；先後遴選合格人員計二四一人，接受訪問訓練並完成訪問全程工作之人員共為二〇九人；訪問員中約有百分之六十係在學大專學生，其餘為國中教師及台灣省家庭計畫研究所人員。訪問人員訓練工作分別在臺北、高雄、臺中及花蓮等四地區，於七月十四、十七、十九、二十四日等四天舉辦講習會；由主持計畫之學者們親自詳細解說問卷內容及訪問方式，隨即展開實地訪問工作。

四、資料處理與分析

本項研究之調查問卷於八月中旬完成，共計收回答案完整之問卷為八千二百十九份，收回率達百分之九十七點五。旋即由研究人員展開資料整理與檢查等工作，由於資料數量之龐大，至九月初該項工作始告完成。本研究使用之問卷題目多達一百餘項，且份數亦有八千餘份，資料統計分析，無法以人工方式進行，乃將問卷答案逐題抄錄於電腦卡片登錄紙，再經研究人員詳加檢誤後，送電腦公司打孔製卡。

問卷資料轉換為電腦卡片後，即轉錄製電腦磁帶，並計算問卷內度量表問題之數值，同時用電腦程式將每份問卷中之相關問題答案，逐份作可靠性之檢查，排除有矛盾之問卷後，獲得合理問卷計有八千一百十一份，而後再按各縣市公民數比例，予以抽樣四千份，以代表整體臺灣地區的調查問卷。在資料分析上，係運用目前歐美社會科學研究所常採用的「社會科學電腦資料統計處理程式（SPSS）」。此項電腦程式，對於各種統計分析均甚為迅速可靠。

就本項研究之研究主題、研究方法、問卷設計、抽樣規模、資料處理、電腦運用、經費數額、工作人員之數目等各方面而言，目前國內政府機關或學術機構均屬不多見之事例，其目的在於運用現代社會科學研究方法，獲取較為完整具有代表性的經驗性資料，以供政府機關今後採行有關措施之參考；同時，亦期藉本項研究以激勵各機關或學術界，不僅重視新知識之引進與吸收，更應加強數量化研究方法之運用，以建立獨立的研究發展基礎，增進我國學術的國際地位。

貳、本調查主要發現

本研究所得之資料，經過運用電腦統計分析，計有各種單項及多項變數分析之表格一千餘種，分析工作目前仍在進行之中。茲先將部份重要發現，依不同項目簡要分析如下：

一、選民（樣本）社會背景

（一）選民教育程度：以小學畢業以下程度者最眾（六二・三九％），其次高中畢業（二七・六九％），而大專以上程度最少（九・九二％），亦即教育程度低的選民佔絕大多數，但是選民對他們的子女未來教育，有六七・三四％是期望子女有大專以上程度。

（二）選民職業分佈：職業分佈以農業（十七・五二％）、工人（一六・二四％）、商業（十四・五一％）及家庭管理（一八・六八％）等四種為最多，農工選民合計達三三・七六％，自由業及大專教授所佔比例則偏低，僅有二・一三％，學生所佔比例二・三三％亦不多。

（三）選民父親職業：以農漁佔五四・九五％為最高，其次為商業（十四・六八％）及工人（九・四三％）。

（四）選民個人平均每月收入：以六千五百元以下者佔多數（七七・三九％），其中在二千五百元以下或無收入者有三九・二七％。

（五）選民家庭平均收入：集中在一萬二千五百元以下至五千元以上之間，佔六四・九二％，五千元以下者亦有一六・六九％，而較高收入家庭則趨於減少，由是可知，受高等教育與較高收入之選民均為較少數。

（六）選民家庭社會經濟地位：絕大多數之選民均認為自己屬中產階層（其中中等階層為五一・八六％，中上為五・七九％，中下為三二・八三％），依訪問員判斷，僅五・二％屬於下層階級，受訪問人亦僅九・五五％自己認為屬於下層階級，但自認其上一代屬於下層階級者則高達二一・六六％；由此可見近年來人民生活水準之提高，已反映在其自我階層認同上。進一步判斷下一代之社會經濟地位，僅有一・〇二％認為可能仍屬下層階級，而有七七・四一％認為下一代將屬中等階層以上（其中三一・三三％是中上階層，八・六六％是上層階級）。如此可知，選民不僅自認其本人之社會經濟地位較父輩大有改善，且對下一代更充滿了希望。

（七）選民語言程度：本省同胞尚有二〇・一二％完全不懂國語，而外省同胞亦有一五・二一％完全不懂閩南語。

（八）選民居住地區：居住於市區者佔二六％，郊區者佔一九・八〇％，鄉鎮地區佔五四・一七％。

二、社會關係及政治傾向

（一）參加民衆團體情形：有七一・七五％的選民未參加任何團體；而參加較多之團體，依序為農會、同業工會、工業及宗教團體等。

（二）對於政治活動的興趣：有興趣者僅三一・五八％，沒太大興趣者有三六・九一％，而根本沒興趣者亦有三一・四九％。此點與目前西方國之情形相去不遠。

（三）選民黨籍：為國民黨黨員者佔二三・二％，黨友者佔九・六％，其他黨派僅有五十七人（一・四％），六五・五％為無黨無派；但在選舉時有六八・七％之選民投國民黨侯選人的票。

（四）省籍關係看法：大部分選民均認為本省與外省籍人士間之交往沒有隔閡，共佔全體選民之七三・三五％，認為非常隔閡者之百分比甚少（二・三六％），認為有相當隔閡者佔四・五五％，稍有隔閡者一九・七二％；且在交叉分析中發現年齡愈輕，教育程度愈高之選民，省籍觀念愈淡薄。

三、對社會經濟的滿意度

（一）目前生活滿意度：對目前生活感到滿意者佔大多數，其比例高達七六・三三％，不太滿意者為一六・〇三％，不滿意及很不滿意者僅有七・六四％。

（二）居住環境滿意度：有七四・五四％對於居住環境感到滿意，不太滿意者亦有二五・四三％之比例。

（三）醫療機會滿意度：對於目前醫療機會滿意者佔七三・二〇％，但尚有二六・七七％不滿意。

（四）經濟情況的看法：絕大多數選民認為目前經濟情況良好（九二・四〇％），僅有七・五七％認為「不太好」、「不好」、或「不知道」。

（五）十項建設的看法：認為十項建設對經濟及社會發展有幫助之選民，高達九二・五八％。尚有四一・四六％之選民，認為政府對社會福利所作的努力不太夠。

四、社會參與及現代化態度

（一）參加村里民大會情形：僅有二一・八六％係儘量或常常參加，而有五八％表示大部分沒有空或根本不想去，因之村里民大會之舉辦及其功能均有待改進。

（二）對上一代生活方式的看法：有五三・五八％希望完全照自己的理想加以改變，足見泰半社會生活方式均呈改變的過程中。

（三）對出人頭地條件的看法：有五四・八七％的選民認為要靠高等教育與專門知識，而認為靠家庭背景為條件者僅有一五・七〇％；此外，選擇「遵照傳統辦事」者僅有十一・一五％。

（四）對科學技術的看法：認為新的生產技術之研究非常有用者，高達六九・三五％，而採否定看法者只有三・六八％，足見民眾對科學技術研究之重視與信心。

五、投票過程

（一）未投票之原因：以不在戶籍所在地最多（四〇・一三％），其次是工作忙（三二・五六％），共計有七二・六九％。

（二）投票之原因：以「盡國民之義務」及「我的一票可以產生很大作用」之看法最多，共有八六・五五％，足見國民對於選舉投票之意義及作用已均有相當認識；其次為受鄰里長或候選人的拜託而去投票者，其比例分別為五・四一%及四・一三%。

（三）投執政黨候選人票的理由：以「他的能力較黨外候選人強」（三五・七%），「執政黨政見更有吸引力」（二一・六%），及「候選人個人吸引力」（一七・四%）最多，共有七四・七四%，純粹「基於黨指示而投票者」僅六・四七%。

（四）投非執政黨候選人票的理由：以「不拘黨派」（二二・八%）或「隨便投」（一三・四七%）為由最多，此外依次為「黨外候選人能力比國民黨強」（一三・二%）、「受配偶及親友影響」（一〇・三六%）、「其個人吸引力大」（八・五%）及「黨外候選人之政見好」（五・九%）。由此可見投執政黨之選民多注意能力、政見等客觀因素，投非執政黨候選人之選民則較受其個人主觀意見及社會關係影響。

（五）選民認為候選人最重要的競選條件：第一是「對地方之貢獻」（三八・六七%），其次為「個人才能」（三四・四一%），再次為「政見」（九・一二%），「學經歷」及「經濟能力」各為五・四九%及四・〇五%。

（六）教育程度與投票傾向：教育程度愈高者，投執政黨候選人的票之比例亦高。

（七）家庭收入與投票行為：中等收入選民投執政黨候選人較多，最高及最低收入者投非國民黨候選人較多。

（八）社會階層與投票行為：自認其社會階層愈高者，愈傾向於投國民黨候選人的票。

（九）年齡與政治傾向：選民年齡愈輕者愈重視候選人的能力及政見，年齡愈大者則重視「個人吸引力」。

（十）施政滿意度與政治傾向：對於「十大建設」、「經濟建設」、及「中央政府」等滿意度與支持執政黨候選人的程度有極顯著之相關。

六、競選活動

（一）政見發表會：尚有五四・一九％未聽過，聽過二次以上者僅有二六・五三％；未受政見發表影響而投某候選人票者佔六八・三四％，深受影響者僅佔六・三二％。

（二）賄選傳聞：在四千選民樣本中，有一九一〇人聽說候選人有賄選或預先承諾的競選活動，佔六八・一〇％，其中聽說送錢者為四七・五九％，但選民承認其本人或鄰居收到錢者僅佔一五・一二％；足證送錢買票一事，仍屬傳言居多。至於送錢人士，有四九・三一％之選民認為「國民黨及黨外候選人均有」，「黨外候選人及助選員送錢者」有五・七％，而「國民黨送錢者」有四・九％。

（三）賄選效果：選民認為收錢就「一定會」或「多半會」投送錢候選人票的比例甚低，僅佔一〇・三九％；六六％認為「不一定會」，八％認為「一定不會」。

（四）投票決定：選民投誰的票，大部份係依據自己的決定（七八・七三％），受配偶影響者六・七％，鄰居為四・六％，父母僅一・六一％。

（五）省籍與投票行為：認為候選人之省籍與其投票無關係之選民佔七九・九％（不過在交叉分析中仍發現省籍與投票有部分關係）。

七、開票與監票程序

（一）選務人員態度：認為選務工作人員的工作態度公正者有七九・八四％，僅有四・〇八％認為不太公正；其餘表示不知道或未答。且絕大多數選民未親身經歷任何不公正之情況（九四・八二％）。

（二）選舉結果可靠性：就選舉結果而言，在三八九六位回答本題之選民中僅有七十五人（一・九一％）不相信結果之可靠性，絕大多數選民認為六十六年底五項公職人員選舉結果可靠，佔九三・一八％。

八、對於政府措施及候選人的看法

（一）政府措施滿意度：對於中央、省及地方政府的政策措施，選民大部分均屬滿意；其人數比例，以中央為最高，佔八一・五一％，其次省政府有七七・九五％，地方政府則為七四・二九％。

（二）農民團體滿意度：對於農會及水利會目前情況之滿意度，分別為六五・九七％及五五・八〇％。

（三）勞工政策滿意度：對於勞工政策、勞保及勞工福利滿意之選民有六六・一六％，對糧食政策滿意者有五九・七四％。

（四）民衆服務站滿意度：在有回答之選民中對民眾服務站工作感到滿意者佔八一・八〇％，不知道者佔一七・三二％；百分之三十六之選民對本題未作答。

（五）選舉不公正抗議的看法：選民認為懷疑選舉過程或結果不公正，得以動武抗議之人數，僅有一〇二人，佔全體選民二・五四％；絕大多數（九五％）均不贊同用動武作為抗議之方式。

（六）候選人言行可靠性：有六一・一二％選民認為「候選人講話都不算數，極少數是可靠的」。

（七）對廉潔的看法：選民中有六一・六九％認為廉潔人士當選，足以解決「一切問題」。

參、調查結果的綜合分析

從以上各項調查發現中，可以看出台灣地區選民對當前各種問題的看法，也反映了在急速工業化和現代化過程中，我國社會的各種發展的方向。綜合分析本研究所獲得各項發現，可以得到以下幾個初步性的結論：

一、在被訪問的選民中，絕大多數對於目前的社會、經濟狀況，及政府的措施，感到滿意；但是他們對於經濟建設及重大工程建設的滿意度，要比對福利政策，醫療機會，及勞工政策要高。他們這種態度，與學者專家及輿論界的分析十分接近，足見選民已有相當的判斷能力。

二、對各級政府的滿意度，以對中央政府最高，其次為省政府，再次為地方政府，由此可見地方基層的行政工作仍需加強，又選民對於各級政府的滿意度超過對於部分公務人員的滿意度，其中尤以警察，司法、稅務及戶政人員較為顯著，可供政府今後加強為民服務及改善公務員服務態度以爭取民眾了解的參考。

三、由本調查的資料，可以看出選民有極強烈認同中產階級的傾向。樣本中的選民自認是中等階層的比例，已與先進工業國家相若甚且超過。若以我國國民平均所得而言，尚不能列入已發展國家之內，而人民已有強烈的中產階級的認同，這與他們對目前自身在社會中的地位感到滿意有相當關係。

四、絕大多數的選民認為本身的社會階層要比他們父親一輩高，同時又認為自己子女將來的社會地位將比自己要高，充分顯示出我國人民對於未來抱著極樂觀的看法，不過從半數以上的選民均希望其子女接受大專以上的教育，還有九·一%希望其子女唸博士來觀察，未來政府在提高人民的生活水準，及滿足民眾改善其社會地位的期望上，一方面固然應該繼續努力，另方面也需要使人民瞭解，我國在提高生活素質及水準上所面臨的各種問題或可能的極限所在，不能期望過高。

五、調查資料顯示，台澎地區各種省籍民眾間之省籍觀念已很淡薄，同時顯示年齡愈輕及教育程度愈高的選民，其省籍觀念愈淡薄，實為可喜的現象。不過在本省同胞中，仍有百分之二十左右不懂國語，則國語推廣工作還有繼續努力之必要。

六、在有關選民的投票行為的發現中可以看出，絕大多數選民重視候選人本身的能力，及對地方建設的意見和貢獻；選民的教育程度愈高，愈著重候選人的能力；僅有小部分民眾係受候選人「個人的吸引力」及「政見發表會」的影響，同時有百分之六十以上的選民認為候選人講話不甚可靠，足見選民傾向用候選人的經驗能力加以自己的獨立判斷，來決定投給誰，不輕易相信候選人的競選言論。

七、由本研究之發現顯示，賄選屬於傳言居多，實際上親身經歷到賄選情況之選民不多；同時被訪問的選民絕大多數認為收賄的人「不一定會」及

「絕對不會」投行賄的候選人的票，此點發現足使少數有意從事此類活動候選人警惕。

八、由於台灣地區人民教育程度不斷提高，都市化之日益增進，以及大眾傳播之日趨發達，選民之獨立判斷及理性抉擇的能力亦將隨之提高，本調查之發現，基本上證實了現代化過程增加人民政治興趣及政治判斷能力的假設，顯示我國民主政治已有良好的基礎及起步。

中央日報二版，六十八年十二月九日。

問卷調查與抽樣方法

壹、前言

三十年來，我國由於社會安定，經濟快速成長，而國民生活與教育之水準相繼不斷提高；加以近年政府大力推動各項建設，以及國際經濟與政治，逐漸對社會及經濟情勢轉變所引起的問題加以重視，不論是問題的研究分析或有關行政決策措施的採行方面，均講求現代科學方法與技術的引用，期以提高社會及行政問題研究分析的效能，進而釐訂完善妥適的措施方案。亦即運用現代科學方法，對社會及行政的事象，加以解釋（explanation）或預測（prediction），進而予以控制（control），以企求各種行政決策與措施更具「科學化」。所以，各級政府機關或學術機構，應用社會及行為科學的研究方法與技術的情形，已甚為普遍。其中在蒐集資料方面，要以抽樣問卷調查最受注目。其主要目的，在於透過直接實地調查途徑，蒐集實徵性資料（empirical data），以作為有關興革事項或措施的參考依據。

目前不僅行政機關與學術機構經常舉辦問卷調查，一般企業單位徵詢顧客的意見，或有關機關團體舉辦的所謂「民意測驗（調查）」，亦多採問卷調查的方法。此外，尚有不少社會科學研究生，利用郵寄問卷的調查方式，蒐集所需資料，以完成其畢業論文。然基於我國社會傳統習慣，個人隱私觀念甚為濃厚，對於公共事務之意見表示亦有「事不關己」的念頭，以致目前仍處於一般人士欠缺熱心支持調查研究的環境下，各種問卷調查依然不易獲得充分合作，而常有問卷收回率偏低的現象。相對地，在問卷調查的研究設計或實施有關方面，亦常有不夠嚴謹或其他缺失的情事發生。由於這些客觀的條件及研究設計與調查實施等缺陷，恒造成所獲資料的正確性與可靠性之問題，致使最後的研究分析與推演之結果，難以達到所預期之理想。

近代社會與行為科學之研究，時常運用測量或調查的工具，以蒐集實徵性的資料，尤其是量化的資料（quantitative data），以作為分析與推演立論的主要基礎。惟其中涉及資料的可靠性與正確性兩項問題，其先決條件則在於測量或調查工具的信度（reliability）及效度（validity）。當然影響信度或效度的因素固多，但是依測量理論（measurement theory）運用量度化方法（scaling method），作調查分析時，所使用工具的信度與效度，則應予更多的關注，否則僅就調查所得資料顯示的數值關係系統（numerical relational system），勉強湊合地聯結實徵關係系統（empirical relational system），不僅毫無意義可言，且不無玩弄統計分析技術之嫌，甚至導致偏失的研究分析結果，而產生有關的不良影響。一般為審慎起見，恒於正式測量或調查實施之前，先作試測（pretesting），以求其盡可能的完善。

總而言之，政府機關、學術機構及有關各界逐漸重視與應用社會及行為科學研究方法，乃是一種進步且可喜的現象，但為獲致較為完美的效果，在整個應用與運作的過程，不可不持有嚴謹的態度，以減少偏失的發生。筆者僅就問卷調查的類型、樣本調查的方法、統計誤差的問題等項，略作簡要的剖析，以供參考。

貳、問卷調查的類型

近代社會及行為科學蒐集實徵資料的各種方法，以問卷調查之使用最為普遍；亦即利用事先設計的問題表格（questionnaire一般譯稱為問卷或訪問表）作為藍本，對研究的事象進行有關層面的調查。依據其調查實施方式，計可分為正式訪問（formal interview）、郵寄問卷、集體填表及電話調查等四種類型。

一、正式訪問：係由訪問人員攜帶事先印製的統一問題表格，前往實地拜訪受訪人，就面對面所得問題答案逐一填記問卷中。因問卷的問題或答項事先經由有系統的設計安排，而其內容結構及次序井然，故又稱為有結構的訪問（structured interview）；並且訪問作業亦有標準一致程序之講求，不論發問問題或填記答項，均要求訪問人員達到一致性，因而亦稱為標準化訪問（standardized interview），這是目前機關團體作大型研究調查常使用的一種方法。非正式訪問（informal interview）亦稱為無結構或低度結構的訪問（unstructured or less tructured interview），則因訪問技術或適用情境之不同，分為非引導性訪問（nondirectional interview）、重點訪問（focused interview）、反覆訪問（repeated interview）、深度訪問（depth interview）等類。由於非正式訪問難以大規模進行，且須具備較高水準的訪問技術，故一般調查研究較少使用。

二、**郵寄問卷**：係將調查表格（問卷）寄送受訪人，請於填妥後寄回的調查方式。此種方式在時間及費用方面均甚節省，所以使用非常普遍，但是收回率偏低與答項查證困難，卻是嚴重的缺點。為降低其缺點的發生，亦有採行先派人分送問卷並請受訪人寄回，或先郵寄問卷再派人前往收回等補救措施。此外，尚有催促函復，附寄贈品或報酬等方式，以爭取受訪人的合作。

三、**集體填表**：係集合受訪人於一處，當場分發問卷，且於當場填妥收回，其方式有如現場考試一般，具有郵寄問卷的優點，且收回率可大為提高，加以可以現場解釋填表之疑問， 亦減少一些偏失。此種方式又稱為當面發問卷法（self-administered questionnaire method），其主要限制，在於使用場合與時機不多，由於受訪人集合一起不易，僅能在學校、軍隊與機關團體的內部舉行，或在集會、講習及訓練等場合採行。

四、**電話調查**：一般亦稱為電話訪問（telephone interview），係利用電話訪問受訪人，在電話中問題目與作答，可獲時間經濟與回答率較高等優點。其限制則僅適用於同一地區的短程電話訪談，若是長距離通話，其費用將甚為可觀；同時，此種方式亦僅適用較簡單的問答內容，難以作詳細深入的訪問。報章雜誌曾使用此種調查方式，以迅速徵詢較一般座談會更廣泛對象的意見或看法。

上述四種問卷調查的實施方式，以正式訪問及郵寄問卷兩種使用較為普遍，但是郵寄問卷方式，已逐漸令人覺得不無浮濫之處。至於集體填表方式，大都使用於教育或訓練方面的研究調查，或是以機關團體內部成員為調查對象時，亦常使用；惟一般填表人常有「說好不說壞」或「顧及他人顏面」等人情作祟，填寫答案亦有所保留，甚至有其多餘的顧忌，而造成回答上的誤差。

若再依據調查對象是否包括整個母群體（parent population or parent universe, 一般簡稱群體或母體），又可將問卷調查劃分為普查（census）與樣本調查（sample survey 亦稱抽樣或選樣或取樣調查sampling survey）兩種類型。普查係對有限群體（finite population）的研究對象，將其全部分子（個體）一律加以調查的方法，亦即在某一時點或某一時期，對研究群體所包含的所有個體作詳盡無遺漏的調查。一般又稱為全體調查法或全部清查（complete enumeration）。一般使用全體調查法都限於包含個體為數較少的有限群體而已。至於一般所稱之普查，係指包含個體為數龐大，且分佈地區遍及全國或較廣大的地域，所需動用人力、財力等極為可觀，通常均由政府機關依法編列預算定期舉辦。現時各國政府所舉辦的普查，約計有戶口普查、國勢調查、工商普查、農漁業普查、教育普查、稅務普查、交通普查、土壤普查、社會救助普查等種類。普查資料與數據恒作為檢討或規劃有關施政之準據。此外，政府機關在行政作為上恒依法辦理各種登記調查，且國民亦依法負有申報之義務，此種持續性的登記調查作業，亦得視為普查的另一種型態。

至於樣本調查，係就整個研究群體所包含的個體中，抽選一部分個體加以調查（所抽選的個體稱為樣本），並以樣本調查分析所得資料，探究推演說明群體的整個情況，亦即以樣本代表群體的調查研究方法。近代各種調查研究工作，採行樣本調查法比普查法更為廣泛，主要是基於下述各項樣本調查的優點：

一、節省調查所使用的人力及財力：樣本調查最大的優點，乃是僅就少樣本加以調查，比龐大的普查工作，得以節省人力與財力，且工作進行亦較為簡單而易於控制。

二、縮減資料整理分析的時間：由於樣本調查僅及研究群體的一小部分，其問卷資料之檢查、登錄及統計分析等作業，均較普查可縮減不少時間，而能迅速獲得調查分析結果。

三、減少人為因素造成的誤差：普查法所獲資料為數龐大，在整個調查分析作業中，人為因素而產生誤差的可能性與頻率，均較樣本調查為高；同時樣本調查對於人為因素的誤差，在檢查或修正方面亦較易處理。

四、得對樣本作較具深度的研究：樣本調查係以較少量樣本為研究對象，研究工作可以應用更多人力及財力於每一樣本，予以詳細深入的調查分析，以增加研究的深度與涵蓋的層面，得使調查研究產生更具體的意義與效果。

參、抽樣方法

抽樣方法可分為隨機抽樣（random sampling）與非隨機抽樣（non-random sampling）兩大類別；亦有稱為機率抽樣（probability sampling）與非機率抽樣（non-prodability sampling）。隨機抽樣法係對研究群體中的各個體，不作任何有目的之選擇（亦即不受人為因素的影響），純粹以偶然（機率）方法抽選個體為樣本，而使群體中的每一個體，均有同樣（相等）的機會被抽選為樣本；亦即依照均勻的原則，任由樣本自然出現，而不加以人為的有意安排，如此抽選所得之樣本將較為客觀與具有代表性，得以運用統計分析（statistical analysis）與統計推論（statistical inference）的技術，提高調查研究的品質與成果。隨機抽樣，因採用不受人為因素影響的工具或方法的不同，又可分為下列各種方法：

一、簡單隨機抽樣法（simple random sampling）：係依據機率原理作最簡單或最基本的抽樣方法。通常是將群體中所有個體予以依序編號，並用紙片或小球製作一份號碼放置箱或袋中，經洗亂後依所需要樣本數逐一抽出紙片或小球，依所示號碼而決定個體為樣本。此種方法亦稱為代號抽樣法或號碼球抽樣法或單純隨機抽樣法。此種方法通常使用於群體構成之個體為數不多的情況，且以個體之差異性小亦較有良好的效果。若是群體為異質（heterogeneous）時，亦即其個體間之分層（stratification）非常顯明，常因隨機抽選仍有不易分散之可能，抽出樣本仍甚為集中，而無法依群體特質分配之大小，自行分配樣本之多寡，致使樣本的代表性降低。所以，此種方法較適合於個體數較少且差異性不大的群體使用。此外，尚可依抽出方法之不同，分為不重置抽樣（sampling without replacement）與重置抽樣（sampling with replacement）兩種；不重置抽樣即一般所稱的簡單隨機抽樣，其方法是抽出之紙片或小球，不再放回箱或袋作為抽出下一個的對象，如此每一紙片或小球均僅有一次被抽出的機會。相反地，重置抽樣則將抽出者再放回箱袋中，而每紙片或小球有多次重複被抽出的機會，故又稱為無限制抽出法（unrestricted sampling）。

二、亂數表抽樣法：係以亂數表（random number table）所列數字為個體的代號，抽出個體為調查的樣本。亂數表又稱隨機號碼表，依據機率理論的隨機原則，將０至９十個數值重複連續以隨機方式抽出，照出現先後順序，集合許多數目編製成表，目前使用的亂數表有多種。利用亂數表抽樣時，首應以隨機方式決定由某行或某列之數字為起點，而後由左而右，或由上而下，查對號碼，若有號碼重複者則放棄，整個表可反複使用，至抽滿樣本數量為止。此種方法與簡單隨機抽樣法相同，事先須予於個體統一編碼，只是決定樣本號碼工具不同而較簡便而已。至於使用上的限制，亦與簡單隨機抽樣法相近，使用於個體數較少且差異性不大的群體為宜。

三、等距抽樣法：即以一定的抽樣距離（sampling interval）在群體中，每隔相等若干個體，抽出一個體為樣本。其抽樣時係依群體中個體排列順序，每隔幾個抽出一個，系統井然，又稱為間隔抽樣法（interval sampling）或系統抽樣法（systematic sampling）有限群體使用此種方法抽選樣本時，於決定樣本數後，可依下列公式計算其間隔距離：

R=N/n

R 為間隔距離

N為構成群體的個體總數

n 為樣本數

於間隔距離決定後，尚須使用隨機方法選定第一個樣本（若為K），而第二個以後的樣本則分別為（K+R, K+2R, K+3R, K+4R……K+ (n-1) R）。倘若因第一個樣本抽到排列在較後面的個體，而抽完一次仍不足樣本數時，則可累積連接排列在前面的個體，成為循環的依序抽選，至抽足樣本數為止。

等距抽樣法的使用情況與簡單隨機抽樣法相同，以個體間差異性不大者為宜，且一般使用時機，以個體已有其順序排列的情況最為簡便。至於使用於無限群體時，其樣本數與間隔距離之決定，則需視個體差異性、調查研究規模及其他有關因素而定。

四、分層抽樣法：在研究群體中個體差異性較顯著，且分佈不均勻時，為提高抽出樣本的代表性，則可使用分層抽樣法（stratified sampling，亦稱層化、分類或分組抽樣法）。於進行抽樣之初， 首先按研究目的有關的某些標準（ 一般是建構研究假設（research hypothesis）所選定的自變項（independent variables），亦稱獨立變項。）將群體中的個體劃分為若干類（組），每類（組）稱為層（stratum），而後各層獨立依隨機方法（前述二種）抽出若干個體為樣本。至於各層應該抽出多少樣本，有兩種不同的決定方法：

分層比率抽出法（proportional sampling）：乃是各層抽出樣本數佔全部樣本數之比例，應與各層個體數佔群體全部個體數之比例相同；使得全部樣本結構與群體結構趨於一致，且樣本更具代表性。

分層最適抽出法：係依照各層個體間差異大小與其抽樣調查成本高低，而決定各層抽出樣本數。亦即層內個體差異性大時，則樣本數加多，反之則少；若某層調查成本較高，則減少其樣本數。此種樣本數之安排調整配置，稱為最適配置（optimum allocation）。使用此方法所得調查資料，在統計分析時，各層必須予以適當加權，否則其對群體的推計值，將會產生嚴重的偏誤，而導致研究結果的扭曲情形。

使用分層抽樣法，在分層多寡與樣本大小之決定，對所抽出樣本的代表性與可靠性，具有密切的關係，分層愈多，所抽樣本愈大，其代表性則愈高。所以如何分層與分層標準，關係分層之適切與否。其主要原因，在求各層內個體差異性減至最低，且不同層的個體間具有顯著的差異性，以顯示群體內各層的特性。此外，尚需配合調查研究目的及其研究假設，或考慮成本之高低等因素，以決定適當的分層及樣本大小。

五、集體抽樣法（group sampling）：係先將研究的群體依某種標準（地區、鄉鎮鄰里或班級），分成若干類別，每一類稱為一個集體，再就各集體以隨機抽樣方法，抽出若干集體，將集體中的各個體全部予以調查；亦即將集體視為抽樣單位，故又稱為類聚抽樣法（cluster sampling）。使用此種方法，主要在使樣本集中，以節省調查的時間、人力及財力；亦有在群體中各個體欠缺可供抽樣利用的資料或編造資料不易等情況下，應用此法而解決抽樣的困難。此種方法較易造成樣本過於集中而代表性降低的現象，所以劃分集體之初，應考慮兩項原則（其與分層抽樣法的分層原則，剛好相反）；一是集體中的各個體間的差異性要顯著（亦即集體內之變異性）。二是各集體間的差異要小（亦即集體間之齊一性）。

六、多段抽樣法（multiple-stage sampling）：亦稱為分段抽樣法，如同集體抽樣法，先抽選若干集體，再於集體中使用其他方法抽出樣本。因為此種抽樣方法，最少要分兩段進行始能完成，故又稱為兩段抽樣法或副樣本抽樣法（two-stage sampling，subsampling），其抽樣程序與前述方法不同（前述各種方法可稱為單段抽樣法one-stage sampling）。其首先被抽出之樣本集體，稱為第一單位或最初單位，後由集體的中抽出之樣本，稱為第二單位或最終單位。若將抽樣程序分成三段以上進行，則由第二單位中再抽出第三單位，並可延續至抽出最終單位為止。故稱多段抽樣法。此種方法大都應用於個體數眾多的研究群體，且在各段抽樣程序中，可依調查之目的、時間、人力等條件，配合使用前述各種方法。雖然此種方法在抽樣之設計、程序與統計分析等方面，均較繁複，但在大規模的調查研究上，確實有其必要性。

七、多次抽樣法（multiple-phase sampling）：係先自研究群體，抽選較多數目的個體作為補助資料，再由補助資料中抽選為所需數較少的最終樣本。其抽選次數在兩次或可擴展至兩次以上，又稱為兩次抽樣法（two-phase sampling）或再抽出法（double sampling）；亦因先抽出大單位樣本，再抽小單位樣本，又稱為順序或連續抽樣法（sequential sampling）。

此種方法與分段抽樣法之不同，在於多次抽選皆依同樣定義之樣本單位，分段法則有所謂集團或分層的不同。在多次抽選中的樣本數，所謂較多與較少的差距，必須兼顧調查成本的降低與其代表性之處；若差距大有利於成本降低，卻有損及代表性之處；相反地，差距太小不僅無益於成本減輕，就抽樣設計而言，亦缺乏其意義。多次抽樣法亦如同多段抽樣法，應用於大規模調查研究工作，且亦可配合有關條件，融合其他抽樣法予以設計使用。

八、貫穿抽樣法（interpenetrating sampling）：亦可稱為貫通副樣本抽樣法，係將一組隨機樣本任意分為若干副樣本，且每一副樣本均含有相等的個體，其主要目的，在使不同副樣本中任何兩個個體的計量誤差間，無相關之存在。有時亦以降低調查成本著眼，如指派每一訪問員，擔任其住家鄰近地區內的樣本調查工作，即可減少訪問的差旅費用。

肆、非隨機抽樣法

非隨機抽樣法，亦稱為非機率抽樣（non-probability sampling）、立意抽樣（purposive sampling）或計劃抽樣。其抽選方式係依照調查研究的需要或研究人員的判斷決定，抽選群體中具備某種特性的個體為樣本，而未符機率原則（亦即每一個體均有相同機率被抽出之原則）的抽樣設計；有時為求調查研究的方便，或是欠缺足夠資料無法進行隨機抽樣，而有意地抽選合乎某些標準的若干個體為樣本。其抽選方法可分為下述六種：

一、配額抽樣法（quota sampling）：此種方法與隨機抽樣的分層最適抽出法相較，頗為近似。一般應用於群體資料不足的情況，其抽樣由研究者主觀意願的決定要多於隨機的成份。事先按照某種人為的標準（如年齡結構、教育程度、宗教信仰、職業別等），加以區分而抽選一定數目的樣本。

二、判斷抽樣法（judgment sampling）：係依據研究的需要或方便，由研究人員主觀判斷，有意地抽選所需的樣本。此種方法常有其偏差存在，而樣本的代表性亦令人置疑。通常在進行問卷的試測（查）工作，以測度問卷設計之效能時，為求其簡便，則以判斷抽樣方法為之。此外，由於社會經濟現象日益錯綜複雜，各種相關因素亦趨繁複，而其各類指數之編製，難以涵蓋周偏，僅得依判斷選用較具代表性的項目為樣本，俾能爭取時效，或節省人力及財力，諸如物價指數之抽樣，即屬其例。

三、便利抽樣法（convenience sampling）：即以省時、省錢或省事等為出發點的抽樣方法。由研究人員主觀決定樣本之選取，其抽樣偏差很大，用以推論群體情況亦極不可靠，一般或僅止於問卷試測的運用，或如新聞採訪常在事件現場找人加以訪問，即是其例。

四、雙重抽樣法（double sampling）：雙重抽樣法與多段抽樣法有其相似之處，但並不相同。在多段抽樣法，各階段使用的抽樣單位並不一致，可能先是地區，而後則是社會階層。但是雙重抽樣法則第一次與第二次的樣本單位均相同。一般對研究群體的資料極為缺乏時，難以事先作好抽樣設計，而先依主觀決定作初步抽樣，並進行調查以蒐集群體的初步資料，再依所得群體資料再做一次較精密的抽樣調查。第一次抽樣的樣本較大，調查較為粗淺；第二次抽樣樣則較小，而調查則更為深入。

五、逐次抽樣法（sequential sampling）：一般在作一次完整抽樣調查，所需樣本較大，且成本亦甚鉅時，採用此種方法以求節省。即是分成逐次抽選較小樣本，以其小樣本調查結果與原有研究假設相對照，若其調查結果不能相對照判定接受或拒絕研究假設時，則繼續逐次進行，直至能相對照判定為止。此種方法常在生產管理方面運用。

六、雪球抽樣法（snowball sampling）：此種方法亦是對研究群體缺乏資料時使用之。先以隨機方法抽選原始受調查的樣本，而後再根據原始樣本提供資料，尋找其他樣本的方法。其樣本之取得有如滾雪球（snowballing）一般。如欲對高雄美麗島事件現場在場民加以訪問時，其樣本之抽選只有種方法解決。

一般較具規模的調查研究，由於研究群體較大，其個體為數較眾，且具有的各種特性（屬性）亦多，故常混合使用前述各種不同的抽樣方法，而非僅止於單一方法的應用。主要目的在於參照研究群體已有的資料，並且配合研究目標、人力、時間及經費等相關條件，作最為適當的規劃，以求樣本能夠兼具群體各種特性，提高其代表性，同時亦儘可能降低調查研究成本。凡此均屬於所謂抽樣設計（sampling design），其主要內容，涉及各種抽樣方法之使用及其程序，有關樣本誤差的計算與控制等設計，並確定樣本的大小。如此可知，抽樣設計之良窳，乃是調查研究工作成敗的關鍵因素之一。

伍、統計誤差的問題

一般使用問卷進行正式訪問（亦即派員實地訪查）的樣本調查工作，係憑藉實地訪問蒐集的樣本資料，經由統計分析的處理，用於說明、推演而表現整個群體的情況，以獲得調查研究之結論。其整個工作過程，必須經過抽樣設計、問卷設計、實地訪問、資料整理與統計分析等各階段的不同程序。惟在各階段的工作中，難免有不週全或偏失的發生；亦即以其樣本代表群體，終究有其誤差存在，通常稱之為統計誤差（statistical errors）。基於誤差肇因之不同，主要可分成三類型：

一、調查設計誤差（errors of survey design）：其產生的主要原因有二：一是統計的群體之不確定（亦即群體大小不易確定）或是統計表徵（屬性）定義的不清晰。二是抽樣設計不符合原則所導致的誤差。

二、抽樣誤差（sampling errors）：係由於以部分樣本之統計資料代表群體而產生的誤差，其中涉及抽樣方法及樣本大小，以及樣本抽選過程的機運。於事先作抽樣設計時，必須針對抽樣方法確立樣本誤差的計算與控制之程式，並配合誤差容許範圍，決定樣本之大小。至於抽選過程之機運所引起的誤差，則使用顯著性檢定（signifirance test）的統計方法，加以檢查。

三、非抽樣誤差（non-sampling error）：其產生之原因係非出自純機率的，而屬於各種人為因素之不當所形成的誤差。主要包括問卷設計欠妥、未回答或疏漏之誤差、答案誤差、訪問員影響與資料處理缺失等類的誤差。

目前各級行政機關或學術團體，應用問卷抽樣調查所完成的研究報告甚多，其中因統計誤差之處理未臻於理想，影響調查研究成果的報告，亦不在少數。僅先就調查設計與樣本相關問題，試為說明如次：

一、樣本大小問題：

一般而言，樣本之大小與其調查結果代表性的高低，成正比例的增減；

亦即樣本愈大，愈具代表性，反之，則代表性愈低，調查結果的可靠性亦低。然而抽樣設計時，即應決定樣本之大小，並求其適中。其主要考慮的因素，即是取得樣本的成本與估計錯誤的風險兩項，亦即在經濟與可靠性兩者之間，求其適當平衡。倘若樣本太小，不僅誤差過大，其所作對群體情況的推論亦不可靠，調查研究結果更無多大意義可言。諸如近期有一份有關行政機關建立諮詢制度的調查研究報告，曾對中央、省市政府主管官員、機要秘書、各機關現任諮詢人員、民意代表、出席國建會海外專家學者以及熟悉諮詢問題的國內學者進行問卷調查，共發出一二〇份問卷，收回有效問卷六十六份。以六十六份問卷統計資料而推論研究結果，不免樣本太少。以所列調查對象而言，為數當以千計，且各類對象間亦有相當的差異存在，由六十六人調查結果代表之，其可靠性則令人置疑。同時，在研究設計上一共使用三十七個變數， 至為複雜。在資料統計分析亦採用多元變異分析法（multivariate analysis）的因素分析（factor analysis）、逐步式多元迴歸分析（stepwise multiple regression analysis）等高層次統計方法。此外，亦有一項有關心理衛生方面的研究報告，則以民國五十二年間樣本甚小的調查結果（僅及三個社區），推論當前台灣地區心理衛生及保健有問題之人口數，其不僅時間差距太大，樣本太少，不無令人有難以得到可靠推論的想法。所以樣本不宜過小，應顧及研究群體中的個體多寡及其差異性。

相反地，樣本太大，則是一種浪費；同時，在偏誤或非樣本誤差，亦可能因樣本大而提高，亦有相當的風險。惟近期有不少研究恒以樣本之大而著稱。以台灣地區一千八百萬人口而言，其樣本常達數千以上，實不無過大之處。依筆者去年所獲得的資料，美國密西根大學社會研究所政治研究中心（Center for political studies,Institute for social research,University of Michigan）舉辦一九八〇年全國選舉研究（National Election studies 1980），所進行的抽樣調查，自是年一月至十一月，先後舉行四次調查，其樣本僅及一九〇六人而已。所以，只追求調查樣本的增加，並不見得就可以提高其調查的代表性或可靠性，尚必需在整個調查研究過程的相關細節求其嚴謹，始能相互配合獲得良好的研究成果。

至於如何決定樣本的大小，在抽樣設計上使用隨機方法的情況下，得配合樣本誤差統計控制，借用於統計學的機率法則的運用。若是非隨機方法的抽樣設計，則僅有依賴研究人員對群體的瞭解與其豐富經驗，始能有較適當的判斷與決定。

二、抽樣設計問題：

不僅關係研究調查成本，其抽樣方法之使用、樣本之大小與研究假設之配合，均足影響誤差計算控制、樣本代表性與調查結果的可靠性。目前尚有不少的調查研究報告，常加以忽略，在報告中亦甚少給予明確的說明，其調查研究結果的可靠性，則無從評估。如此在整體研究方法與程序上，均是一大缺憾，對其研究價值實有其嚴重的影響，同時，抽樣設計未能提出較具體的表白，亦容易予人一種研究工作不夠嚴謹的印象。甚至有部分研究報告，對研究群體不加估計或說明，形成群體不確定的情況；對於統計表徵（屬性）亦未予清晰的定義，使得整個抽樣設計更形混亂不清。雖然目前國內盛行抽樣調查工作，其結果報告常僅提及調查樣本數量，並據以為統計分析而作推論，而令人對其研究結果存有疑問，甚至以為僅在以調查統計數字充篇幅而已，對於調查群體及抽樣設計或程序，則未予敘述說明，其調查分析結果，亦較欠說服力，實有待再加改進。

三、隨機抽樣問題：

運用隨機方法抽樣的目的，在於樣本誤差的計算與控制，得以借助於統計學方法解決。然而尚有不少研究報告，在這方面有其嚴重的錯誤或缺失；其一是有部分人士誤解「隨機」的意義，而將之視為隨便或隨心所欲。吾人必須瞭解隨機法有其一定的方法與程序必須遵循，若是隨心所欲的抽樣，並不是隨機法，充其量只是依研究人員主觀意願之便利或判斷的非隨機抽樣法。其二是僅在抽樣方法上講求隨機法的運用，到調查資料於統計分析之際，卻未運用統計學方法處理誤差的問題。其結果好似運用隨機法抽樣，即可保證樣本具有代表性，研究結果亦理所當然有其可靠性。如此而視隨機抽樣法為調查選樣的保證，其研究報告可能發生偏頗或過分推演之誤失。

四、樣本結構問題：

抽樣調查實施前，在設計上對樣本抽選都作精密的考慮規劃，甚至為顧及樣本脫落的情形，恒於已決定的樣本數量上，增加若干樣本。凡此均在求樣本代表性之提高；亦即求樣本結構或分佈盡可能與群體相接近。惟依設計進行抽樣時，常因機運的關係，而造成樣本過於集中或分散的狀況，使得抽選的樣本結構與群體之間有其差距。及至調查訪問完成後，所獲得所有效樣本，其結構可能較之原抽選樣本，對群體結構或分佈有更大的差距，若以所得統計資料逕行推論群體，則可能產生相當程度的扭曲現象（distortion phenomena）。為校正或降低其扭曲程度，以提高其可靠性，則對最終樣本結構應作必要的分析，進而運用加權或統計學的方法，對統計資料作適度的調整。然而有部分研究報告，常對調整統計資料的運用不夠謹慎，以為調查所得即是第一手資料，得以逕行充分利用無誤。

前述四項問題的發生，大部分在研究設計與抽樣設計方面不夠謹慎而引起。雖然目前盛行運用社會及行為科學研究方法，以研究調查各類社會與行政的問題，無論對學術界或行政機關，均是一種可喜的現象，惟此類調查研究方法的主要功能之撥揮，卻有賴於研究人員的素養，以及研究態度的嚴謹與客觀，否則仍無從達到科學研究的效果。

陸、結語

我國近年來經濟發展、社會急速轉變，正處於邁向現代化國家的進程中，無論國家整體建設，或是在社會、經濟、政治、文教等各方面的問題，更趨於繁多且複雜。不管問題之分析或相關措施之採行，均需運用各種資料分析，權衡其得失利弊，以求取最佳的抉擇。目前學術機構與行政機關，逐漸重視與運用抽樣問卷調查以蒐集實徵性資料之際，筆者個人認為；為促使此種現代化科學方法的運用充分發揮效果，除應講求研究人員學識素養之提高，研究態度之嚴謹等主觀條件外；在客觀環境方面，則亟需喚起社會各界的重視與支持合作，運用大眾傳播的宣傳與教育的途徑，促進社會大眾瞭解研究調查的重要與功能，進而加以支持合作。如此方能全面提高我國社會科學的研究水準，強化政府機關的決策功能與各種措施效率，而利於國家建設發展，加速國家現代化的進程。

研考月刊第五卷第十期，七十年十月。

民意調查的功能與限制

近年來，民意調查在國內的應用已甚為普及，尤其是選舉期間，各新聞媒體紛紛舉辦民意調查，以測試選民意向，作為報導素材。行政機關亦經常辦理民意調查，以作為蒐集民眾對各項施政的反應資料，且已成為各國政府部門普遍運用民意調查的情況。

然而，無論民眾、政治人物或行政機關，對民意調查的功能與限制在概念上尚屬模糊，乃以簡要方式予以說明，俾供參考。

壹、民意調查的功能與限制

民主國家要廣徵人民對施政的意見以作為依循，其途徑與方法甚多，應用社會科學調查方法的民意調查則是目前最為廣泛使用者，也最為「公正」的一種，然所有方法均有其侷限，首先，須瞭解其功能始得以作合理的運用。

一、功能方面：民意調查的標的約可分成三種：

（一）民眾對於具有爭議性公共議題的看法與立場；

（二）民眾對實施中或已實施政策的評價；

（三）對政治人物的評價。

民意調查的功能分別在瞭解民眾對事或對人的看法，目的在於提供政府機關、社會大眾及政治人物有關民眾對公共事務的意向，以瞭解現狀，並預測未來，畢竟民主政治的施政應以民意為依歸。同時，民意調查也讓新聞媒體能據以報導民眾對公共議題的意見分布，讓讀者或觀眾能略知所謂民意傾向，故基本上，民意調查都是以「提供參考」為其目的。

二、限制方面：民意調查是運用社會科學研究的調查方法進行民意資料蒐集的工作，多年來，調查方法在學術界的努力下，已成為一門科學學科，其問卷的設計有一定的規則可循，卻也有其「藝術」的成份存在，而且任何科學的研究方法容或有某種程度的誤差存在，也就是說並無所謂絕對、百分之百正確的情形。誤差的出現，亦即所謂限制，主要有二：

（一）樣本的限制：調查方法都是從全部的調查對象（也就是母群體，例如全台灣20歲以上公民有1,700多萬人）當中抽選一部分（如1,000人或850人）作為調查樣本，除了曠日費時的普查，民意調查多採用抽樣調查方式進行。統計上抽樣方式若屬隨機，可以計算抽樣誤差，並據此從調查數字推論母群體的狀況。所以，調查結果的數字必定要計及誤差，不可直接看待。

（二）測量工具的限制：問卷裡的問句與答項要求客觀、中立，但卻難以完全達到，不僅問句與答項的本身就限制住了可能的回答，對於同一問題，不同的調查也會有不同的問法，結果既使可以比較，也畢竟有些差別，申論時必須考慮其侷限。

此外，民意調查多在一個特定的時間點進行，而民意可能轉變，另個時間點就可能因事件本身改變或受到意見領袖言論的影響等因素，而有不同的情形，故任何調查結果均不應以定論視之，仍須考慮其參考的本質。

貳、民意調查與選舉的關係

選舉是民主政治過程中最重要的活動之一，競選期間誰領先、誰落後、誰可能會當選、哪些人關心什麼樣的選舉議題等，都是選民有興趣或關注的事項。

一、在民主國家的選舉期間，民意調查結果的公布至為頻繁，並且以之為測度選舉支持的氣候，不論稱之為晴雨計、溫度計，民意調查讓我們瞭解選情，媒體和選民以之觀察賽馬式的選情，預估或猜測誰能勝選，成為選戰過程中的一種「樂趣」。

不過，選舉期間媒體上公布的民調結果，也可能對選民造成認知導引的副作用，選舉投票本來應以個人的偏好立場來作選擇，但選民可能因從民調結果得知某候選人在調查中領先，而刻意不去投該候選人而轉投他人，或以為某種立場得到較多支持，而加入多數陣營，出現哄抬效果，影響選民判斷，故有人建議：

（一）於選罷法中訂定，或由媒體自律，在投票前數日停止刊登民意調查結果；

（二）各個舉辦選舉調查的機構應審度情勢、自我節制，也堅拒以民調作為攻擊、抹黑之用或淪為選戰工具。

在國內目前的競選環境下，民意調查可以做為多種用途，已逐漸失去在民眾心目中的科學、客觀形象，甚至每公布調查結果，不利的一方必斥之以不公正，被扭曲、操縱等指控，於是吵吵嚷嚷，選民亦無所適從或無法參考。

二、除了民意調查不應被當作政治工具外，教導民眾對於民意調查的基本認識，是一件非常重要的事。我國國民平均教育程度高，但應用和解讀數字的能力不足，致常認為數字本身僅有正確與否問題，也以為兩數字間差距些微即顯勝負。近來，媒體報導上有識者對此提出說明，期能引導民眾如何看待民調數字，凡此仍有待吾人繼續努力。

無論是政治人物、新聞媒體工作人員或社會大眾，都有必要對民意調查有多一些的認識，才不至出現政客因調查結果不利，而大言「民意調查不能全不相信」，或新聞媒體以差距不大的調查結果，刊載誤導性標題「誰領先誰」，或是民眾在面對選戰中層出的民調數字，而出現「我該相信誰」的窘況。

參、政黨與選舉期間的民意調查

在選舉期間政黨的最重要工作，就是競選活動，作法包括了觀察選情、訂定選戰策略，以及輔選，好幫助自己的候選人爭取到選票當選，政黨贏得選舉勝利。因此，政黨在選舉期間應密切注意民意調查結果，無論是自己舉辦或是媒體、社會團體所公布者，均得參考據以擬訂或調整選戰策略。

政黨自行舉辦的民意調查，主要在供內部參考之用，當然也有因數字有利而用以宣傳造勢，若不利時則予以隱藏，但此類動作有時效果適得其反，他黨或社會各界反以之調侃為造勢之舉，甚或指為捏造數據，反而影響聲譽，對自己的支持者則因可能與其他調查數字有出入，而生困惑，不得不慎之。

肆、促進國人對民意調查的正確認知

民意調查雖在國內普遍使用，然因許多人認識不完整，以致對調查半信半疑，其實僅在提供我們估計民意氣候的參考，如同氣象報告，沒辦法百分之百的準確，所以解讀民調數字應是現代國民應有的一種素養。

一、教育是唯一的途徑：以往除在大專課堂有上過民意調查或市場調查課程外，民眾別無管道認識何謂民意調查。近幾年來，行政院研考會每年辦理民意調查研討會，也僅能提供各機關研考人員或部分公務人員認識民意調查的機會，或如何正確地辦理調查。

二、可藉以下活動幫助民衆認識民意調查：

（一）報紙適時延請學者專家撰寫淺顯易懂的文章，介紹民意調查的基本觀念。

（二）報章媒體在刊登民意調查資料時，應於報導本文或偏欄註明調查的基本資料，諸如：主辦單位、調查時間、抽樣方式、樣本大小、調查方式、問卷題項與選項的確切用語等，以供觀眾讀者參酌。其中特別是關於問卷題項與選項的確切用語，因問法有異，常致結果有別，負責的作法是逐題刊列，包括問句、選項及各選項所得比率等；另外，因樣本大小所決定之抽樣誤差應如何看待，解讀數字時如何顧及誤差，亦可稍加簡單說明，期以善盡報導及教育之責任。

（三）學界與業界應合力發起成立評議機構，制訂道德公約，以確保民意調查的辦理及公布都能符合專業的公正要求，機構或媒體若符此要求，亦可標示其資料符合公約，以示其可信度。如美國民意研究學會（AAPOR）就是學界人士及專業組織、專業從業人員所組的專業性社團組織，訂有一套道德規範，凡參加者均須簽字認同，其中對業者之作為，對委託調查機構、受訪民眾及社會大眾的專業責任均詳細訂定，以為依循，類此作法，甚值我們參考。

（四）研考會願為這些推動工作善盡職責與心力。

莫季雍、林克昌撰於行政院研考會，八十三年十一月。

（莫季雍博士現職為國立體育大學休閒產業經營學系副教授兼系主任）

分類別		報名	自立晚報	日期	83.11.25	版次	2 版

國民黨的悲哀

心向新黨不敢表明身分

【記者王雪美台北報導】接受民意調查不見得個個說實話，但誰最不誠實？中華民國民意測驗協會理事長張紘炬上午在一場座談會中表示，過去民進黨未成立時，支持黨外的人較不願說實話，現在隨時空變遷，最不願說實話的是具國民黨員身份卻支持新黨的人。

蓋洛普公司顧問丁庭宇於該場座談會中指出，現在選戰激烈，許多民意調查已經失靈，以台北市為例，有四成的受訪民衆還表示未決定投給誰，但事實上是，即使已有選擇，這些民衆也不見得會告知要投給誰，甚至已決定者還告訴你相反的答案，白色恐怖、綠色恐怖都已出現。

張紘炬則進一步指出，民國七十二年、七十五年、七十六年選舉，當時民進黨還未成立，民意調查就發生問題，因為要投票給黨外的人都不敢說真心話，以至於民調顯示支持黨外的不超過百分之三，但投票結果卻超過百分之二十，不過現在的社會環境不同，支持民進黨的都敢公開說出來，倒是國民黨員卻支持新黨者取代了這個角色，不敢講實話。

不過，張紘炬表示，雖然有人不誠實，但民意調查者自己要克服這個問題，在問卷的設計上要不斷驗證受訪者是否說實話，即可發現受訪者真正的投票傾向。

【記者王雪美台北報導】選戰期間各候選人都各自發表對自己有利的民意調查，是否可能影響選情？上午在一場「民意調查與選舉」座談會中，多位學者專家主張，我國應立法禁止政黨及候選人在競選期間公佈其所做的民意調查數據，以避免影響選情。

立委程建人國會辦公室上午舉辦「民意調查與選舉」座談會，蓋洛普市場調查公司首席顧問丁庭宇於會中表示，民意調查已成了政治的工具，有的候選人或政黨向媒體公佈所謂的民意調查，往往公佈的都是對自己有利的數據，但卻看不到民調的相關報告，對於如何抽樣、誤差率多少等問題也隻字未提，這種作法對於民意調查工作者來說是一種侮辱，而且會影響選情，也讓民衆對民調的信心下降。

丁庭宇建議，仿照國外的立法規定，政黨可以做民調，但在投票日前一段時間內，禁止政黨及候選人公佈民調數據，以免影響選情。

聯合報民意調查中心主任易行也支持丁庭宇的主張。他表示，像法國、比利時、日本都有類似的規範，政黨及候選人可做民意調查，但競選期間不能公佈民調數據，而韓國的規定更嚴格，政黨及候選人在競選期甚至不能做民意調查。

行政院研考會主任秘書林克昌也贊成上述主張，他並建議成立具公信力的「民意調查評議會」，由該評議會來認定那些民調偏頗的，以正視聽。

分類別		報名	自由時報	日期	83.11.26	版次	4 版

民意調查準不準？

學者官員意見分歧

立委舉辦座談會 有人主張立法限制

有人建議設立仲裁機構 業者則反對任何設限

【記者白重華／台北報導】各候選人於選戰期間公布民意調查是否適當？多位研究民意調查的學者、官員在昨天一場座談會中，見解頗為紛歧。當初把民意測驗帶入國內政壇的蓋洛普首席顧問丁庭宇主張立法限制政黨及候選人在競選期間或選前數日公布調查結果，行政院研考會主任祕書林克昌建議成立「民意調查評議會」職司仲裁，中華民國民意測驗協會理事長張紘矩則反對任何限制。

立委程建人國會辦公室昨天舉辦「民意調查與選學」座談會，台大新聞研究所教授周陽山指出，許多候選人公布民調意在造勢，雖是宣傳手段，但可能對民調機構、政黨及候選人造成負面影響，甚至砸到自己的腳，當年杜威與杜魯門角逐美國總統，杜威原獲壓倒性支持，卻因媒體過早推估宣布其勝選，影響支持者認為不必去投票而飲恨，即為一例。

率先將民意調查技術運用於國內選學等政治性議題的丁庭宇，則形容這次選舉非常「詭異」，各政黨濫用民調數據，隨意發表幾個有利自己的數據，隻字不提取樣、誤差率幾何，也不提供問卷，藉此影響選情，這是對民調的一大損傷與侮辱！

丁庭宇認為，在政黨與政治人物不負責任的態度下，民調已淪為「政治工具」，選前應予限制。

研考會主祕林克昌呼應立法限制之外，還建議成立具公信力的民意調查評議會，加強民調機構的自律。

中華民國民意測驗協會理事長張紘矩則表示，政黨有權在任何時間進行民意調查，沒有人能加以否認或限制，這是言論自由的一部分。

分類別		報名	中國時報	日期	83.11.26	版次	8版

新聞局副局長：贊成立法禁止選舉期間公佈民調

研考會建議成立具公信力「民意調查評議會」對各種民調進行評議以正視聽

【記者康添財台北報導】新聞局副局長葉天行昨天在立法院一場有關「民意調查與選舉」的座談會中表示，民意是多變性的，特別是在某個時機所作的民調，準確度普遍不夠，因此，他贊成政府應立法禁止政黨及候選人在選舉期間公佈其所作的民意調查數據，以避免影響選情。

多位參加同一場座談會的學者專家也提出相同看法，他們認為在選舉期間，民調已成為不同政黨與候選人的政治鬥爭工具。台大社會系教授、美國蓋洛普市場調查公司首席顧問丁庭宇指出，有些候選人公佈民調數據並不負責任，往往公佈的都是對自己有利者，至於民調的相關報告、如何抽樣、民調時間、方式、誤差率為何等，並未清楚交代，這種民調真的是一個悲劇，更是對民調工作者的一種侮辱。

立委程建人國會辦公室昨天在立院舉行「民意調查與選舉」座談會，邀集多位學者專家進行討論。丁庭宇首先以日、韓等國均立法明定嚴禁政黨及候選人在選舉期間公佈民調數據，盼政府能效法辦理。他批評這次選舉，幾乎多半的民調都已被當成文宣來宣傳，失去民調的本質及意義，他希望民調的公信力應有效確立，避免濫行。

新聞局副局長葉天行則形容，民調可以用「晴時多雲偶陣雨」來加以形容，顯示其結果並不見得準確，富有多變性，他認為問卷設計的內容以及建立民調公信力非常重要，特別是認知的問題，例如統獨問題等，應極力避免用兩極化的抉擇。行政院研考會主秘林克昌也贊成這項主張，他更建議成立具公信力的「民意調查評議會」，針對時下的各種民調進行評議，以正視聽。

【記者康添財台北報導】民意調查反映出身為國民黨員支持新黨卻又不敢說實話的悲哀？中華民國民意測驗協會理事長、淡大副校長張紘炬昨天在立法院一場座談會中指出，接受民意調查的人不見得人人都說實話，究竟誰最不誠實呢？他強調，過去民進黨尚未成立時，支持黨外的人士較不願說實話，而隨時空變遷，現在最不願說實話的是身為國民黨員卻支持新黨的人士。

立委程建人國會辦公室昨天在立院舉辦「民意調查與選舉」座談會，與會的學者專家普遍認為，民調的結果不見得就能反映實況，因為接受民調的人士，不會個個都說實話。

台大社會系教授、美國蓋洛普市場調查公司首席顧問丁庭宇表示，在選戰異常激烈的今天，民調多半已經失靈、失真，就台北市為例，根據調查有將近四成的受訪民衆還表示尚未決定投給誰，然事實上在其心目中早有理想人選。

台大新聞研究所教授周陽山則表示，除了民調結果會因為前述的原因而與選舉結果有很大的落差之外，民調單位本身的色彩與態度，更將影響選民的回答，致準確性與眞實性有待商榷。

張紘炬更指出，回顧民國七十二、七十五及七十六年選舉，那時民進黨尚未成立，結果民調就出現失眞的情形，因為當時許多要投票給黨外的選民都不敢說實話，導致民調顯示支持黨外的比例不超過百分之三，然投票的結果竟超過百分之二十，不過，現在時空變遷，社會環境不同，支持民進黨的人士都敢公開講出來，倒是身為國民黨員卻支持新黨的人士取代了這種角色，反而面對民調不敢說實話。

分類別		報 名	聯 合 報	日 期	83.11.26	版 次	9 版

「摻雜問卷設計、白色恐怖、綠色恐怖等因素」

民意走調 學者：選前不宜發表

【記者劉時榮／台北報導】多位學者、民意調查專家昨天表示，由於問卷設計、白色恐怖、綠色恐怖等因素，民意調查未必準確，甚至有些民調單位藉民調結果來誤導選舉結果。他們建議，為避免民調結果影響選舉，選前一定時間內不宜發表民調結果。

國民黨立委程建人昨天在立法院舉辦「民意調查與選舉」座談會。台大教授周陽山表示，目前對於台北市長選舉的民調出現一個麻煩，未明白表達支持態度者高達四成左右。部分與會人士並認為，以前威權統治下的白色恐怖以及目前對民進黨疑慮所產生的綠色恐怖，都使拒答比例居高不下。

周陽山表示，民調單位本身色彩也會影響調查結果，如福爾摩沙基金會的民調，陳水扁的支持度就會較高；國民黨台北市黨部的民調，黃大洲的支持度就會較高。他說，目前很多民調結果的發布是在造勢，但這很可能會「砸到自己的腳」。

聯合報民調中心主任易行則指出，有些調查單位很不道德，會冒用其他調查單位的名稱，像聯合報系民調中心就曾被冒用。丁庭宇表示，有些候選人冒用其他單位名稱，是想藉罵人、性騷擾等手段，影響選舉結果。

為免民調結果影響到選舉結果，與會人士建議選前幾天應避免發布民調結果。易行指出，很多國家都立法限制政黨、候選人發布民調結果。世新傳播學院民調中心主任梁世武表示，民調單位要有責任感，民調可以在選前做；但結果必須在選後發布。

分類別		報名	自由時報	日期	83.11.26	版次	4 版

丁庭宇：北市民調完全失靈

張紘炬質疑：「說不準的人都會輸掉」

【記者白重華／台北報導】繼新黨台北市長候選人趙少康公開批評民意調查「不準」之後，他的首席幕僚民意調查專家丁庭宇昨天也語出驚人，直指民意調查在台北市已「完全失靈」！這項說法隨後招致質疑，學者張紘炬即認為民意調查的指標功能不容抹殺，「說不準的人都會輸掉」。

丁庭宇昨天在一場以民意調查為主題的座談中表示，本月八日他分別以黃大洲、陳水扁、趙少康表現良好進行三項問卷，結果黃在第一項問卷以百分之三十五點九遙遙領先他人，陳在第二項問卷以近三成支持率居首，趙則在第三項問卷獲百分之二十五點三的最高分，足見民調在台北市已完全失靈。

丁庭宇說，據他了解，從台北市政府到行政院各單位，公務員被要求交出二十人名單和電話號碼，還有人去查你要投給誰？選情激化至此，「白色恐怖」及「綠色恐怖」都已出現，不但許多選民不說真話，甚至還說反話。

擔任中華民國民意測驗協會理事長的淡大副校長張紘炬不以為然表示，民意調查的指標功能不容忽視，當年台北市議員選舉關中創下「7ㄅ」一役，他對二十五位候選人所作民調的誤差值證明就都在一個百分點之內。

張紘炬指出，美國前總統布希及現任總統柯林頓都在自己選情佔優勢時說民調準，等情勢不妙，又改口說不準，台北市長民調「說不準的都會輸掉，你看這次說不準的會不會輸？」

張紘炬承認，民國七十五年黨外時期，支持黨外者不出百分之三，但開票結果超過兩成，如今時空變遷，民進黨支持者不須隱藏態度，不願說實話的反是支持新黨的國民黨員。

分類別		報名	中央日報	日期	83.11.26	版次	6 版

學者專家座談

認爲民調被濫用 是爲候選人造勢

建議立法限制選舉期間進行民調

【本報記者林玉花報導】選戰激烈，各種民意調查紛紛出籠，但「民意在那裡？」多位從事民調的學者專家昨天在一場座談會中表示，民調已經被濫用、有些民調其實是候選人在造勢。他們建議，應立法限制政黨和候選人在選舉期間進行民調，甚至限制媒體對民調的報導。

立法委員程建人昨日在立法院主辦「民意調查與選舉座談會」，與會的臺灣大學新聞研究所教授周陽山認為，民調結果與選情結果可能有相當大落差，民調過早宜布會影響選民投票行為。現在有些民調作法事實上已是在造勢，其結果可能會砸到造勢者自己的腳。

中華民國測驗學會理事長張紘炬則認為，有些支持新黨的國民黨員在接受調查訪問時不講實話，調查者為了調查的準確性，必須在問卷等調查技術上有所設計。而政黨所做的民調一般人較不重視，因調查結果一定對政黨自己較有利。

美國蓋洛普市場調查公司首席顧問丁庭宇也提到，民調已經變成政治工具，政黨和候選人的民調都是對自己有利，因此他建議，應立法限制政黨和候選人在選舉期間公布民調。

聯合報副總編輯兼民意調查中心主任易行不僅贊成丁庭宇的建議，還認為也應限制媒體不可在選舉期間報導民調。他說，聯合報也自己限制，在選舉前五天或十天，不公布調查結果，若有立法設限，他們也願接受。

【本報記者林玉花報導】部分民意調查專家昨天在一場座談會中分析選情指出，臺北市長之爭是三分天下局面，至於省長，中國國民黨宋楚瑜與民進黨陳定南可能相差不遠，新黨朱高正是變數。而陳定南和民進黨高雄市長候選人張俊雄所獲選票，也將比目前的民意調查結果高。

由立法委員程建人主辦的「民意調查與選舉座談會」昨日在立法院舉行，美國蓋洛普市場調查公司首席顧問、臺大社會系教授丁庭宇，中華民國民意測驗協會理事長、淡江大學副校長張紘炬，以及臺灣大學新聞研究所教授周陽山在會中表示他們對選情的看法。

周陽山提到臺北市選情時表示，有四成選民未表態支持那一位候選人，各候選人差距小，是三分天下局面。

張紘炬則認為，宋楚瑜、陳水扁等高知名度者，在選舉開始時支持度必然是高的，後來一定下滑，而低知名度者，只要後來有所表現，支持比率和知名度一定會起來，如果沒有作為，當然就不會有起色。黃大洲一開始時低，但沿途上升，民進黨提出金馬撤軍論後，陳永扁也確實下滑。

丁庭宇指出，陳定南現在的調查支持率都在百分之十至十五，但選舉投票出來結果不會是這樣，高雄市的情況也一樣，民進黨實際獲票率將會比目前的調查高。他認為，投票結果陳定南和宋楚瑜可能差不遠，變數是朱高正。

張紘炬更進一步分析，陳定南獲百分之十到十五的調查，是以所有選民為倍數，但實際得票是以投票選民為倍數，以七成投票率估算，陳定南的實際得票應為百分之二十二點多，與民進黨在上一次國大選舉有百分之二十三的得票率差不多。

分類別		報名	台灣時報	日期	83.11.26	版次	4 版

選前民調影響選情　學者主張禁止

丁庭宇：嚴重失眞已成政治工具　葉天行：韓日等國皆有限制規定

（記者許丕忠台北報導）選情競爭激烈，各種民意調查紛紛出籠，調查結果都是千篇一律對自己候選人有利，多位學者專家昨天在一場座談會上主張，我國應立法禁止政黨及候選人在競選期間公布民意調查報告，以避免影響選情。

立委程建人昨天召開「民意調查與選舉」座談會，美國蓋洛普市場調查公司首席顧問丁庭宇表示，這次選舉，三黨拚得很嚴重，白色、綠色恐怖相繼出現，很多選民如「雖是國民黨但支持新黨者」都不敢公開講實話，因此，民意調查已經無法眞實反映選情。

他指出，各種民意調查結果已經成了政治工具，所有調查都只對各自候選人有利，缺乏詳細抽樣、數據驗證，這是對民意調查工作者的侮辱，而且使公信力淪喪，丁庭宇建議，在選舉期間，民意調查可以做，但在投票前一段期間應限制禁止公佈，以防止影響選情。

新聞局副局長葉天行以世界各國爲例指出，日本、韓國、馬來西亞都有限制民意調查在選舉期間公布的規定，聯合報民意調查中心主任易行也同意在選舉期間，民意調查可以做，但僅供內部參考，不對外公布的立法方向。

分類別	報名	日期	版次
A3.1	自由時報	84.2.18	4 版

梁肅戎建議 由林洋港參選總統

認為連戰可搭檔參選副總統 李總統則續任國民黨主席

【記者許聖梅/台北報導】國民黨中央昨日召開中評委主席團會議，黨內大老表示憂心總統大選問題，梁肅戎建議由李總統繼續擔任國民黨主席，林洋港參選總統、連戰參選副總統。

梁肅戎表示，立委、總統大選將是國民黨所面臨的艱苦挑戰，為避免國民黨的分裂，他建議，黨內應透過協調方式產生提名人選。

他說，李登輝主席最近幾次公開演講內容都非常好，基於世代交替的考量，不妨由李主席繼續擔任黨主席，林洋港參選總統、行政院長連戰參選副總統。

對於梁肅戎的建議，許水德認為，黨內目前只有林洋港表達參選意願，李主席是否參選目前也不得而知，所以目前並不適合協調。

另外，許水德也透露，今年是總裁逝世二十週年，以及台灣光復五十週年，國民黨將辦理一系列的活動。

【記者莊豐嘉/台北報導】總統府資政林洋港昨天針對有雜誌報導其主動要求代表李總統赴北京謀和一事，指其完全是一派胡言。

一家政論雜誌報導，中共總書記江澤民發表八點看法和意見後，國民黨以郝柏村、林洋港為主的非主流核心非常振奮，並擬出統一的萬言書，希望由並未有公職的林洋港代表李總統赴大陸謀和。

林洋港昨天在獲知此事後，非常氣憤，因此親自簽名發出新聞稿斥責此事。他在新聞稿中指出，「某雜誌最近報導本人主動要求代表李總統前往北京謀和，可說是一派胡言。本人希望國人共同斥責此類不負責任的刊物。」

「總統副總統選罷法草案」座談會

不另設監督委員會 獲共識

應否對候選人學經歷設限及設置罷免條款 意見分歧

【記者白重華/台北報導】總統、副總統選舉罷免法草案即將定案，多位學者及民意代表昨天在一場座談會中，針對應否對候選人學經歷設限及設置罷免條款，存在相當歧見，但在總統選舉採相對多數，不另設總統選舉監督委員會、鼓勵民間公正團體主辦電視廣播政見發表及辯論會等方面則共識頗高。

國家發展研究文教基金會與立委陳璽安昨天在基金會聯合舉辦「總統副總統選舉罷免法草案」座談會，邀請學者、民代及官員十餘人參加，主持人為台大教授蔡政文。

對於總統選舉應由中選會或另行成立監督委員會主辦，中選會副秘書長蔡麗雪、中研院研究員曹俊漢及立委林志嘉均認為無須另設監督委員會，以免疊床架屋；立委黃煌雄則主張設立「總統選舉委員會」，排除中選會主導是項重大選舉。

基於主權在民原則，政大教授黃德福傾向不訂定候選人學經歷限制，同時，除政黨推薦之候選人外，應開放公民連署，保障人民參政權，刪除民代連署規定。師大教授莊碩漢表示，國內有能力發動大規模連署的民代、企業家極多，為避免參選爆炸，公民連署額度應提高至百分之二，面對角逐者衆，應以得票相對多數者為當選。

台大教授趙永茂認為，總統當選的標準應以能建立總統威信、反映其民意基礎與穩定政局為主要考量，以百分之卅或四十為相對多數當選門檻，才能避免執政基礎過於薄弱。林水波教授則說，實施絕對多數兩輪投票非常可能出現第一輪最高得票者在第二輪落敗，使原本不具實力的政黨候選人當選。

與會的人士對取消戶外公辦政見會有相當的共識，國大代表楊思勤表示，現階段戶外公辦政見會只會造成混亂，並無實質意義。但是，公辦電視政見會則有必要，不僅能公平使用媒體，也可減少對財力不足者不公的現象。行政院研考會主任秘書林克昌表示，電視政見會亦可考慮由民間辦理。

出口民調

出口民調（exit poll）係指於選舉投票日在投票時間內，由訪員在投票所附近，就已經投票後之投票人，當場選定樣本，進行投票行為（意向）的調查方式，亦屬民意調查之類型，一般亦稱為選舉出口民調（election exit poll）或稱票站調查。茲將其調查方式與調查特性，分別敘述如后。

壹、調查方式

一、係屬投票行為及投票結果預估的調查方法，常於政府舉辦大型（全國性或大區域）選舉時進行。

二、在選舉日投票時間內（上午八時至下午四時），於投票人投票後，在投票場所附近，進行現場選樣立即面訪的民調方式。

三、訪問調查期程與投票時間同一時段，並運用網路與電腦系統，即時累計樣本調查結果資料。

四、投票時間截止，其訪問調查亦行結束，所獲得調查結果即得以發布，藉以預估選舉結果（推估候選人得票百分比及其勝敗）。

貳、調查特性

一、調查結果立即發表：投票時間截止後，得即刻發表調查結果。

二、樣本代表性：經事前規劃，以及現場嚴謹選樣，其代表性高。

三、樣本累計資料保密問題：投票時間內，樣本調查結果即時累計，其資料不得發布，若保密有所缺失，可能影響後繼投票人投票行為，甚至左右投票結果。

四、樣本回答真實性問題：涉及投票人隱私，甚或有違秘密投票原則。

五、訪員選訓與督導問題。

六、調查成本較高。

七、調查結果與選舉官方得票統計不一時，可能衍生爭議問題。

撰於行政院研考會，九十三年三月。

附錄：有關舉辦出口民調建議意見

一、出口民調係於投票人投票後，在投票所附近進行現場立即面訪的民調方式，國內應屬首次由媒體舉辦。

二、目前台灣民眾之投票行為或政治文化，與歐美國家比較，顯有相當差異，尤其投票行為（態度或意見表示）部分，大都視為隱私範圍，不輕易或即時對外人真實表達，對於出口民調的信度、效度必將產生嚴重的扭曲。

三、總統選舉之投票自當日上午八時至下午四時，計八小時過程，電視台規劃進行出口民調即可在投票過程隨時累計樣本投票行為，即時研判兩組候選人得票比率差距，其比率數字及其變動或投票所分佈等資料，能否於八小時過程保密，誠然不易，若有外洩，可能被引用為動員甚或買票的參據，其後果堪慮。

四、本次出口民調樣本投票所達百餘處，其選樣及現場出口投票人之抽樣，均有其複雜性及困難度，勢將嚴重影響調查結果。

五、樣本投票所調查累計比率數字，在八小時過程如何確保不外洩，相當困難，其數字若為樁腳所獲知，據而強化其活動，甚至變成地區或全國性即時傳聞時，可能引發意外的事件，後果不堪設想。

六、出口民調結果欲於下午四時一分發布，中選會公布大選結果時間約為晚上八時，其確認等候時間有四小時之久，若發生兩項結果不一致時，可能引發意外狀況。

七、出口民調比率數字在投票時間內外洩，可能因數字差距情形，影響後段時間投票人投票之意願或行為，其情況如美國大選跨時區之影響，若因出口民調而影響投票行為，則應加深思。

八、本次大選選情空前，有關機關除應呼籲選民理性、冷靜外，更應事先排除可能發生影響之相關事項，並預防可能出現的各種狀況。

九、中選會及新聞局應負有宣導之職責，警政及地方機關則有預防之職務。

十、新聞局或中選會應立即設法與出口民調規劃機構溝通，延後調查結果發布時間。

撰於行政院研考會，九十三年三月。

分類別		報名	聯合晚報	日期	93.3.18	版次	4 版

TVBS 出口民調必做

三條件下不公布結果

【記者唐孝民/台北報導】

面對各方壓力，TVBS新聞部總監陳依玫今天強調，320當天投票所出口民調一定會做，但民調結果如果發生有超過三分之一以上的民衆拒絕受訪，或是有效樣本結構與母體樣本結構差距過大，以及藍綠陣營的得票數差距在3至6個百分點之內，TVBS將慎重考慮延後或選擇不公布出口民調的預測結果。

對於行政院祭出刑法第148條對堅持做出口民調的TVBS進行道德勸說，陳依玫表示，之前就已請教過刑法專家，並不認為出口民調有觸法之虞。至於外界對於出口民調數字可能外洩的疑慮，陳依玫說，實際上當天接觸到出口民調數字的僅有新聞部與民調中心的少數幾個人，當天這幾個人不准攜帶手機，而且全程將待在類似閱場的房間內，包括房間內的電話也都設定成只能打進不能打出，就是爲了確定出口民調的數字不會在投票截止前外洩。陳依玫強調，屆時公布出口民調，將只會用「領先」而不會用「當選」等敏感字眼，最後當然還是要以中選會公布的當選名單爲準。

【記者邵冰如/台北報導】

閱聽人監督媒體聯盟今天宣布，將在3月20日當天下午到晚上，對所有電視新聞頻道有關開票結果的報導展開側錄，進行嚴格監督。閱盟也對部分電視媒體將推出的「出口民調」表示憂心。

閱盟表示，3月20日下午3時到10時，閱盟會側錄各家電視台報導，對開票統計表的報導內容、跑馬燈和開票數的真實性及正確性進行觀察評鑑；結果將於選後公布。

分類別		報　名	聯合晚報	日　期	93.3.18	版　次	2 版

聯合論壇

叫出口民調太沈重

TVBS計畫進行出口民調，引起社會矚目。首先澄清，所有參與教授及本人皆非主持人，只在招訓訪員和問卷設計提供協助及諮詢。這個事情，可以從法律面和技術面來討論。

在法律面，行政院引用的選罷法93條和刑法148條，能否限制出口民調的執行，恐怕大有問題。選罷法禁止「在投票所四周30公尺內，喧嚷、干擾或勸誘他人投票或不投票」，出口民調訪問投完票的受訪者，自然沒有問題。刑法的妨害秘密投票罪則明載「於無記名之投票，刺探票載之內容者」，意指去窺探選民投蓋選票之內容，和事後的調查，天差地遠。該條文若能適用禁止出口民調，所有形式的民調，都在詢問過去或未來的選舉投給誰，恐怕也都必須加以禁止。

事實上，出口民調並非由訪員直接詢問受訪者投票對象，而是由受訪者以匿名的方式自行在問卷上勾選答案，直接投入紙箱，因此不會透露投票意向。少數不識字的民衆則可能需要訪員協助，但是由於受訪者有自由意願來決定是否接受訪問。

在技術面上，我們應該將出口民調還原其民意調查的本質。民調結果不可能百分之百準確，會受到抽樣、拒訪、問卷設計等因素的影響。「準」或「不準」，都有其學術研究價值。出口民調不過就是一份民意調查，絕無取代中選會正式開票結果的意義。如果有錯誤，受到最大質疑的將是執行單位的技術和信譽，這當然包括選前各項民調在內。美國兩千年出口民調錯誤，未聞引發暴動，兩者之間恐無必然的因果關係。如若要以出口民調爲選舉結果負責，恐怕是找錯對象了。(作者盛治仁爲東吳政治系副教授)

盛治仁

近年各國選舉出口民調與開票結果比較

	出口民調	開票結果	備註
2004.3 俄羅斯總統大選	普亭得票率69%	普亭得票率71.2%	選情單純，普亭壓倒性領先其他對手
2003.10 美國加州州長	阿諾以51%得票率領先主要對手巴斯塔曼的30%得票率	阿諾得票率48.2%巴斯塔曼得票率32.1%	阿諾大幅領先巴斯塔曼
2002.9 德國大選	施洛德領導的執政聯盟得票46.%~47%，微幅領先對手陣營的45.5~46%	施洛德執政聯盟得票率47.1%，領先對手的45.9%	兩者差距不到三個百分點
2002.5 法國大選	席哈克得票率82%大勝雷朋的18%	席哈克得票率82.2%，雷朋得票率17.8%	席哈克獲壓倒性勝利
2000.11 美國總統大選	佛州25張選舉人票歸向高爾	佛州州務卿哈里斯女士確認布希獲勝	高爾提上訴要驗票，被佛州最高法院駁回
2000.4 南韓國會大選	執政黨「新千年民主黨」成為國會第一大黨	反對黨「大韓國黨」維持國會第一大黨地位	出口民調和選舉結果相反

分類別		報 名	聯合晚報	日 期	93.4.29	版 次	2 版

聯合論壇

出口民調為何凸槌

選後我們應該逐步檢討各種現象，熱鬧一時的出口民調，是本文討論的焦點。TVBS的出口民調，因爲有兩個投票所遲至5點才投完票，延到5:12才公布53比47的結果。但在5點36分，美國方面傳回修正後的預測結果爲50比50。由於事前台灣方面沒有人知道出口民調還要經過修正，因此當時主播未予播報。因此第一個要檢討的就是使用出口民調的態度。出口民調的目的在於幫助縮短開票時間，而非在第一時間宣布選舉勝負。

至於調查結果爲何會有6個百分點的落差，筆者作了幾項檢測，發現在一萬多個投票所中抽樣的150個投票所實際開票結果爲50.8（陳）比49.2（連），具有母體代表性。造成偏差的原因，至少有地區誤差和30公尺之內不准做調查兩個原因。調查資料和投票結果相比，台北市、基隆的誤差率最高（12%），其次是桃竹苗（9%），最低的是雲嘉南（2%），這可能是在藍軍較強的地方，綠軍支持者相對較不願意表態。

另外有44個投票所的訪員被要求不得進入30公尺內，造成抽樣時的困難。和其他投票所相比，沒有被干擾的106個投票所平均誤差率爲4.6%，而被干擾的44個投票所平均誤差率則爲13%，顯示這個因素對調查結果造成影響。部分選務人員驅趕訪員的合法性，有必要透過法律程序釐清規範的界線，否則未來類似的調查勢必無法順利進行。

這次出口民調，從預測角度看，是次失敗經驗。但從學術價值來看，則提供了電訪及選後調查無法提供的寶貴資訊。希望未來政府和人民都能夠用更進步的心態，尊重並協助各項研究的進行。（作者盛治仁爲東吳大學政治系副教授）

網路調查

自1990年代以來，網際網路的快速發展，網路使用人口持續增加，電子商務與網路廣告大幅成長，網路已經成為日常極為重要的傳播管道與行銷通路，加上電腦輔助調查工具之使用，進行蒐集網路使用者的背景、嗜好、意見、相關特性，或是採用網路投票等活動，已成為一種新興的調查方式，稱為網路調查（internet survey）。

一般就民意調查的發展與演進而言，在1940年代採用科學調查方法，大幅提升民調的素質，而奠定其學術上的地位。至1970年代電話訪問（telephone interview）的採行，促使民意調查作業成本大量降低，近年來更借助電腦輔助系統，即所謂電腦輔助電話調查（Computer Assisted Telephone Interview, CATI），較以往紙筆調查法（Paper and Pencil Interview, PAPI），更為迅速，效果亦佳，已成為目前民調方式之主流。

至於1990年代逐漸發展的網路調查，雖能凸顯在網路環境下進行民調的即時性與低成本，但仍處於特定族群，部分意見的蒐集與反應，依然有其限制與困境，主要在於抽樣及樣本控制兩項限制，以致其調查數據欠缺代表性，無法作為母群體之推論。因此，網路調查尚無法與電話調查相提並論，或取而代之。

網路調查依調查方式可分為兩種類型：一是網站線上調查（website online survey），二是電子郵件離線調查（e-mail offline survey），茲分別說明其調查方式與特性如后。

壹、網站線上調查

一、調查方式：係利用眾多網路使用者上線閱覽的習慣，將問卷（問題與答項）直接登載網站上，提供進入網站者自由點選答項，即時累計其調查結果。

目前各種網站經常出現的調查方式，如每則電子新聞末段附有「這篇新聞讓你覺得？」問題，接著有「新奇」、「誇張」、「實用」等答項，於點選且「送出」後即顯示投票人數及結果，其實亦在利用讀者好奇心。公私部門亦常用此方式進行服務項目、產品等滿意度調查，亦得用以抽獎或投票活動，使用上至為廣泛。

二、調查特性：

（一）成本甚低，只須問卷設計及登載網站，並無訪員等其他費用。

（二）具有同步、即時回收問卷及累計調查結果之特點，立即出現投票人數及填答情形。

（三）由進入網站者自由填答，無法加以限制，致有重複填答或營造假象等，難以避免。

（四）在抽獎、投票或對爭議性主題表達意見等活動，其重複或灌票情況，可能更形嚴重。

（五）調查主題及問卷均受到限制，僅宜以精簡、淺顯易懂及少數問題進行調查。

（六）無法進行樣本的基本資料調查。

（七）填答樣本不具代表性，僅能簡單描述樣本顯示結果，無法推論至母群體。

貳、電子郵件離線調查

一、調查方式：係將問卷經由網路以電子郵件方式傳送至受訪者，受訪者打開郵件填答後逕行回復至原發送網址，其調查過程至為便捷。目前各級機關網站均設置首長信箱（如行政院網站有「寫信給院長」）。台北市政府網站市長信箱，於其回復電子郵件末段附有填寫滿意度問卷調查網址，供收件者進入填答問卷。

二、調查特性：

（一）成本甚低，亦無訪員等費用支出。

（二）在網路環境進行調查，便捷且不受時空限制。

（三）問卷得以設計較多內容，比線上調查蒐集更多資料。
（四）得就固定網路族群（會員）進行調查，其成果可能較好。
（五）涉及受訪者隱私（網址），致有問卷回收率偏低情況。
（六）受訪者母群體難以界定，調查結果欠缺代表性，無法推論。

參、優點與限制

網路調查兩種類型的方式，均具有便捷性、即時性、費用低，以及發展性等優點，惟目前依然受限於樣本代表性、網路安全性及回收率等問題。在樣本方面：僅能用於局部性或特定群族的參考資料，切勿推論難以界定的母群體。網路安全（駭客、病毒）問題，如同詐騙電話，可能影響電子郵件離線調查的問卷回收率。

網站線上調查係屬網路使用者主動進入網站填答方式，較無網路安全顧慮，促使其發展更為迅速，尤以各類型網站的興起，特定族群跨國界快速增加（如Facebook使用者已逾五億人口），其所匯集的意見，勢必具有更多（高）的代表性，未來無論政府機關在公共事務方面，或私部門在業務經營上，均不可再忽視特定網路族群匯集的效果及其影響力（所表達的好惡或意見等）。

增修於中華經濟研究院，九十九年七月。

分類別		報名	自由時報	日期	98.8.18	版次	A1	版

民怨沖天 CNN民調

82%嗆馬下台

〔編譯鄭寺音、記者邱燕玲、李欣芳、陳曉宜／綜合報導〕莫拉克颱風重創台灣，馬政府救災反應卻不只慢半拍，民怨有如排山倒海而來！美國有線電視新聞網（CNN）十六日特別針對救災不力的政治責任發起網路投票，詢問網友「台灣領導人是否該為救災延宕而下台？」（Should Taiwan's leader stand down over delays in aiding typhoon victim?）獲得網友熱烈回響，短短不到一天時間，共有高達一萬四千多人投票，其中高達八成二認為，馬英九難辭其咎，「應該下台」（Yes）。

回響熱烈 意見一面倒

馬英九十六日在屏東接受CNN專訪時，表示會對救災遲緩負起全部責任，並懲處失職人員，但他也拒絕下台，並堅稱風災後政府立刻成立救災中心，坐鎮指揮，並沒有延遲。CNN網站首頁的投票區（Quickvote）因而在十六日發起民調，詢問網友，台灣領導人是否該為延誤救災下台？

網友相約 八二〇嗆馬

截至十七日下午兩點止，共有一萬四千九百多人投票，其中高達八成二、也就是一萬二千三百零六人勾選「應該下台」，僅有一成八、也就是兩千六百六十人投「不用下台」（No）。

這項投票經網友透過各類傳訊工具彼此告知，回響熱烈，不過較晚獲知消息的網友昨天下午準備進入投票時，卻發現CNN網頁上投票題目已經更新，只能徒呼負負。

網路民調未必能夠反映精確民意，罷免總統的門檻也很高、要馬英九自己辭職似乎也不太可能，但網友多半認為，此項投票可反映出民怨沸騰，不失為一大警訊。

除了在網路上批馬，也有網友決定化悲憤為行動，號召要在日青輔會舉辦的「青年政策上嗆馬，更有網友發起「相罷免馬英九」的活動，聲稱」台灣，「才不會讓無知的無知下去」。

藍綠同聲 馬劉要

針對水災究責問題，藍綠約而同指向總統馬英九和行玄！民進黨主張「總統認錯下台改組」，包括國防部長位首長一定要下台！國民黨最該負責的就是馬總統、劉部長陳肇敏。

（相關新聞詳

分類別		報名	聯合報	日期	98.7.02	版次	A10版

元首的聲望 當越久 越走低

電視報章經常看到各式各樣的民意調查，有的民調探問民眾對政治人物的信任度；有的想了解政府的政策是否得到人民的支持。然而相關研究卻顯示，首長被選民認定的施政表現，其實和個人特質有很大的關聯，個人特質討好，滿意度一定不會太低；個人特質若不討好，再怎麼努力，滿意度也不會太高。

行政院研考會和政治大學，日前舉辦「各國政府施政滿意度及元首政治聲望民意調查」研討會（見圖，陳柏亨／攝影），聯合行銷研究公司總經理周祖誠發表論文，分析影響政治首長，特別是國家元首聲望的幾個重要因素：

首先是「時間」和「經濟」：幾乎所有的政治領導人，上任之初都有所謂「蜜月期」。周祖誠指出，幾乎所有總統的聲望都是開高走低，因為總統做得愈久，決策愈多，就有愈多人對他的表現不滿。經濟因素，則包括失業率和通貨膨脹的數字。

第三個因素包括戰爭、醜聞和國際事件，周祖誠引用的研究顯示，在國際事件發生之初，社會大眾對總統的支持度會增加，但一段時間後，民眾注意力轉移，支持度就會回到原點。接下來的變數還包括「總統的政治動作」和「選民的政黨認同、社經背景」等因素。

在台灣，一九八八年聯合報第一次針對當時閣揆俞國華作施政滿意度調查，之後各媒體也開始重視民調結果的報導。

然而，同樣是為政治人物打分數，受訪者在回答問題的時候，呈現的態度，究竟是對政治人物的印象不錯，或是肯定他的施政成果？對此，周祖誠指出，研究顯示，部會首長如果知名度低，必然出現低滿意度，因為民眾不清楚首長的表現；但相反地，高知名度卻不代表高滿意度，因為這可能意味著高爭議性。

其次，個人特質好的首長，滿意度必定不會太低；個人特質不討好的首長，再怎麼努力，滿意度也不會太高。（李志德）

民調在美國 越現代 越集權

美國的政治操作，向來以科學、精準著稱，廣泛運用民意調查，就是代表。近年來，總統更有專屬的民意調查團隊，負責人是白宮幕僚團隊的核心成員，總統對民調的重視，由此可見一斑。

世新大學行政管理系副教授陳俊明，回顧二次世界大戰後，美國總統的民意調查運用。

陳俊明指出，總統運用民調始於羅斯福總統任內一位不支薪的普林斯頓大學心理學教授，提供總統民意資訊，民調自此成為總統探知民意、行銷觀念及戰時策略的重要工具。

但民調卻受到國會的排斥，艾森豪時代，眾議院曾組成委員會調查行政部門的民調結果，國會認為，議會才是民意的「聽診器」，國務院不得以公費作民調。

到了甘迺迪及詹森總統，民意調查堂而皇之進入白宮，調查研究成為白宮每日業務的一部分。甘迺迪總統擁有的財富，讓他從擔任參議員以迄總統期間，均能運用民調探知選民的態度。詹森在擔任總統五年之間，共委託一百三十次民意調查。

詹森下台後，繼任的尼克森總統更是有組織地全面發展民調，第一個四年任期，就委託高達兩百三十三次民意調查。

卡特在勝選後，重用幫助他擊敗福特而一戰成名的謀士卡代爾，他在白宮有一間辦公室，成為實際上的政策顧問；卡代爾的繼任者，是雷根總統最信任的顧問。布希和柯林頓，進一步使用民調，並因此使之成為白宮日常事務完整的一部分。

回顧美國歷史，陳俊明認為，從甘迺迪以降，白宮內部有關民意的分析和民意調查在組織程序上，出現愈來愈集權的趨勢，人員的結構性安排也越來越正式而嚴密。透過結構完整清晰、幕僚健全的民調運作機制，白宮幕僚長能夠快速處理總統所需的機密資訊。（李志德）

社會科學質性研究方法

壹、前言

社會科學的研究方法，得分為量化（quantitative）研究與質性（qualitative）研究。前者偏重於將社會現象及人的行為基於數字運用原則而表現，從研究主題、資料蒐集、分析至最終之現象解釋與描述均受數字觀念之影響，或以數字表現。質性研究則是另一種研究的思考方式。蓋因量化研究引借自然科學之實驗與觀察法，藉由數字表現變化的差異。然而在社會現象與人的行為研究，充塞著難以量化的概念，如感情、態度、價值觀念等特質。故於社會科學研究中，質性研究方法有其特質。

貳、質性研究方法之特性

江明修（1991：16-19）引用派頓（Patton, 1990）探討質性研究方法計有十二個特性：

一、自然探究（naturalistic inquiry）：研究完全自然的真實世界（real-world）情境，不加任何控制與操弄，完全展現研究的開放性（openness），以及對結果的毫不加預設限制與立場。戈巴（Guba, 1978）因而界定自然探究為一種「發現取向」（discovery oriented）的研究途徑，而派頓（Patton, 1990:41）更將之與實驗研究法對立。

二、歸納分析（inductive analysis）：於詳盡與特殊的資料中依其資料特性加以歸類（categories），找出不同面向（dimensions）與相互關係（interrelationships）；著重於真實且開放的探測問題，而非理論地驗證演繹的假設。研究者將所蒐集到的資料予以歸納、縷析，進以獲得抽象概念，甚至建構理論，乃是一種由下而上的整理分析過程，依此建立的理論稱為基礎理論（grounded theory）。

三、整體觀點（holistic perspective）：著重在整體現象的發現，而非一些具體變項間的線性與因果關係的建立；主張相互依存且複雜的整體現象遠優於支離破碎部分的相加。

四、質性資料（qualitative data）：直接從人們的個人觀點與經驗中，獲得詳盡、複雜深刻的資料。常以文字或圖片的形式呈現，而非用數字表現。

五、個人接觸（personal contact）：研究者本身是資料蒐集與分析的主要工具（instrument），力求接近被研究者、情境與現象，以直接接觸獲取真相。丹吉（Dengin, 1978:8-9）認為研究應對積極的進入人與人互動的世界具有後天學得的效命感（commitment）。

六、個人直覺（personal insight）：研究者個人的經驗與直覺對真實現象的瞭解，具有相當的重要性。個人直覺往往來自對資料來源的接近（closeness），接近被研究者並不意味著偏見，就像保持距離也不保證一定客觀一樣。

七、動態系統（dynamic systems）：重視過程，而且假定不管個人或是一個文化系統，一定是持續穩定的變遷與發展過程。變遷是人類生活經驗中最自然、可預期與不可或缺的重要部分。

八、獨特案例（unique case orientation）：假定所有的個案均是獨一無二的。史特客（Stake, 1981:32）認為，好的個案反而較能有效的勾勒出社會理解與社會行動的堅強基石。

九、系統敏感（context sensitivity）：主張科學的發現在特定的社會、歷史與文化的系絡下，只是暫時存在；根本否定建立超越時空限制的通則之意義與可能性。也就是說，科學研究受到所處的文化、社會、歷史與時空系絡與背景極大的侷限，與不可忽視的影響。

十、同理中立（empathic neutrality）：在質性研究實作時，中立反應在研究者個人小心的反省，處理表達可能的偏見與錯誤。但是中立並不意味著超然無涉（detachment），對質性的研究言，還需深入理解研究者所處的系絡與世界，進而分享共同的直覺（insights）和經驗，此種過程稱為同理（empathy），或稱瞭解（understand），或謂之神入會通（verstehen）。這也是質與量的研究兩者不同的一大關鍵所在。同理中立即是對所處的人要有同理態度，且對所要發掘的事實要持中立立場。

十一、設計彈性（design flexibility）：讓研究設計能因應情境的變遷與深度，同時避免太過僵化緊密的設計，以免來自情境的反應（responsiveness）削弱；另外，此種彈性的研究設計很容易產生新的「發現管道」（new paths of discovery）。林肯與戈巴（Lincoln and Guba, 1985:225）在深入比較質與量兩種研究方法及其背後的方法論典範後，指出兩者的研究設計在本質上不同，前者強調沒有預設立場的寬鬆與彈性的結構，後者則先於研究開始前，即硬為預立假設及嚴密的設計，使得研究本身沒有足夠彈性、發展與掘露出自然產生的設計。他們稱此種沒有彈性的設計為削足適履（procrustean bed）研究。

十二、關注意義（meaning concern）：質性的研究，重視不同的人所賦予自己的意義，也關注不同參與者的觀點，希望透過對人們生活的意義與觀點的瞭解，促進真相的展現。

參、研究程序

質性研究的研究程序與量化研究程序大致相同，如圖一所示之研究流程，其過程無論是量化或質性研究，均是由研究議題發展，並界定研究主題，進而界定研究對象，進行研究設計，蒐集資料、分析資料、解釋資料，並完成報告。惟在各研究步驟中，量化研究與質性研究有不同的策略。茲分別說明如次：

一、研究主題

量化研究通常明列研究命題與研究假設，質性研究除偶採明列研究命題，研究假設之方法外，有時不採立意之態度立場來進行，尤其是以參與觀察、非結構式訪談方法蒐集資料的探索性研究、個案研究恆屬之。

二、研究對象

量化研究與質性研究均必須明確界定研究對象。量化研究強調母體與樣本間的關係，亦即樣本分類數量上代表性的問題，換言之，研究對象（母體）與測量對象（樣本）間的關係是量化研究中必須嚴格遵守，並明確化的研究要件。相對的，在質性研究中有時雖亦有選（抽）樣的情形，惟其選（抽）樣並不強調數量上的代表性，而是特質典範方面的代表性。另外，在個案研究方面限於對象特定，僅就特定選擇對象加以研究。

圖一：研究流程

三、研究設計

研究設計涉及知識論的問題，量化研究之研究設計受數字觀念之影響，傾向設計以數量變化表現研究內涵，如實驗法、問卷調查，效果測驗等均涉及測量，並以數字表現。相對的，質性研究以文字（含符號）記錄表現研究內容，研究設計亦受此非數字化的觀念影響。

具體而言，質性研究在研究設計時，必須如問卷訪問般規劃資料記錄方式，如採行參與觀察法，須考慮參與介入的時間、身份、方式，如何進行記錄，紀錄代碼，與被研究者之互動方式，參與者間的分工；消息與資料之檢查方式等整體觀察計畫；同時配合研究主題規劃，訂定觀察主題與被研究者行為、語言過錄（coding）標準。同樣地，以訪談方式蒐集資料，亦需設計訪談結構。在文獻資料方面，對文獻資料之判斷與檢驗則是另一個重點。一個完整之研究設計，往往規劃並整合不同的方法。

四、資料蒐集

質性研究的資料蒐集方法與量化研究在分類上無法作絕對的劃分，惟訴求的重點不同。其偏重於田野研究（field work）方面，可分為以下數種方法：

（一）參與觀察

研究者進入被研究者的生活（活動）世界中，直接以日常的方式參與被研究者，並蒐集研究資料。參與觀察在被研究者不受研究者的影響下，自然而真實地表現出其日常的活動行為；同時，研究者以感同身受的方式參與被研究者的生活，可無偏見的蒐集資料。

（二）訪談

訪談同樣是質性研究的重點環節，它被區分為結構的與非結構的，而後者可以被視為質性研究中最被普遍採用的研究方法。其實在此兩極之間亦存在著另兩種形式的訪談，非正式和半結構式的，此四種類屬的差別在於研究性質、時間長短，以及研究目的等。非正式訪談由於完全不控制內容及方式，可並用於參與觀察的初期，此外，非正式訪談亦有利於新題材的發掘，以及良好同理心的建立。

非結構訪談已屬正式訪談的一種，其特色在於研究者對於研究的主題，有清晰的認知，並有充分的時間可資利用，這種類型訪談也是研究者放入最少量「控制」的訪談，其主要目的在讓受訪者（被研究者）自己主動引導訪談內容與過程，且放任受訪者以自己的修辭、術語進行訪談與討論。

一般研究者在只有一次訪談機會的情境，半結構的訪談是最有利的策略之一。此方式是基於引導的方法，於訪談中引導訪談的主題、議題及順序。

（三）文獻

在質性研究中，亦包括對具有價值的文獻，如檔案、日記、報紙、自傳，或其他文件作為材料，而進行研究分析。如史學上常運用的契據等均屬文獻資料。近來記錄整體的發展、錄音、錄影等資料亦視為文獻資料。

運用文獻資料較難判斷其證據性，一方面是文獻資料的真偽問題。二是關於文獻是否具代表性。

研究者選擇資料蒐集之方法，當受研究主題，研究對象之影響，研究者通常以二種以上的方法蒐集資料，相互輔助。

五、資料分析

質性研究之資料分析方法包括：（一）內容分析（context analysis）。（二）語意分析（method of semantic differential）。（三）群化分析（classes analysis）。其中內容分析與語意分析屬立意分析，亦即研究者於處理資料之前已結構式地建構研究假設與須驗證之主題，再以「耙梳」之方式檢驗資料；而群化分析則否，其乃自研究資料中漸次歸納出資料所呈之概念。

（一）內容分析

內容分析常運用於檔案與文件研究，其以「耙梳」之方法對大量資料進行分析，研究者必須在許多關鍵之處作出判斷，因而此種方法常受研究者主觀判斷之影響，而使其信度與效度受到質疑，同時其費事耗時亦令研究者卻步。

（二）語意分析

語意分析之分析方法與內容分析相近，惟強調文字語言之內在整體認知體系，著手於辭語、信號、符號、形象、語調等語言因素之分析。因此，一般被運用於日常生活活動之研究，不同於內容分析著重特定事件，常應用於較大事件之分析。

（三）群化分析

群化分析乃自資料庫中抽象出概念與命題，在過程中經過不斷地修正與調整，漸以將資料過錄（coding）寫成備註（memoing）如圖二，並經由不斷修正後，再由備註抽象出概念，同樣地，經由不斷的檢證，修正抽象出概念間之關係。

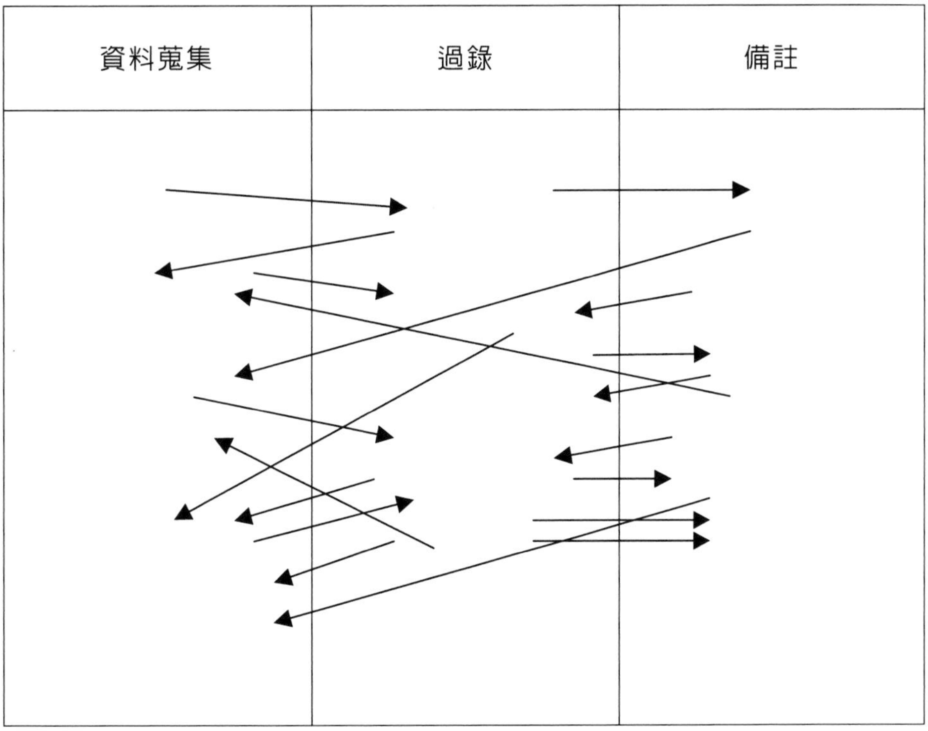

資料來源：Strauss 1987:19。

圖二：資料過錄程序

肆、結語

綜合以上之說明，僅就質性研究與量化研究的運用時機及研究精神，略加闡釋如次：

一、運用時機

質性研究與量化研究，並非絕對對立之研究方法，而是相對性的一組概念，在運用上亦是如此，二者熟優熟劣之議並不適當，而應討論的是何種研究主題、資料形式適合使用量化研究，何時適用質性研究。然而，有時在研究中結合二種研究方法亦屬常有之事。例如，對於新興的社會現象，有先透過質性研究而進行探索性的初步認識，再運用量化研究方法進行理論檢證或透過數量化以描述現象的重要性。亦有先運用量化調查以呈現現象的規模，再透過質性研究，以充實對該社會現象具體內容特性的掌握。

二、研究精神

在假定社會現象有客觀事實本質的實證主義觀點中，進行研究之目的乃在於瞭解社會現象，而對於全然未知的現象，吾人多試圖自複雜的現象中整理歸納出原理、原則，多以文字或符號表達；相對地，若研究在於強調差異程度、差異性，則量化研究以數字表達之精神，較能與研究所期待相配合。

量化研究與質性研究同樣地重視研究之嚴謹，有其固定步驟、研究適用性，以及限制，研究者宜多參考運用。

李易駿、林克昌撰於行政院研考會，八十三年八月。
（李易駿博士現職為靜宜大學社會工作與兒童少年福利學系副教授）

赴美專題研究報告

筆者參加行政院六十八年度公務人員出國進修專題研究甄試，於錄取後前往美國從事研究，研究主題為「問題分析與決策」。於六十九年六月前往美國研習之情況，謹分為研習內容及心得兩部分，分別敘述如後。

壹、研習內容

筆者在哈佛大學專題研究期間，係以文理學院研究生身份修習秋季班課程，選修有關社會研究方法及問題分析等課程外，並於其餘時間另行選修電子計算機短期課程。謹將研習課程簡述如後：

一、文官體制與公共行政：係屬政治系的課程，由James Q.Wilson 教授講授，其內容包括十個單元：（一）文官體制的性質（二）文官體制的歷史與文化透視（三）文官體制的組織透視（四）人員與職務（五）管理人員（六）行政人員（七）確立任務（八）激勵人員（九）文官體制的控制（十）文官體制與公共利益。

二、美國總統制：係由政治系與甘乃迪政府學院共同開設的課程，其內容計分六個單元；（一）概述（二）進化的制度（三）白宮的生涯（四）運作上的問題（五）重覆的逆境（六）時空的比較。該課程由Richard E.Neustadt 教授講授。

三、社會研究通論：係屬心理及社會關係學系的課程，其內容計分為十九個單元：（一）觀察、隨機化與控制（二）誤差、偏差與精確度（三）信度（四）效度（五）測驗建構（六）智能度量（七）性格度量（八）試驗者影響（九）受試者影響（十）社會研究道德（十一）測量單位的選定（十二）測量單位的擴張（十三）常態分配（十四）假設檢定（十五）t 檢定（十六）線形相關（十七）單因子變異數分析（十八）雙因子變異數分析（十九）集區與交互影響（二十）循環尺度設計。

四、統計與資料分析（statistics and data analysis for managers）：係屬甘

乃迪政府學院的課程，由Gary R. Orren 教授講授，其內容計分為八個單元：（一）敘述統計與調查資料分析（二）機率與機率分配（三）推論統計（四）列連表（五）調查資料分析（六）相關與迴歸（七）選樣調查（八）實驗設計。

五、電子計算機課程：研習上列四項課程外，並利用其他時間（課餘或晚間），選習短期電子計算機課程，包括數學系及電子計算機中心所開的課程，計有BASIC+、PPL、CMS SPSS、CMS SAS、MULTIVARIANCE PROGRAM等課程。惟因課程時間短促，僅能求得大致概念的吸取，至於實際操作運用方面，仍嫌生疏。

貳、研習心得

一、近年來本會在研究發展業務方面，一直強調經驗性研究方法及其工作的重要性，並在主任委員領導下，進行大規模經驗性調查研究案，筆者於承辦該類業務後時，曾承主任委員及相關學者熱心指導，及至本次出國後，研習相關課程，始得以對現代社會研究方法及問題分析等方面的知識，有更進一步的認識。

二、現代社會科學的研究工作，均廣泛運用統計分析的知識，期以提高研究層次及研究領域，進而有所發現，據以建構各種相關模式，以為預測、規劃與控制的方法或工具。

三、近代社會研究工作，大部分著重於實際問題的發見，其研究過程則強調客觀態度與分析方法之嚴謹。在研究範圍上，亦傾向於多項變數相關或因果關係之探討，在研究設計方面，更需講求整個研究架構的嚴密性與其廣度的周延性。一般而言，研究設計之優劣，恒為決定研究成果的基本因素之一；同時，研究設計亦為評估研究成果的重要標準。

四、　目前不論社會科學或理工學科，均傾向於從事量化的研究工作，除大量運用統計知識與技術外，同時亦非依賴電子計算機以處理繁雜的原始資料不可。因而電子計算機除在硬體方面的效能有其長足的進步外，在軟體方面亦配合各種學科的需求，不斷發展各種Package 或

Program，以供統計分析與預測等方面的運用。在社會科學方面，於一九七〇年以後，SPSS（Statistical Package for the Social Sciences）已被廣泛的運用，本會亦在六十七年底首次運用於調查研究大量資料的處理作業。

五、現時美國不論公私機關行商，均廣泛地使用電子計算機以處理日常事務，且以終端機線上作業為主。在學校教育措施方面亦甚重視，有部分大學則規定大學新生入學後，不論理工科或文法科學生，均須通過電子計算機的測驗，以促使學生具備電子計算機的基本概念。

六、在大學的統計或計量方面的課程，常利用 section meeting 的時間兼授一部分電子計算機的知識，並給予相關的作業。同時，也配合學生需要，由相關科系開設各種電子計算機的短期課程，其講授內容與示範操作同時配合進行，並將終端機設備二十四小時開放供學生隨時使用。

七、近年來公共行政學科的發展中，有下列幾項趨勢，值得重視：

（一）不論組織理論或人事行政方面，均由封閉式的論點轉向於開放式的論點，重視社會整個環境因素。

（二）近年來行為科學的興起，對於公共行政學科的研究方法、研究範圍、研究方向等均發生重大的影響與改變。

（三）重視行政計畫與執行評估，除強調成本與效益之分析外，並將行政措施的目標置於「均等」的基礎上， 其所謂「均等」係指機會均等與效果均等（equality at opportunities and outcomes）。就現時美國小學教育之越區黑白合校的措施，即是為「均等」目標而採行的相關措施。

八、所謂政策科學（policy science）或公共政策（public policy）或政策分析（policy analysis），雖係新興的學科，近年來已頗受重視，該學科的發展計有下述各項值供關注：

（一）目前美國已有多所著名大學新設機構，從事公共政策方面的教育與研究工作。

（二）政策科學所探討的內容，大致分為政策需求（policy demand）、政策決定（policy decission）、政策產出（policy outputs）、政策效果

（policy outcomes）等相關問題，並期在各項問題研究分析中建構各種模式，以為同類政策分析、預測或控制的工具。

（三）在政策研究方面，以採用行為科學與計量方法等為主，其中運用計量方法方面，常依其所探討的領域，再行細分為財政、經濟、能源、環境、都市發展、交通、住宅等政策，試圖建構各類分析、測試的模式。

九、美國總統制恒被視為現代民主政治的代表典型之一，惟其體制之建立，非僅賴於各種法規之頒行；在選舉過程中須依賴政黨操作與選民的理性支持；在總統權的運作方面，亦非僅止於「依法行政」一環，尚須考量其國內各種環境因素與國外情勢的變化，並求立法、司法及地方權限的均衡協力合作。

研考月刊第五卷第三期，七十年三月。

美國外籍工科研究生教育效果調查

壹、前言

自第二次世界大戰結束後（一九四五年），在美國高等學府註冊入學的外籍學生人數逐漸增加，至一九六四年增加為三倍有餘，直至一九七九年其總人數已約達二十六萬之多，其中以理工學科研究所的人數增加最為顯著。然在三十多年的發展過程中，也產生了一些問題。

尤其在伊朗危機發生後，原本支持國際教育的人士，也都改變態度而持懷疑的看法，甚至有些州議員對國際教育政策有所責難。因此，引起美國有關當局的關切，而美國國防部與全國教育協會（Office of the Secretary of Defense,National Institute of Education）乃委託TASC 公司（The Analytic Science Corporation），進行「外籍工科研究生教育調查」一案，並在一九八〇年六月份提出初步調查的最終報告（A Preliminary Investigation of Foreign graduate Technical Student Education in The United States, Final Peport）。在該項報告所提及的主要問題，計有下述四項：

一、有關美國大學外籍學生數額的問題，一直很少作計畫性協調或作政策性的指導。

二、外籍學生在理工學科方面，已有逐漸取代美籍學生的趨勢。

三、由於外籍學生在美國受教育，促使科技移轉到經濟上與美國競爭或對抗的國家。

四、大部分外籍研究生的教育費用，係經由美國政府或有關機構（團體）給予資助。

就該報告所提及的問題與意見而言，雖因資料之欠缺而有不夠完整之處，但或多或少將會引起美國有關單位的重視，甚至影響其對外籍學生所採行的政策及措施。

我國近年來經濟快速成長，教育普及且水準提高，歷年前往美國進修深造的人數亦相當可觀。倘若美國對外籍學生的政策措施有所改變，勢將涉及到我國在美深造的留學生與往後將赴美的學生。再就我國多年來的情形而言，政府有關機關對於學生出國留學與回國服務等輔導事項，均甚為重視。筆者有鑑於此，特自上述美方的調查報告，摘述較為重要的內容，並研提個人之淺見，俾供有關機關參考。

貳、調查研究的背景

美國最早期有計畫的國際教育交流，開始於一八七一年，當時中國和日本均為促進國家現代化，而派遣學生前往美國學習。中國曾因拳亂而中止，至一九〇九年再行恢復，並由美國提供部分庚子賠款資助二千名中國留學生。其他國際教育交流有一九〇二年對英、德等歐洲國家、一九三九年對拉丁美洲國家、一九五八年與蘇俄，以及一九七九年與中共。同時，二次大戰後配合聯合國文教組織，推動開發中國家的教育文化交流，直至一九七七年，美國政府已與一百多個國家簽訂有雙邊交流計畫。除了美國官方資助的國際教育文化交流工作外，由私人機構資助的情形也相當普遍，如各種基金會即其顯例，其中國際教育機構（Institute for International Education, 簡稱IIE）成立於一九一九年，是最重要的機構之一。

多年來美國政府與私人機構的支持國際教育文化交流工作，主要期望在增進文化關係與相互瞭解，以及協助開發中國家的社會經濟建設，所以前往其他國家的美國學生，主要興趣在於語言、文化及歷史方面；相反地，前往美國的外籍學生則以研究科學與技術為主。尤其近年來理工外籍研究生顯著增多，加以國際關係複雜與競爭激烈，而產生下述各種情勢：

一、美國理工教育，提供了由美國轉移科技情報至其他國家的基礎。

二、科技移轉雖有助於發展中國家而應予鼓勵，但是另一方面，卻有助於與美國在經濟上競爭的國家，或者對美國國家安全利益敵對的國家。

三、在工科研究所，外籍學生高達四〇％，而美國公民營機構均嚴重缺乏工程科技人員。

四、美籍工科博士人數逐年下降，外籍工科博士逐漸增加（一九七九年佔有四七％），此種現象對美國科技研究能力及生產力之衰退，已經產生了不少問題。

五、美國大學外籍學生增加，雖抵銷了美籍學生減少的影響，但延遲了各大學在結構方面的修正或資源再分配的決定，例如成人教育的推展及新的科技課程之開設等。

基於上述各種情勢，加以理工教育的國際交流影響美國本身的利益及安全，而引起有關機關的重視，遂以理工研究所教育為主題，進行調查研究。

參、外籍學生的剖析

根據該項報告的調查分析，有關各國外籍學生的註冊人數、主修課程、國籍類別及工程科系學生等項，分別擇述數項，以明其狀況：

一、一九六四年在美外籍學生人數為八二、〇四五人，至一九七九年為二六三、九三八人，前後增加三倍有餘，但與全美各大學學生總數比較，在一九七三年佔一．三％，一九七九年佔二．三％。

二、約有三分之二外籍學生就讀於四年制大學，但就讀於專科學校的比例亦在增加；約有六四％外籍學生係就讀於公立學校，因其學費較合理（便宜）。

三、約有四五％外籍學生攻讀研究所的學位，並且根據外國政府人員反映，今後外籍研究生將會更形增多，尤其是由本國政府資助的學生，均較為成熟，其事業興趣亦較確定，也比較可能於學成後返國工作。

四、根據國際教育機構（IIE）的資料顯示；在一九七八——七九年份，有二八．八％外籍學生研習工程課程，佔最多數，企業與管理佔一六．五％居次，研習數學、電子計算機及自然生物科學等佔一五％。

五、工程科系外籍學生，在一九七八——七九年份有六一％就讀大學部，二四．二％攻讀碩士課程，一五％攻讀博士課程。其中碩士班外籍學生佔有總人數的三九．六％，而博士班中外籍學生佔有四七．四％。

六、一九七八年在美國各大學獲得工程學位的人數中，外籍學生佔有相當的比例，獲得學士者佔七．二％，碩士者佔二五％，博士者佔三三％。另外，根據全國研究協會（The National Research Union）的報告則有更高的比例，認為一九七八年有四五％的博士是外國人，同時在物理、天文、化學與數學等科系，拿到博士學位的外國人超過五分之一。

七、根據IIE 的資料；有一八一個國家與地區的外籍學生散佈在美國各大學，其中半數以上來自石油輸出國家組織（OPEC）與東南亞各國。十年來，來自東南亞各國的學生一直維持二〇％的比例，而來自OPEC 國家的學生，由一九七一——七二年份的一二．四％，到一九七八——七九年份增加為三三．七％。

八、依國籍別而言；在一九七八——七九年份，以伊朗學生佔最大多數，有四五，三四〇人；其次是奈及利亞有一六、二二〇人；中華民國有一五、四六〇人居第三；尚有加拿大的一五、一二〇人，香港的一〇、五二〇人，以及日本的一〇、四九〇人。但是來自東歐國家的學生很少，僅及〇．四％而已。

九、如何決定來自不同國家學生以往所受教育的程度，也成為重要的問題，尤其最近中共所派遣的一千名學生，已造成入學資格認定問題，其年齡平均達四十二歲，雖具有工作經驗，但幾乎都無博士學位，而形成衡量其工作經驗與適當安排其學習等嚴重問題。

十、許多美國大學採用標準考試成績，尤其用以決定研究所的入學資格，諸如TOEFL, Michigan Test, SAT, GRE, GMAT 等項測驗。但在最近的外籍學生顧問集會中，已有人懷疑此類考試預測外籍學生教育程度與未來學習能力的準確性。甚至沙烏地阿拉伯與委內瑞拉等政府代表認為；不僅考試的準確性值得商榷，也懷疑美國大學是否以此種考試來排斥某些國家的學生；同時也指出，在台灣與日本的學生，有專人指導準備在這種考試獲得高分（言下之意，有失公平）。

十一、外籍工科學生，以來自遠東地區者為最多，佔有三四．三％，其次是中東有二五．八％，印度半島的國家有一五％，加拿大及拉丁美洲等有一〇．九％，歐洲學生有七．七％，其他國家佔六．三％（以非洲國家佔大部份）。

十二、遠東及已開發國家的學生，均最有可能進入入學標準最高的學校（如麻州理工學院及密西根大學），而大多數未開發國家的學生則進入名氣較小的學校。同時，大多數工程科系的負責人認為：來自台灣、日本及香港的學生，在數理方面均具有最好的學習基礎。

十三、約有四〇%以上外籍研究生，以及五〇%以上外籍工科研究生接受美國大學的財務資助（擔任教學或研究的助教），且大部分在公立學校就讀。

十四、美國政府贊助三千多名外籍的博士後研究人員及高級專家在美國從事研究，其中有二五%在科技學門研究。

前述各項分析中，該項報告曾多次提及與外國籍學生有關的事項，特別值得我們注意參考的計有五項：一是中華民國學生人數有一萬五千餘人，且居第三位。二是中華民國有專人指導準備美國大學入學所要求的測驗而獲得高分，引起其他國家的注意。三是中華民國學生以工程科系為多，且最有可能進入入學標準最高的學校。四是中華民國學生在數理方面，具有最好的學習基礎。五是中共派遣的學生平均年齡高達四十二歲，且學術基礎缺乏，而有種種問題。

肆、國際教育的問題

多年來美國所支持推展的國際教育，已顯然牽涉到聯邦政府及各教育機構扮演的角色、科技的轉移，以及經濟的影響等有關問題，而且這些問題在研訂公共政策上（如國家安全、財政管理、教育、勞工、商務及對外關係）均有其關連性。茲將較為重要者摘述如次：

一、在聯邦政府至少有七個行政機構與立法部門直接參與國際教育事務，其他公私機構間接參與者更不計其數，最近因伊朗危機而司法部門亦參與衡量國際教育交流事務。

二、聯邦政府對國際教育並無完整的政策，亦無一致的方向，各單位有其各自的任務、資金及法規，其計畫常有衝突，或計畫不周，或執行不力，其間欠缺監督與協調的系統，也很少有績效的評估。

三、雖由移民局經由簽證負責監督外籍學生的入境，但執行未見澈底，除對蘇聯、東歐及中共的學生較為注意外，一般則採取開放政策，而由各學校自行決定允許入學與所學科系。

四、很少有數據以反映國際教育交流的成本，但是可以確定美國每年總要花費以百萬計的美元，來教育在美國的外國人，至於總成本卻無人予以衡量。在伊朗危機發生之後，有部分人士則藉以否定原來支持國際教育的態度。

五、各校入學標準及申請審查程序均有不同，甚至在同一校內也很少有特別有關外籍學生的政策，通常係由各系所獨立地決定入學許可，因而標準與要求亦大不相同。在整個調查中，僅發現兩校有外籍學生入學分配比例規定，也只有一校以地理區域或國籍別決定外籍學生的入學比例。

六、由於美國的開放入學，大量的外籍學生是否引起美國教育的轉變，已漸受注意。諸如各校決定吸收與資助的外籍學生是否反映了對外政策；教育品質是否因外籍學生而折衷化（如教學方式之改變、資源的科系轉移）；外籍教師的增加是否與美籍研究生引起磨擦；入學許可尺度是否對受其本國資助外籍學生而改變；外籍畢業生是否符合其本國就業需求；公立學校的大量外籍學生是否影響地方政府財政與納稅人。

綜合以上所述，我們可以知道，至目前為止，美國對外籍學生並無統一完整的政策與主管機構，有關入學許可或財務資助等事項，均由公私機構各自決定，其間更無所謂地區或國籍的差別待遇，只是在移民局的簽證方面，對東歐及共產國家的學生較為謹慎而已。由於此種開放政策，對我國將赴美深造的學生，尚不致於有何種全面改變的影響。

伍、科技的轉移

根據調查結果認為；大體上外籍學生的教育值得鼓勵，足以促使進步的知識擴散到發展中國家的社會。相反地，由於產生科技的轉移，也會造成不符合美國的經濟利益與國家安全的問題，所以衡量國際教育必須考慮到科技轉移的問題。該報告也提出科技轉移的四種模式：

一、無轉移——即外籍學生畢業後留在美國工作，而無科技轉移現象發生，卻形成「腦力奪取」（brain drain）的問題（意即別國優秀人才的腦力

為美國社會所取得與運用）

二、正的轉移——即外籍學生習得的科技知識，被用於其祖國的現代化，而有其正面的效果。

三、競爭性的轉移——科技轉移到較進步的社會，而被用於增進與美國在經濟上的競爭。

四、衝突性的轉移——科技轉移到較進步的社會，其運用結果降低或威脅到美國的國家安全，亦即在轉移間具有相互衝突的性質。

以上四種科技轉移模式，站在美國的立場，當然不希望第三或第四兩種模式的發生，至於其他國家則不願第一種模式發生。就以我國的情況而言，並不望第一種模式發生，而期望第二與第三種模式的科技轉移，以加速國家現代化與國際經濟競爭能力，至於第四種模式，基於長遠的中美友好關係，當不會有任何衝突性存在的。在該項報告中也列舉幾個國家所形成的科技轉移目標，包括日本——冶金學、半導體；韓國及南非——核子技術；希臘及奈及利亞——海洋工程；石油輸出國家組織——石油工程。

陸、經濟的影響

經濟影響的問題，常被國際教育的支持者與反對者分別引用為論據。支持者認為；美國大學教育外籍學生，在經濟上對美國有利，因來自國外的金錢資助外籍學生，成為美國工業產品的消費者。相反地，反對者認為；化費美國金錢教育外籍學生，待他們回國後，卻運用所得知識生產與美國商務上競爭的產品。當然尚有其他正反兩方面的說法，但一直缺乏方法與資料，以測試其正確性。在該報告也建議一種長短期影響與正負效果兼顧的方法，以分析國際教育的經濟影響，特予摘述如下：

一、短期方面：

（一）正的效果：

1. 改善美國財政收支平衡。
2. 「腦力奪取」提供低投資成本的人力資源。

3. 畢業生配合美國在專技學門不斷的需求。
4. 需要量緩和時，得以運用空閒的研究所教育能量。
5. 由於石油輸出國家大量選送學生，而建立政府間的友誼。
6. 低價人力來源，支持大學的研究與雇用。

（二）負的效果：

1. 外籍學生在某種程度上取代美籍學生的入學與雇用。
2. 大量外籍學生在以稅收資助的學校就讀。
3. 大量外籍學生接受以稅收資助的教學研究職位。

二、長期方面：

（一）正的效果：

1. 受美國科技訓練後的學生偏愛美國產品。
2. 畢業校友對其祖國經濟上的貢獻，促進了經濟發展。
3. 促進全球性的科技與經濟合作。
4. 畢業校友返回美國永久居留，並在人力缺乏的行業工作。

（二）負的效果：

1. 在國際市場上建立與美國工業競爭的強固基礎。
2. 使用了稅款而無公共政策的決定（意即無一貫的國際教育政策可循）。
3. 延遲了美國大學在結構上的調整。
4. 提供了顯著的科技轉移於未來的軍事武器發展與生產方面。
5. 美國需要更多的軍事預算，以保持領先的地位。

柒、結語

截至一九七九年份，在美國就讀的二十六萬多外籍學生，雖然僅佔全美大學生總數的二．三％而已，但是這些人可以說是來自一八一個國家與地區的精英，於其學成之後，回到其本國工作就是社會上一股舉足輕重的力量，倘若逗留在美國，亦屬高級知識份子，對美國社會也會有其影響。在該項初步調查報告中，雖然尚欠缺各種具體數據的證實，但是依據美國本身的利益，對外籍學生引起的長短期正負效果，已作了相當精細剖析。相對地，就我國的情況而言，在美國留學的人數達一萬五千餘人而高居第三位，且處於國家邁向現代化進程中，正積極推展各項建設，乃是迫切需要引進各種科技與新知之際，所以除應澈底瞭解美方的動向外，更進一步要重視可能產生的影響與應有的因應作法。筆者特別提出幾項淺見如下：

一、我國駐外機構與留學生出國及回國輔導機關，宜加強美國對外籍學生所採措施資料之蒐集分析，以為各項輔導措施參考。

二、留學生出國與回國輔導工作，應配合國家建設人才需要，作更有計畫更精細的推動。

三、我國留學生的數理學術基礎雖甚優越，但語文能力仍有不足之處，在教學方面宜予檢討改進。同時，留學語文測驗的補習，業已引起有些國家的注意，實有加檢討的必要。學生本身在出國前，更應充實語文能力，俾順利完成學業。

四、有些國家均認為政府資助的留學生，較為成熟且事業興趣亦較確定，學成返國工作的可能性亦高，對其國家社會較有貢獻。我國亦應擴大辦理公務人員出國進修，並鼓勵私人機構在職人員出國深造。

五、多年來公費出國留學生辦理的效果，宜詳加分析檢討，並可考慮擴大政府資助留學生的範圍，改為出國留學貸款方式辦理，亦得鼓勵私人機構資助參與。

六、各種公費出國留學或出國留學貸款的資助審核標準，除在校成績或考試成績外，亦應審查其進修科系與國家建設之需要的配合，以及所申請的外國大學是否適當。

七、為減少我國留學生的人才外流，讓外國有「奪取腦力」的現象，除加強回國輔導外，政府與民間企業更應通力合作，改進國內的工作條件與研究環境，以吸收人才，並結合公私機構力量，有計畫地培育科技人才。

八、在整個國家建設過程中，除重視理工科技人才的培養及輔導引用外，對於人文社會科學的人才，亦應予適當的重視，而有計畫地培育引用，以促使社會得以平衡發展。

當前高等教育問題之探討

壹、前言

這些年來，台灣地區各級教育日益發達，不斷提升整體人力的素質，開創國家建設持續繁榮與現代化的局面。至七十四年，學齡兒童就學率已高達九九・八五％；各級學校在學人數近五〇〇萬人，約占人口總數的四分之一強。再由公私立各級教育支出總額觀察，七十四學年度為一、二六〇億元，較三十九學年度的一億五千六百餘萬元，增加達八〇五倍之多，在高等教育方面，發展更為迅速，成果亦甚豐碩，以大專院校數言，三十九年僅有五所，七十四年增加為一〇五所；在學學生人數由六、六六五人增為四二八、五七六人，增加達六三倍餘。到目前為止，大專畢業總人數約有一四〇萬人，如此眾多的高級人力，在國家建設現代化過程中，一直扮演著主導的角色，當前正處於社會轉型與建設全面升級的關鍵階段，我們更應該重視高等教育的發展，使之充分發揮功能，加強培育高級人力，以帶動各項建設，邁向開發國家的行列。本文茲就高等教育的發展方向、學校功能、大專師資及主管任期等問題，予以探討分析。

貳、發展方向

多年來各級教育的發展，均以量的擴充為主，各層級教育機會不斷增加，形成充沛的人力資源。所以，台灣地區能在天然資源匱乏的限制下，憑藉人力資源充裕的條件，創造現代化發展的「台灣奇蹟」，惟現階段面臨邁向開發國家的時機，人力資源已不再是「量」的問題，「質」的講求與提升才是最重要的課題，因此，各級教育的發展，亦該有所因應調整，以提高素質為主要目標，對「量」的擴充則宜加節制。

七十四學年度，大專在學學生達四二八、五七六人，其中專科為二三六、八二四人，大學一七九、三三四人，碩士班一〇、六三八人，博士班

一、七八〇人，在量的方面，已達相當的規模，以大專聯招錄取率言，自七十一年起已達三一％，是否必須再擴充，提高錄取率，實有考究之必要。今後，為求「質」的發展，宜由大學本科及研究所方面著手，培養研究風氣，加強國內外學術交流，創造良好的研究發展環境，俾能達成學術與科技生根自立之目標，否則，因學術研究風氣與環境之缺失，每年大量學生出國留學，而返國服務者不多，造成高等教育投資之流失現象，仍將難以改善。

參、學校功能

依據現行大學法及專科學校法之規定，大學以研究高深學術及養成專門人才為宗旨，專科學校以教授應用科學與技術，養成實用專業人才為目標。所以，大專院校應具有研究與教學兩項主要功能。惟目前不論有關法規之規定，教育資源之配置，以及大專教育之實際運作，均以教學功能為主導，對於研究工作的推展，都未予應有的關注與支援。此種偏失現象，就提升高等教育之素質與學術科技生根自立的發展方向而言，實不無本末倒置之嫌。

大專院校的研究工作乃是教學的基礎，必須有研究方面的良好紮根工作，始能促進其教學的水準。雖然近年來，在圖書儀器等教學研究設備之投資，已有相當幅度的增加，但是研究成果依然不彰，諸如大專教師之論文發表或學術會議之參與，均未見有顯著的改變，且主管機關亦未加以統計分析評估，或採行更積極的獎助，而僅重視海外學人之延攬，誠然僅止於治標，仍未及務本的措施。為今之計，調適大專院校之功能，首重於研究風氣的養成，必須擴大研究獎助，並建立評估制度，進而提升教學水準，甚至擴充相關的社會服務功能。

至於教學方面；目前自小學至大學大都乃屬灌輸式教學，缺少啟發式教學，教師與學生均抱守教本或講義的有限學識領域，教師對學生的啟發不多，學生獨立研究思考的能力亦難以培養。目前教學情形，往往受限於學校「量」的擴充，形成大班制的學生人數增多，教師與學生接觸機會減少，加以教師敬業精神或疏於研究進修，難以教導學生拓展其研究思考的領域。另外，對學生學習效果的評定未盡嚴謹，致使教師與學生在欠缺相互間的激勵之下，欲求教學水準之提升，確屬不易之事。為促使高等教育邁向「質」的發展，實有賴於加強研究功能與提升教學水準，此項工作之主要責任仍在於學校與教師。首先，應體認研究與教學均屬良心的事業，不得依營利活動衡量其得失，教師必須自我有所期許，且銘記「教不嚴師之惰」之古訓，善導學生努力向學，為國家社會培育優秀的下一代。

肆、大專師資

以七十四學年度而言，公私立大專專任教師為一九、七一二人，兼任教師為一八、三六三人，兼任教師之比率高達四八・二二％，尤其私立大學，兼任教師較專任多一五・七二％，兼任教師所占比率偏高之情事，對於研究工作之推展與教學之加強，均有相當不利的影響。若依教師等級分析，兼任教授、副教授及講師，均較專任者為多，以講師級的三〇・五七％為最高，形成兼任教師比率偏高之主因有三：一是大專教師享有崇高社會地位，因而以兼任教席提高個人地位者大有人在；二是私立大專為減輕教師薪資支出，少聘專任多聘兼任（兼任僅支十一個月鐘點費）；三是少數專任教師為建立廣泛關係而多校兼課（雖有明文限制超鐘點或兼課以四小時為限，但並未嚴格執行）。目前兼任或兼課之情形，嚴重影響大專教師的專業制度與精神，甚至損及教師的社會地位，乃為研究與教學水準停滯不前主因之一。其改善之道，首先應嚴格限制公立大專教師之兼課，並逐年降低兼任教師至一定比率（或可以一〇％為度）；其次，規範私立大專支用於教師薪資之財務比率，促使其增加專任教師。此外，大專教師借調擔任行政機關職務之事例，對學校與行政機關均引起不少困擾，多年尚未解決，實有破壞人事行政體制之虞，宜予儘速檢討改進。

大專教師學歷係為衡量其素質指標之一，依七十四學年度資料分析，公私立大專專任教師具有博士及碩士學位者，分別占一五・八二％及三四・四三％，學士以下者高達四九・七五％。其中私校教師為博士者僅八・四五％，學士以下者多達五五・六七％，至於兼任教師，為博士者僅占一二・〇九％，學士以下者四五・八一％。由上述分析可知，目前專兼任教師，幾近半數係屬學士以下之學歷，具博士學位者尚不及一六％，顯示大部分教師任教前所受的學術訓練仍未必豐富，若任教職後未能專心於研究進修與教學，可能形成學術素養的「先天不足，後天失調」情況。惟教師具有的學歷僅代表其學術訓練過程而已，學識素養必須持續不斷研究進修而累積的。

依現行規定，公私立大專教師之資格與升等，不論專兼任均由教育部統一審查，以七十四學年度的公私立大專教師言，專任經審定資格者占七五・八五％，兼任者僅六〇・八一％，未送審者以私校教師最多，包括教授級三四・七八％，副教授級二九・八四％，講師級三六・〇五％，助教三三・九五％。凡此均顯示，大專教師之延聘未盡嚴謹，應逐年加以改善。首先公立大專未送審教師應限期送審，否則予以停聘；其次，再要求私校限年比照改善之。至於由教育部統一審查教師資格的制度，宜仿博士學位授予制度，改由各校依一定標準自行審定。大專教師資格條件與升等，係以學歷與著作發明為準，並有三至六年的升等年資之限制。惟現行規定似嫌失之過寬，由助教升至教授，僅需提出三篇論文，甚至得於十年內取得教授資格。其改進措施除應延長升等年限外，升等論文審查亦應規定提出相關之著作發明，俾瞭解其全部研究成果。又目前兼任教師亦適用同一規定送審升等，且適用教授、副教授、講師等職稱，宜應將兼任教師一律改稱「講座」或「專家」，俾與專任教師有所區別，以示尊重專任教師的專業體制與地位，並避免以「兼任教授」為名器。

依規定專任教授、副教授及講師每週上課時數，分別為八、九、十小時，實際上大都為八、十及十二小時，尚得超鐘點四小時。由之，講師每週得有十六小時課，且可能同時講授八種不同的學科，若為提高教學水準與適應教師從事進修研究之需要，教師上課時數應酌予減少，且以講授三種學科為度。超鐘點之規定，宜以教授及副教授為限，俾便年輕講師級教師多作研究與進修。

目前，助教列入專任教職體系中，卻以擔任系所之行政事務為主，未能發揮助教應有的功能。似可考慮參酌美國大學之制度，在各院、所、系設置秘書的行政職位，辦理行政事務，將助教改為兼任職且不納入教職升遷體系，並分為教學與研究兩類助教，由碩士及博士班學生兼任，配屬所系教師辦理教學或研究的助理工作。同時，將專任教職調整為教授、副教授、助教授及講師等四級，且碩士學位或博士候選人得任講師，具博士學位者得任助教授，並循序升等為副教授、教授。

伍、主管任期

為強化大專院校行政事務與教學研究的密切配合，依現行規定學術主管職位係由校長聘請教師兼任之，且均予任期之限制，依規定校長任期為三年，得連任兩次，教務長、訓導長、總務長、學院院長、研究所所長及系主任等任期亦為三年，得連任一次。由之，校長任期可長達九年，其他主管亦得有六年之任期。此種聘兼與任期制度實際運行情形，常有下述的現象：一是主管人員由校長聘兼，與行政機關之人員任免無異，或有產生鑽營的現象；二是因連任而久任其位，勢必影響主管人員本身教學與研究工作；三是由少數教師久任或連續兼任不同主管職，近似行政機關升遷體制，甚或形成權威取向的所謂「學官」風氣，而有礙學術發展。

欲改善任期制之缺失，則應刪除連任之規定，各級主管均以三年為期，不得連任或延長任期，且同一人不得連續兼任不同主管職位，俾由副教授以上教師輪流兼任，使兼任主管職位成為服務性的義務，而非權威性的職務。聘任方式亦應予改變，院所系之主管，由各院所系資深教授推舉，教務、訓導及總務等三長及其他主管，經由校務會議推薦三人以上，再由校長決定人選。此外，於七十四年教育人員任用法公布以後，學校職員（即一般行政人員）之任用，採一般公務人員之規定，但各級主管職位大都由教師兼任，而職員升遷機會幾近全無，對於職員的士氣與效率勢必有所影響。因此，宜應將教學研究與行政支援的職位體系，作適當地劃分，各級主管職位，不必均由教師兼任，給予學校職員適當升遷機會。

陸、結語

經由以上各項檢討分析，吾人認為今後在高等教育方面，必須配合國家建設發展的需求，因應國際的潮流，強化學術植根自立的根基。目前大專教育已具相當規模，量的擴充應予節制，而以「質」的提升為發展導向，且需配合長期人力需求，檢討調整現有科系，並避免科系過於細分，造成科際整合的困難，為達成提升高等教育素質的目標，亟應加強大專教師研究進修之獎助，建立評估制度，以增進研究進修風氣與功能。在教學方面，教師必須負起責任，多採啟發式的教學，拓展教學領域，嚴格評定學生學習成績，培養學生獨立研究思考的能力。在師資方面，宜設法降低兼任教師之比例，建立教師專業體系，酌減教學時數，促使研究、進修與教學均能趨於專精。此外，對於學術主管職位之聘兼方式與任期，宜予檢討改進，以免教師趨於權威取向，或久任主管職位而對研究與教學有所迷失。

總而言之，今後高等教育的發展，必須配合國家現代化進程，以「質」的發展為主導，加強研究與教學功能，開拓國際水準的學術領域，邁向學術生根自立的境界。

中華日報專論，七十五年九月三十日。

有關自願就學輔導方案的淺見

壹、前言

教育部門最近所推出的特號大餐——國中畢業生自願就學輔導方案（簡稱為自願就學方案），業已引起各界熱烈的討論，且有形成正反兩極化意見的現象，致有台北市政府教育局擬進行家長意見調查之舉，甚至並事先聲明，若贊成的家長達百分之八十以上，該方案將於八十一學年度全面付予實施。然該方案係屬中等教育的重大改革措施，影響至為深遠，且關係眾多學子未來的百年大計，誠不可不審慎為之。

貳、方案的特色

所謂「自願就學輔導方案」，係指修畢國民中學課程之學生，均得申請繼續輔導升學，廢止聯合招生考試，由國中輔導學生依其性向、興趣、能力、志願及三年在校成績等，選擇適當高中、高職或五專升學。該項方案的兩項主要特色如下：

一、廢止聯考制度：得藉以消除一試定終生的壓力（分散於國中三年十八次段考，符合「分散學習」的教育心理學原理，避免因聯考而不斷重覆三年課程的記誦），進而矯正偏重知識及記誦的教學，以及惡性補習，促進教學正常化。

二、改採相對五分制記分法：國中畢業生依在校成績申請分發升學，其在校成績之計分，由原有百分法計分（絕對分數）改為相對五分制記分法（如附表），主要以班為單位，得以貫徹「常態編班」的實施，而消除「明星學校」、「越區就學」、「升學班」、「智優班」與「放牛班」等不正常的現象，以增進教育機會的實質均等。

參、各界的疑慮

自願就學方案早在七十六年就開始研究規劃，至七十九年起在台北、高雄等地區部份國中選定少數班級試辦，迄今僅有兩年，尚須一年始有參加試辦的畢業生免試（聯考）升學；換言之，試辦應有三年期程，而後方能顯現其預期效果，並檢討其得失。然而，台北市政府教育局卻急著在今年七月（八十一學年度）全面實施，無怪乎各界疑慮重重，議論紛紛，在教育部及教育局強力宣導下，反對意見依然不少，以及立法部門的質詢不斷。

目前教育部印發的宣導資料，彙集對於一般民眾，參加試辦的國中教師、學生及家長，國小六年級學生家長等各界民意調查，藉以顯現各界支持自願就學方案的程度；同時，將各方所質疑或反對的理由，彙整為十二項問題，逐項予以說明，期以發揮宣導及說服的效果。就資料內容而言，卻存有下述三項嚴重的缺失：

一、自願就學方案試辦至今僅屆二年，須至八十一學年度（八十二年七月）始有國中生經試辦而免試升學，亦即試辦三年後，方得顯示該方案的預期效果。因此，目前各項民意調查結果，不論調查對象是學生、教師、家長或一般民眾，其所表達者均屬預測性的意見，並非真實體驗的看法，若藉以為該方案全面實施的決策參考依據，誠屬相當危險的作法。

二、宣導資料對於十二項疑慮問題的說明內容，則以肯定自願就學方案的各種推論為主，欠缺實證資料為其佐證，恐仍無法消除各界的疑慮。

三、於宣導資料中，並未對自願就學方案可能產生的缺失及其預防措施詳加說明，不免令人懷疑該方案似乎百無一失，太過於完美了。

總而言之，目前自願就學方案試辦尚未屆滿三年，無法顯示其預期效果。抱持正反意見的雙方，均憑猜測或推論，說服力仍相當有限，而學生、教師及家長等三方面，最主要的疑慮有二：一是廢止聯考改以三年十八次段考在校成績為主申請升學，變革太多，能否適應，甚至造成三年十八次段考的長期競爭壓力；二是改採相對五分制記分法，以班的小範圍（約四十人）為競爭對象，可能導致更激烈的競爭，且長久以來均採百分制，短時間能否適應五分制，仍有疑慮。

肆、改良方案

三十幾年前，筆者試讀高中年代，已有依三年在校成績得到免試保送大學之措施，曾經發現有弊端的事例。所以，自願就學方案全然採在校成績為主，仍將有其缺失，尚宜事先妥為規劃防範。茲依據筆者淺見，針對該方案提出修正意見如次：

一、廢止聯考改辦國中統一畢業會考，會考試題以國中三年級或最後一學期課程內容為限（得以減輕學生負擔）。

二、國中畢業生申請升學，依會考成績及在校成績兩部份合計（以避免僅採在校成績之缺失）。

三、會考與在校兩項成績所佔之比重，依每一學生較優一項佔百分之六十，另一項佔百分之四十合計，亦即採浮動比重計算方式，不採固定比重（得使兩項成績產生相互均衡之作用）。

四、在校成績仍以百分制記分，俟申請升學時，再行統一以班為單元換算其標準分數（以避免相對五分制記分引起師生不適應或其他不公平的現象）。

五、前述四項修正意見是否可行，宜請主管機關就最近一年或三年已升學的國中畢業生，計算其在校及聯考成績後，分別核對其合計成績與聯考分發的差異性，以作為事前之驗證。

伍、結語

自願就學方案之全面實施，尚處於爭論不休的時刻，教育主管部門似不必急於在八十一學年度付予實施，仍宜等到三年試辦屆滿，對其得失詳加檢討後，再行決定全面實施與否。至於倡議兩制合併（即聯考制度與自願就學方案併行，任由學生選擇適用）之意見，必將使得學生與家長困惑不已，不知如何選擇，且教育興革並非兒戲，筆者以為千萬不可為之。

中華日報專論，八十一年五月十二日。

相對五分制記分表

項別＼百分比＼五分制	5分	4分	3分	2分	1分
綜合表現	10%	25%	40%	20-25%	0-5%
藝能學科	10%	25%	給3分及2分者，合計可達60-65%		0-5%
一般學科	10%	25%			原始分數未滿60分者給1分

我國行政機關高級主管人員任用問題

壹、問題的由來

近年來由於國際政治、經濟情勢變化急劇，科技發展迅速，行政業務更趨於專精，加以人民對政府之期望不斷提昇，使行政部門面臨著內外環境重大轉變的挑戰，而造成現代行政的職能擴張、分工細密及業務龐大等發展傾向。對於行政機關的高級人員而言，在執行公務上所扮演的角色，亦與往昔有異；其中所謂「行政決策責任」一環，已非少數的「政務官」或機關首長所能全部肩負，而有決策層次漸形擴充或往下延伸的現象，亦即逐漸加重高級主管人員在決策上的職責與功能。因之，一般對於高級文官能力要件的要求，隨之日益提高，且顯得多樣化，對建立多年的文官體系產生相當的衝擊。這些年來，政府部門曾廣泛拔擢人才，引用於高級文官職位，以適應國家發展與行政現代化的需求，但卻引起所謂「黑官」問題，爭論不休。

目前熱門的「黑官」問題，實非始自今日，早在六十六年立法院第五十八及五十九兩會期中，立法委員曾先後就教育、財政兩部高級官員之任用、組織及待遇等提出質詢，行政院亦有過調整，並行分析研究。然事隔五年之後，問題仍未能澈底解決，近期不僅立、監兩院分別提請行政院注意改善，更引起報章雜誌的廣泛討論。惟各界意見分歧，甚至行政與考試兩院之間，亦難以協調一致，致無法提出妥善的解決方案。筆者則覺得問題爭議的重點，以及擬議中解決方案的政策取向，均有所偏失，確有再加探討的必要。

貳、問題的癥結

民國六十年間，中央自提出「擴大延攬人才方案」後，行政機關首長求才日漸殷切，且為革新行政與推展業務，不斷在行政機關之外，尋求富有專業學識的幹才。惟困於現行人事法規的限制，恒難以正式進用，乃採行「借調」或「暫行代理」等方式，以為過渡的權宜措施。同時，協調考試院舉辦公務人員甲種特考，修正分類職位公務人員任用法規，放寬「職等權理」與「職系」之限制。但問題仍未能妥適解決，所謂「借調」或「暫行代理」，僅局限於政府部門現職人員（亦即除行政機關外，只有公立大學與事業機構之人員可供借調），社會各界相關人才，則不無遺珠之憾，就人才甄拔範圍而言，實乃過於狹隘。

此外，目前「黑官」問題爭論所涉及的對象，並非泛指行政機關全部高級文官（即第十職等或簡任職以上職位），經有關機關列入檢討對象者僅限於第十職等以上的正副主管之常任文官職位（在六十六年列入名單者計有四十餘位，目前列入名單者尚有二十餘位）。由於這些高級文官主管職位都是眾多現職常任文官所期盼的升遷機會，復因高級主管在行政業務上的決策職責加重，所謂「位高權重」常為社會各界所重視。因之，其人員之進用方式，廣受一般公務人員與各界關注。故「黑官問題」之爭論，實為現職文官升遷機會（權益）之爭，甚至涉及社會層面的「權威分配」問題。但是，高級主管人員任用制度，不僅關係國家文官體制之健全，亦涉及社會整體的問題，確不宜採短期措施以求肆應，而應考慮長遠的利弊得失，作整體周詳的規劃。

參、亟待澄清的概念

在整個問題爭論的過程中，尚有兩項相當重要的概念亟待剖析澄清。其一，在現代政府行政職能日益擴張，決策層次漸形往下延伸等發展情勢下，高級主管人員之決策功能愈為加重，相對地其人員素質務必提高，乃是一般所肯定之事實。惟素質之衡量標準為何？卻是一個見仁見智的問題。然吾人若以應適切發揮其決策功能為取向言之，則高級主管人員應具備的素質條件至少有三：

一、具有專門學識，以處理更為專精的業務。

二、富有組織與領導之能力或特質，以應付行政職能擴張，以及其職位所擔當的多元化角色，尤其是決策角色。

三、豐富的行政或國際事務經驗與學識，足以處置繁重變化迅速的業務或涉外事務。

但是以上所列三項素質條件，誠非公務人員在升遷或訓練制度過程中所得完全歷練培養者（亦即年資多寡不一定等於經驗之累積或取得）；同時亦難以學歷之高低加以比照衡量（一般恒以學歷及年齡等描述人員素質，確有偏頗之處)。此外，目前社會分工日細，若以學術界專業人員或其他行業具有成就之人才，進用為行政部門高級主管，若非「適才適所」，即難謂用得其人。因之，所謂「人才」不易於「事前」或「直覺」得以尋獲的；且並非考試得以正確評量，亦非某些人士的直覺於事前所能判定的，而「真正」的人才仍有待行政部門進用後，在實際處理業務過程中，始能透視其為「人才」與否。

其次，依現行人事法規之規定，文官之「任用」僅為行政機關進用人才的方式之一，其他尚有派用、聘用及選任等多種方式，且各有其不同的資格限制與銓審程序。其中以「任用」一途限制最為嚴格，人數亦最多，而構成常任文官體制之主幹。行政機關除少數臨時性機關或少數職位採派用或聘用方式外，絕大部份均屬任用人員，高級主管人員（政務官以外）均須經銓審後，呈請總統頒發「任命令」；非此，即目前所謂之「黑官」。蓋因其任用資格欠缺，無法送審之故。吾人認為未經總統核發任命令之文官，實不得稱之為「官」，更無所謂「黑官」或「無資文官」。政府為借重專業人員的長才，自可以另闢途徑，起用該類人員，以解決「任用」問題的困擾。

肆、可供參考的制度

近幾十年來，美國聯邦政府曾有多次文官制度改革的努力，且以高級文官任用體制為其主要課題之一。諸如一九五五年胡佛委員會第二次建議建立高級文官制度，至一九六六年詹森總統簽署E.D.11315 法案，創立高級行政人員任命制度（ The Executive Assignment System）；一九七一年又有聯邦高級文職人事制度（Federal Executive Service）法案的提出，至一九七八年卡特政府頒布「人事改革方案」，並訂定「人事管理計劃」，針對高級主管人員的管理，具有特殊的重要性。其中有關高級文官的分類與任用等，實有供參考借鏡的價值，特予摘述如下：

一、高級文官係指十五職等（與我國之十一職等相等）以上之人員，但不包括須經參院同意由總統任命之人員。郵務人員、公營事業人員及情報人員等均不及之。

二、高級文官依任用方式分為兩大類型：一是常任高級文官。二是非常任高級文官。

三、常任高級文官係在政府服務多年人員，通過競爭考試晉升。

四、非常任高級文官係不依功績原則任用程序而任命之人員，並無資格限制，機關首長有權決定任用，亦不受保障。除「非常任政務官」外，尚包括任期受限制的人員及有限制緊急任命人員，其任期分別為三十六個月與十八個月，期滿即行解職，不得延長，亦不的轉任為常任文官，其員額亦不得超過常任高級文官總額一〇％與五％的限制。

若以我國現行文官體制與美國高級文官的任用類型加以比較，吾人得以發現；在常任高級文官與非常任政務官的任用方面，我國均已有施行多年的完備體制，但有關任期受限制與緊急任命的非常任高級文官之任用，仍未建立明確的法制。雖然現行「聘用人員聘用條例」之規定，有其類似處，惟因該條例第七條規定：「聘用人員不適用各該機關組織法規所定簡任或薦任職各項職務之名稱，並不得兼任有職等之職務。各機關法定主管職位，不得以聘用人員充任之」。因此，目前高級主管人員仍無法適用該條例之規定，進用人才，以解決「黑官」的問題。

伍、可行的解決途徑

目前若欲解決「黑官」問題，最為簡捷且澈底的方式，即是責由各機關限期遣退現職「黑官」，並嚴禁再以借調或暫行代理等方式引進人員。此種措施雖可立即解決現有之困擾，並獲致維持現行文官體制之利，但是卻阻塞行政機關擴大延攬人才的管道，進而否定現代行政依政策需要引用人才的必要性，對於行政革新與國家進步均有所不宜之處。因此，吾人首先應予肯定的事實，即是為今後國家建設或行政發展之計，當前行政機關亟需起用更多的人才，尚且應自廣泛的園地拔擢人才（不宜局限於機關、學校及事業機構），方屬至善至當之策。由之以剖析現時所倡議修訂考試法規或任用規定的兩種建議，雖均能達到某種程度的目標，使得人才引用合法化；但是，若是另以長遠的利弊觀察，則尚須從該兩種建議分別採行後，可能產生的副作用加以探討，以求取損害之最低，而測度其可行性之高低。

首先，就修訂考試法規的建議而言；最具體的意見是仿採「國軍上校以上軍官外職停役轉任公務人員檢覈規則」之規定，以修正現行有關考試法規，採行證件審查方式予以檢覈，俾使業經進用於高級主管職位之人員取得任用資格後，得以依法送審，正式予以任命。此種方式雖甚為簡便，不僅紓解目前之困擾，並顧及爾後用人之便捷。但是此種方式若予採行，勢將產生嚴重的副作用：一是對現行甲種特考及高普考等任用資格考試，將形成重大的衝擊，其檢覈若以業經進用在職人員為限，亦有違公開競爭的考試原則。二是該類人員經檢覈取得任用資格後，即與一般文官一樣，職位受到保障，久居其職，其所謂人才或學養優良可能將隨時日漸形淡化。三是行政機關均採金字塔式組織結構，一般文官晉升緩慢，升任高級主管職任之機會甚少，此種檢覈方式之採行，勢將影響中級文官的工作情緒或意願；甚至可能降低社會各界對建立多年文官體制的尊重。

其次，再就修訂現行任用法規的建議而言；主要著重在擴大政務官的範圍，亦即修正「政務官退職金給與條例」第二條，於該條文增訂第六款，將高級主管職位列為政務性職位，俾利依政策需要進用人才。此種方式與前述方式比較，則更為簡捷，且人才甄選範圍益趨廣闊，只要依政務官任命程序發布任命令，即可進用具有專才之人員，不再受資格條件的限制。此種方式之採行，在法規修訂方面亦有其困擾。因現行該條例第二條對政務官職位分五款予以列舉規定，若增訂第六款，勢須將欲行增列的政務性職位一一列舉，以資配合。

就目前眾多高級主管職位將如何列舉規定，事實上確有其困難；若採概括性之規定，則亦不易明定其職位範圍，且日後在執行上亦易滋生困擾。同時，吾人應考量此種方式採行後，可能產生的種種副作用：一是政務官範圍擴大後，將減少中級文官晉升高級主管職位的機會。二是政務官員異動範圍擴大，將影響行政業務之穩定性，甚至提高行政機關的政治性傾向。三是政務性職位如同機要職位，其人員應與機關首長同進退，不受法律保障，如此難免有五日京兆之心理，甚或不易羅致所需之人才。

基於上述之剖析，解決「黑官問題」，不論以檢覈方式賦予任用資格或擴大政務官範圍之任命，均屬目前短期的治標方法；就長遠的觀點而言，均將產生其副作用，有其嚴重的缺失。所以，其解決途徑，誠不宜在現行政務官與常任文官兩種體制中打轉，而宜適應現代行政發展情勢，配合政策需求，另行建立行政機關高級主管人員任用的新體制。其較為可行的途徑，似得參考美國現行高級文官體制（即本文所摘述者），亦即配合政策、計畫或方案之要求，建立任期制高級主管人員聘用體制。在立法方面得以修正現行聘用人員條例第七條方式為之，其條文修正要項如下：

一、中央及省市各機關依政策、計畫或方案之需要，其相關高級主管職位得適用本條例聘用人員。

二、適用前項聘用之人員，以第十二職等以上職位為限。

三、依本條聘用之人員，其聘用期間以二至三年為限，期滿不得延期，但得依各該機關首長異動終止聘約。

四、依本條聘用人員之員額，以各該機關第十二職等以上主管職位總額三分之一為限。

五、依本條聘用人員時，由各機關報經主管院核定後聘用之。

前述修正「聘用人員聘用條例」之方式，不僅足以解決目前的黑官問題，最主要的在於建立依政策需要用人的長遠體制，得以開創行政機關用人新途徑，以適應現代行政發展需求外，亦得減低對現行政務官與常任文官體制的干擾。但是或許有人認為，此種任期制聘用方式，對受聘人員欠缺保障，不易吸引人才。然就目前大學教授、立法委員或縣市長等均有其聘期或任期（分別為一至四年），並無任何保障可言，而事實上並未因而令人才為之卻步，故此說法不無過慮之處。另外，或許亦有人將認為：三分之一之限額，使得依政策需要引用人才的員額太少，不足以發揮其預期功能。但若就目前中央及省市各機關第十二職等以上主管職位而言（不包括政務官職位），為數約有三六〇個職位，其三分之一將有一二〇個職位，較目前列入檢討的二十餘名「黑官」之數額，尚多出五倍，故三分之一的限制，當可適應長期行政發展的需求。至於此種任期制聘用人員之待遇、考核、福利，甚或退職給與等，得以配合，分別予以明定之。

雖然任期制聘用制度之建立，得以開拓行政機關高級主管職位引用人才的新途徑，但是仍然屬權宜或輔助性的方法。最為根本之計，尚應加強各機關人員的訓練、進修、考核及升遷等制度，以期建立行政機關本身的長期人才培育體制，減少在行政機關之外挖角的情事，甚至進一步培育更多的人才，俾供社會各界與私部門延攬聘用。

陸、另外幾個問題

前述各節僅針對「黑官問題」加以剖析，吾人若綜覽目前行政機關人員任用的情況，尚可發現幾項問題，其性質與「黑官問題」有類似之處，雖未受社會各界所重視，但問題之存在卻甚為普遍，雖非直接與高級主管人員任用相關，但對中級以下人員的任用方面卻有相當的影響，且關係整個文官體制的健全，人事行政主管機關確有加以檢討改進之必要。謹分別概述如后：

一、內調外兼問題：即是行政機關向所屬單位、學校或事業機構借調人員，或某一人員兼任本職以外多項職位的情況，在各級機關相當普遍，對公務人力規劃、員額編制、人員任用與同工同酬而言，均屬極為不合理的現象。諸如財經部門借調所屬單位或事業之人員，教育部門借調學校教職員（在縣市政府最為普遍），或是機關首長及主管人員兼任多項職位，均有違專人專職之原則，且產生各種爭議問題。

二、法外兼代問題：在同一機關內，亦常出現一人兼任或代理多項職位之情形，且非屬法定兼代者。如此不僅人力運用與員額編制受到不良影響，導致行政效率欠彰，亦影響人力之引進與現職人員的升遷。

三、聘僱人員問題：在基層行政機關為應付業務膨脹的人力需求，恒採編制外的臨時約聘或約僱方式增加人員，並形成長期約聘僱的現象。此種現象，前些年經民意機關提出，曾加檢討改進，雖有數額降低與聘雇期間縮減的情事，但問題依然存在，不僅成為公務人員任用體制的旁系，亦影響工作情緒及機關效率甚鉅。

四、以工代職問題：即以技工或工友僱用之人員，代理職員承辦一般公務。此種情形依法而言，實有欠妥當，不但所賦予權責，難令其負責，並且影響服務之品質或效能。其情況要以各機關之秘書單位最為普遍。

聯合月刊第十七期，七十一年十二月。

編號		日期	70. 7. 17		中國時報

加強整體建設發展 政府全力培養人才

將派社會科學學生出國深造 爭取海外高級人才回國服務

〔本報訊〕行政院長孫運璿昨天告訴返國參加本年國建會的學者專家們說，中華民國要在七十年代按照自己的願望，建設自己的國家，首要的問題不是錢財問題，而是人才問題。

孫院長說，政府將在方法上，以最大的彈性，來爭取海外的高級人才，以解決未來三、五年內極爲迫切的需求。

孫院長昨天晚間在行政院青年輔導委員會主任委員連戰召集主持的一項「海外工作座談會」中，告訴所有自海外回國的本年國建會出席人說，我們希望迅速將國家的工業提昇到技術密集的層次，但是，高級技術人才嚴重缺乏。

〔本報訊〕國內社會科學人才缺乏，對國家建設整體發展影響甚大，行政院長孫運璿針對此一問題，已指示有關單位研討一項社會科學人才培養計劃，預計以政府的力量甄選優秀人才出國學習，學成後回國貢獻所長。

孫院長此項指示，係由行政院研考會主任委員魏鏞向參加國建會政治外交組的學人作的透露。

據魏鏞表示，研考會依據孫院長指示現正積極研擬一項社會科學人才培養計劃，目前的構想是仿照庚子基金的方式，由政府籌撥一筆經費，並選拔一批研究社會科學的學生，按照國家的需要，有系統的派遣他們到世界各先進國家的大學院所接受社會科學的深造學習。

俟這批人才在國外學成後，政府各有關單位將有計劃的安排他們在政府機關服務，參加國家建設的行列。

國建會政治外交與會人士，昨天也曾針對社會科學人才的嚴重缺乏，展開熱烈的討論。

台大教授張忠棟說，韓國爲了訓練政治人才，不惜以政府的力量，選派大批的學生到美國有名氣的大學學習深造，反觀國內，則缺乏此種決心和魄力，他希望政府要長期的、大批的選派學生出國研習社會科學。

蕭新煌並建議政府設立社會科學委員會等性質的機構，以專責推動社會科學在國內的發展。

中山大學教授郭仁孚也建議政府，每年選派一至兩百名的學生到國外第一流的學校，接受嚴格的社會科學訓練，對這批選送出國的學生，政府給予他們六年的公費，俟六年學業完成後，政府也應在學界或政界替他們妥善安排服務的職位。

編號		日期	70. 7. 17		中華

加强學術行政結合
培養社會科學人才
國建會學人提具體建議

論「加強行政革新，提高行政效能，推動行政計畫，策定七十年代各項建設計畫」，其中談到加強學術與行政結合，以及加強社會科學人才培養這兩個問題時，學人們意見頗多。

首先，關於行政與學術結合的問題，行政院研考會主任委員魏鏞在引言報告中曾說，以理論指導實務，以實務印證理論，是十分重要的事。政府過去在這方面，借重學術界的力量，獲致十分具體的成果。同時，為借重學者專家的學識與專長，從事政策設計或行政革新有關研究發展工作，今後將繼續加強推動現行諮詢制度，延攬學者專家提供有關行政及政策性問題之意見，以及有前瞻性之政策性分析及總體性之建議，以為未來國家建設規劃之參考。

但是，政府在委託學術機構從事有關政策及行政問題研究工作時，所發生的問題何在？這是參加國建會的學人們所關心的。

據中央研究院民族學研究所副研究員蕭新煌指出，政府委託學術機構進行研究工作，所得的研究結論，是否有良好的「品質管制」？有無作有系統的評估？如果沒有好的品質管制和嚴格的評估，那麼不只對政府而言是浪費，對學術機構也是浪費。

其次，談到社會科學人才的培養問題，與會學者一致認為，我國社會科學人才奇缺，且有後繼無人之感。

蕭新煌認為，政府必須全自己的社會科學人才，絕不能完全倚賴學術界。

因此，他建議政府在國科會之外，成立獨立的社會科學研究委員會，大力推動社會科學。同時，中研院亦應設立社會科學研究所，以建立社會科學體系。

國立中山大學中山研究所客座副教授郭仁孚，也大聲疾呼培養優秀社會科學人才。他主張政府撥出大筆經費，以長時間訓練人才，提供公費留學名額，並妥善運用這些人才，使其發揮所長。

魏鏞主任委員深深感到，我們的科技人才、財經人才都容易找，人才供應也不成問題，但社會科學人才卻感不足。

一般說來，科技，財經人才，培養較易，所需時間較短；而社會科學人才則不然。以政治人才而言，必須花費十年八年時間，使其有深厚的理論基礎，再經過一段時間行政經驗的歷練，方能成就為一流人才。而此種人才的造就，將影響國家未來的前途及發展，與一般科技人才，不可同日而語。

為了解決此一問題，魏鏞透露，政府目前正在草擬「社會科學人才培養計畫」方案，將儘速向行政院提出，若獲通過，將作為今後培養社會科學人才的依據，長期的，有計畫的，全力培養國家所需要的高級社會科學人才。

本報記者孫亦文

編號		日期			

72. 3. 25　　民聲日報

孫院長盼各界支持積極延攬科技人才

提升國防科技與策略性工業發展

【中央社臺北廿四日電】行政院孫運璿今天說，「加強培育及延攬高級科技人才方案」中所採取的立即措施，都是突破性的作法，是促進國家現代化，提升國防科技與策略性工業發展的關鍵所在。

孫院長在行政院院會通過這項方案後，希望各有關機關，能切實配合，全力支持，克服可能遭遇的困難，以達成預期的目標。

他相信只要大家堅持觀念，在政府與公民營企業的積極主動參與下，必能獲致成效，為國家培育並延攬高級人才奠定良好的基礎。

他並指示教育部、國科會與青輔會等單位，立刻進行到國外延攬人才的工作，包括在外國傳播媒介或著名學術性刊物刊登延攬人才的廣告在內以積極爭取在海外各大學、研究機構或企業單位的高級人才回國服務。

編　號		日　期			

72. 3. 25　台灣時報

加速科技生根‧促進工業升級

培育延攬高級科技人才
支援國防策略工業發展

政院通過方案並以兩年為試辦期
試辦期間檢討得失再策訂中長程計劃

〔臺北訊〕行政院院會昨日通過「加強培育及延攬高級科技人才方案」，決定結合政府及民間力量，積極培育及延攬高級科技人才，以支援國防及策略性工業的發展，以兩年為試辦期，在此期間並檢討現行法令及措施，策訂中長程計畫，俾能突破瓶頸，加速尖端科技在國內生根，促進工業全面升級。

這個方案是由李國鼎政務委員依照孫院長的提示，蒐集各方面資料，與國防部、教育部、經濟部、交通部、經建會、行政院主計處、行政院人事行政局、研考會等及學術與應用研究單位有關首長二個月來多次會商，擬具草案提報院會。

院會核定的這個方案，在立即採行的措施方面，分為培育國內人才與延攬海外人才兩部分，關於培育國內人才方面的重點如下：

一、鼓勵有關特種基金、公民營企業及財團法人以建教合作與委託研究方式，提供獎學金名額五〇〇人，自民國七十二學年度起，在大學院校獎勵相關科技研究生攻讀碩士或博士，畢業後在提供獎學金單位作一定期間服務，碩士班獎學金每人每月新臺幣一萬元，博士班為每人每月一萬五千元，以加速培育人才，並使所培育人才能在國內服務。

二、以儲訓預備軍官與選訓科技志願預備軍官兩種方式，來支援國防有關科技研究發展與生產，並使服役青年能發揮所長及培養所長。

三、各大學院校自七十二學年度起增加碩士班及博士班招生名額，在下學年度內，機械類最少增加一百人，電機類增加一百五十人。

四、合理調整大學研究所師資編制員額，凡研究生總數超過三十人者，每增加六名，即增加教師一人，並配合充實設備。

五、為提高教學及研究水準，擴大現行教師出國進修名額，對重點科技增加教師進修名額五十人。

六、發動有關特種基金、公民營企業及財團法人基金設置研究教授獎助金，對大學教授領導研究工作卓有成效者，在現有待遇之外，贈與獎助金，以鼓勵其教學與研究。

七、統籌規劃舉辦專業密集課程訓練或研究會，分為高級班、應用及中級研究班、訓練班等，加速培育師資，公民營企業之生產與研究人員。

八、由用人單位選擇大學重點科技研究所，在建教合作方式協助其充實師資及設備，以積極提升其教學及研究水準。

九、責成重點科技研究所，積極推動與國外大學或研究機構，交換教授及培育人才。

十、私立大學重點系所辦理成績優良者，由教育部增加補助師資獎勵名額，以充實其專任師資。

十一、遴選國內博士班通過學科考試的研究生，派赴國外從事相關論文的研究，事先並洽妥國外著名大學及指導教授，於回國提出論文授與學位，以提高學術水準。

十二、鼓勵公民營業機構增加研究發展的投資，設立研究發展單位，改善研究環境，以培育及延攬研究人才。

關於延攬海外人才部分的重點為：

一、估計國內所需重點科技人才，在最近兩年內碩士約不足一千四百人，應積極向海外延攬。

二、以合約延聘方式，延攬海外富有經驗的科技資深人才，主持尖端科技及策略性工業發展計畫。

三、延攬的途徑分為：㊀由用人單位負責主管，有計畫的定期訪問海外學校、研究機構及企業。㊁加強與國外地區性學會、國建會聯誼會、各大學海外同學會等團體聯繫。㊂在國內舉辦專業會議，邀請海外學人參加。㊃充實政府駐外機構的人力及經費，以利聯繫及延攬。㊄經由國內外大眾傳播媒體及學術刊物加強延攬海外科技人才。

四、強化現有的「聯合工作小組」功能，彙集各方面需要人才的資料，積極協助延攬。

五、檢討各項延攬海內外人才回國服務的法規，配合實際需要加以修訂。

行政院指出，本方案有三項目標：㊀積極培育科技人才增強自足性科技發展能力，支援國防及策略工業發展。㊁擴大延攬海外高級科技專才，加速尖端科技在國內生根發展。㊂結合政府民間資源，突破制度瓶頸，提升科技教育水準，促進工業全面升級。行政院並表示，人才的培育應分層次，數學及基本研究人才為人力的上游，應用及專業人才為人力的中游，生產及實用人才為人力的下游，三者應依國家建設需要，機動調整安排，使培育的人才切合國家社會需要，而且能發揮其所長。政府與公民營企業對於科技發展與人才培育有其共同責任，政府固然責無旁貸，公民營企業也應主動積極參與，希望彼此密切結合，相輔相成，突破瓶頸，奠定國家整體發展的基礎。

編號		日期			

台灣時報

72. 3. 25

高級科技人力 國內供需失調

碩士博士人才需求迫切

〔臺北訊〕根據行政院的一項專案檢討資料，在最近兩年內重點科技方面約需理工科博士及碩士共計三、一六八人，而國內大學院校僅能培育二、二五〇人。培育的博士與碩士中有些並非國內所迫切需要，而且重點科技系所畢業生出國者頗多，又如公民營企業、科學園區及資訊人力亦有低估現象，所以科技人才短缺的現象甚為嚴重。

綜合分析，理科碩士供應需要略多，博士則感不足；工科機械及電機系，不論碩士、博士均感短缺；土木及化工系碩士接近平衡，博士則呈不足。至於其他科技學系，包括醫、農等，均感嚴重不足。

檢討報告認為縱然在目前着手培育人才，碩士最少要在兩年以後才能畢業，博士則需要三至四年。但是目前如不培育，將來的人才短缺情形當更為嚴重，而且國內的科技教學與研究水準也無法提高。所以在方案中建議分為國內培育與海外延攬兩項途徑同時進行，而且在措施方面又分為立即採行措施及中長程辦理事項兩部分，以期統籌運用政府及民間資源，結合政府與民間力量，由政府與民間共同負責，來加速培育及延攬所迫切需要的高級科技人才。

編號		日期			

民生報　72. 3. 26

培育延攬科技人才方案

觀念作法上都是大突破

在國內學術界掀起大震盪

論高級文官考用問題

三十餘年來，台灣地區在政府與全民共同努力下，創造了近代中國最為繁榮的時期，其中政府部分能夠發揮適切的引導功能，乃是極其重要的關鍵因素之一，惟在民國六十年代以後，國際政治經濟的變遷急劇，科技發展迅速，而政府部門所擔負的角色，更趨於繁重且專精，至七十年代的今天，台灣地區已面臨轉型期各種多元化的挑戰，民眾對政府的期望更不斷地提昇。政府部門為強化其功能，乃對人才培育與延攬倍加重視，且社會各界不時提出各類意見，致有五十七年甲等特考之開辦，以及六十年間「擴大延攬人才方案」之釐訂，並透過各種管道積極引用人才，確實形成「中興以人才為本」的態勢。

壹、近年來採行措施

政府在拔擢人才方面，近年來在中央與地方的各項選舉中，共計有一一、三九四當選人次，的確造就不少人才；並且不斷以「借調」方式延攬學術界人才擔任行政部門的高級職位，但是基於憲法「考試用人」之規定，致使政府延攬或借調之人才，恒因未經考試而未備任用資格，造成所謂「無資文官」的困擾；同時，自五十七年以來，雖經多次甲等特考錄取共達二五七人，但經拔擢成才者為數仍屬有限，且考試方式屢遭批評(尤以本屆考試委員就任以後最烈)，以致今年考試院舉辦甲種特考增加筆試一項。

貳、政府因應擬議

自政府擴大延攬人才與採行「借調」方式的因應措施之後，於六十六年間，立法委員對「無資文官」一事有所質疑，在行政部門為解決困擾問題，亦先後有多項腹案，最重要者有三：一是修正「聘用人員聘用條例」第七條第二項，放寬聘用人員擔任主管職位之限制，期藉聘用人員無資格限制之便，以利人才引用；二是增加中央部會政務次長人數；三是修正「政務官退職酬勞金給與條例」第二條，增訂第六款規定，以擴大政務官的適用範圍。該三項擬議均必須送請立法院審議修正現行法律，其中第一項始終未見採取行動，第二項行政院在修正財政部組織法時曾提出，卻遭立法院反對而作罷，第三項修訂「政務官退職酬勞金給與條例」，業經完成立法程序，且公布實施，將政務官的範圍擴及比照第十四職等之職位，並有若干機關於組織法中設置其職位（如經建會副主任委員三人）。

該三項擬議均有其共同的缺點，即是欲藉擴大政務職位之範圍，以引用更多之人才，但對常任文官體系可能產生嚴重的影響；同時，在觀念上，對於政務官與常務官的界定及功能亦未盡嚴謹，若擴大政務官適用範圍，大量增設政務職位，則政務官勢將與常務官縮小差異，政務官的政治責任與決策功能亦趨下降。所以，解決高級文官延攬培育問題，實無法與政務官相提並論，更不可借用其方法。

參、各界建議意見

社會各界對於政府引用人才問題，亦相當的關切，報章雜誌常有論述與建議，近期較為重要者，包括借鏡英、美、法等國的高級文官選用制度，以及改進甲等特考方式等。惟若衡之目前情勢，似仍有緩不濟急之虞。不論借鏡英國行政練習生的嚴密考試方式與快速升遷等制度，或是仿採法國國家行政學院A職類人員之考選與培育方式，其考試程序與訓練培育須經歷二年以上，若非有長遠計畫，實無法竟其全功。

至於美國聯邦政府高級文官體制，近幾十年來，亦經多次改革，以一九七八年的「人事改革方案」而言；將十五職等以上的高級文官（相當於我國十一職等職位），依任用方式分為常任高級文官及非常任高級文官兩類型，常任高級文官係以考試晉用，非常任文官則機關首長有權決定任用，並無資格限制，亦不受保障，惟任期以三十六個月與十八個月為限，期滿即行解職，不得延長，亦不得轉任常任文官，其員額不得超過常任高級文官總額一〇％與五％之限制；此一制度最大優點，在授與機關首長於一定範圍內的用人權，並可適應緊急用才之需求。

肆、幾項參考建議

首先，必須確認高級文官並非政務官，二者各有不同的職能，其人才培育與延攬自有相異其趣之途徑，難以相互借用，亦即「考試用人」的文官體制應予保護，切忌因應短期或部分人士之需求，而有所權宜變通。

其次，人才之培育或延攬均關係著國家百年大計，務期審慎為之，一切興革必須有長程的詳密規劃，以建立完整的體制。所以，已立法多年的現行考試與人事法規，亟需通盤檢討修訂，以提升各級公務人員素質為導向，俾能適應國家長期發展中的政府功能演變之需要。

再次，為建立高級文官考選與培育之長遠體制，英、法兩國之制度，誠然可供我國參考借鏡，同時，必須體認所謂「人才」必須經過長期的培育與歷練，而難於短期內考選拔擢出現。行政部門乃是國家用才育才的最大園地（目前全國公教人員已達四十八萬餘人），有充分的條件，足以歷練人才，不一定非捨近求遠而「借調」不可。因此，檢討改進公務人員之考核，訓練及升遷法規，建立完整的人才培育體制，確屬當務之急。

最後，筆者以為在短期作為方面，今年甲等特考增加筆試一項，乃是正確的方式，惟局限於一門專業學科，仍有未盡妥適之處，其因在於著作審查即在評量應試者的專業知能，不宜再以筆試重複測試，筆者認為筆試科目應以三項科目為原則，即是國文、外國語文，以及憲法、法學緒論或行政法（三科目擇其一）。其中，國文與外國語文兩科目，以平衡國內外學歷不同之語文差距，以獲致較公平的競爭（其實若以長期發展言，外國語文亦是高級文官應具備條件之一），法律科目則為公務人員所必須具備的基本知識條件。至於專業知識與素養，應放在著作審查上；口試則以評量應試者之表達、構思及前瞻性等為主，另外，為因應短期間人才之需求，美國非常任高級文官的任用制度，亦足供參考引用，且得採修正「聘用人員聘用條例」之方式為之。

中華日報專論，七十五年八月十一日。

編號	B5	日期	75. 6. -4	來源	聯合報

社論

對改進「甲等特考」的建議

日前，「甲等特考」第一試放榜，若干知名之士名登金榜，果符眾望。亦有若干知名之士名落孫山之外，大出眾人所料。雖然是「幾家歡樂幾家愁」，卻也證明「考試之公平」；然而依「修正」之甲等特考辦法，第一試筆試以後尚有第二試的口試，口試雖僅佔總成績百分之三十，但口試不及格者，總成績縱達錄取標準，仍不予錄取。是甲等特考之關鍵在第二試（口試），對其價值之評估，應以第二試為最後標準。

「甲等特考」之制，始自四十一年「修正考試法」，將原定「高於高等考試」之特種考試，及「相當於高等考試」之特種考試，分別修正為甲等及乙等特種考試，而另增丙、丁兩等特種考試，則為「相當於普通考試」及「低於普通考試」之特種考試，以應實際需要。其「甲等特考」之「應考資格」，旨在吸引海外學人及專才回國服務，而未具備高級公務員資格者，得以考試定其資格，以符憲法第八十五條「非經考試及格者，不得任用」之規定。故凡國外大學研究所畢業，得有博士學位任有關工作三年以上，或得有碩士學位，任有關工作五年以上，及任專科以上學校教授或副教授滿三年者，均得應試。而因憲法八十五條同時規定「公務人員選拔，應實行公開競爭之考試制度」，是以國內符合以上規定之人員，亦得應試。

「甲等特考」之考試辦法，初係分為：(1)著作發明審查，佔百分之六十，(2)口試，佔百分之四十，合併計算總成績，以順序定錄取。施行以來，由於著作發明之審查難有一致之絕對標準；口試亦不免有寬嚴評分之不同。其評審口試委員，如為守正不阿的學術權威，則國內外第一流大學之博士論文、專家著作如不獲通過，亦並不為過。而遇有濫竽充數或廣結人緣之外行評審委員，則應試者亦可能以普通之碩士論文或著作矇混過關。是以本屆考試委員新人新政，乃有提議「廢止」之者，討論結果，因事實上有其需要，而予以改進，乃於停辦多年後，而有民國七十四年修正甲等特考辦法後之此次甲等特考之舉辦。

依「新修正甲等特考辦法」其主要之點：(1)第一試「增加筆試」，并連同「著作發明審查」，二項成績各佔一半，而成績合併計算為總成績百分之七十。(2)第二試為「口試」，佔總成績百分之三十；但口試不及格者，總成績縱達錄取標準，仍不予錄取，有如前述。(3)增訂應試資格，凡高考及格任職六年以上及專科以上畢業任民選縣市長滿六年者，亦可應甲考。——由是觀之，甲等特考之新辦法，特徵在於「筆試」及「口試」。而就第一試榜示後之各方反應，本報願申述我們對「甲等特考」之認識與期望：

我們認為：「甲等特考」在當前人才儲備的觀點言，仍有其需要。因我海外留學生，尤其理工方面人才，大多楚材晉用。然近日發生兩種情況，值得注意：①為就業不易，正好借「甲考」吸引其回國服務，以回報國家。②為國外退休之我國人才，如尚非年老體衰者，亦可吸引回國，借重其經驗，為國效勞。（且可不必正式任用，並宜另籌甄用辦法，以資配合。）故「甲考」似應考慮可不限於任用考試，而「廣收備用」，以發揮儲才之功能，亦即為兼具資格考試，則不致於落人「為黑官護航」之譏。

基於以上的「認識」，我們「期望」甲等特考至少應做到幾點：

第一，在評審委員方面，應力求慎重，不宜僅在忙人中找人選，而應重視其學術上之成就。簡言之，即應聘請行家為評審委員，則其評審縱一體從嚴，亦可望使應考者心服口服。否則，寬嚴不一，最易招致反感。

其二，增加筆試，固有必要。但為免偏頗，而造成「護航」疑慮，是否可考慮評審委員與筆試命題委員分屬二人辦法，以使應考者機會增多，然後平均及格之機率，方不致於過猶不及。

其三，「口試」委員依新修正辦法，仍為三人。而博士論文口試委員尚為五人，似宜增為五人，並定口試時間一律為三小時。因口試為錄取與否決定之關鍵，不宜從簡。因限定三人小組，遇有其中一人評分不及格即不得錄取，其弊甚大；如改為五人小組，以二人評分不及格為不得錄取，當可減少弊端。

總之，「甲等特考」為我國當前掄才大典之最重要之一環，其建制之目的與功能，與考試方法之利弊得失，關係重大。深望此一重大建制能完善建立，而有利我高層人才之培植與晉用。

編號	B5	日期	75.8.-8	來源	台灣時報

社論

甲等特考的迷惑

今年的甲等特考，從報名到筆試、到口試、到放榜、到分發，這一連串近乎戲劇性的過程已經接近尾聲了。但是，我們認為，甲等特考卻也留下了一大堆問題，令人感到迷惑。

首先，我們對於甲等特考能否為國掄才感到極大的懷疑。早期的甲等特考只是審查應考人的著作，然後予以口試而已。而事實上，應考人送審的著作，是否請人捉刀代筆，根本是眞僞莫辨。至於口試，仍難避免門牆派閥之影響，而學術界的恩恩怨怨，應考人的幸與不幸，往往在乎考官的一念之間而已。其後，甲等特考雖已增列筆試一科，但考題與考試科目風馬牛不相干者時有所聞，也因此，筆試的公平性便有問題。

其次，甲等特考是高於高等考試的考試，高等考試及格者可以荐任任用，也因此，甲等考試及格者便順理成章地得以簡任任用。照理，簡任在我國文官制度中已是最高職級。文官制度的精神在於循序漸進，求取人事的穩定，使各級政府官員經過不斷的歷練而培養出來，蔚為國用。如今一經甲等特考及格，便以簡任任用，除於擅長筆試、口試之外，歷練不足，領導能力及操守品行不明，如何能夠督促屬下，其不打擊士氣者已屬萬幸。畢竟，人才是經歷練而培養出來的，考試絕對不能考出人才。我們認為，甲等特考對於我國的文官制度是一種破壞，而不是一種突破。

再次，甲等特考在性質上屬於特種考試，此與高考、普考之屬於資格考試者不同。也就是說，甲等特考應是針對某些特定的高級職位已有缺額待補，而現任較低一階者尚無適當人員可資遞升，考選部才會不惜投入大量的人力、物力及財力去舉辦甲等特考。所以，通過筆試、口試之應考人應以接受分發任用並能勝任工作為及格的要件。分發而不報到者便有違原始應考的初衷及政府舉辦特考的本意，便應以不及格論，而不發給及格證書。因為，特考是任用考試，不是資格考試，不接受分發任用，便不及格，其理至明。我們可以推斷，歷次甲等特考及格而不接受分發任用者所在多有，有的甚至以甲等特考及格為理由，要求其原任職機構予以晉升，致使甲等特考淪為晉升的手段與工具，而非為國掄才的管道，並且增加各機構人事管理上的困擾。

尤其令人不解的是，甲等特考對於目前普遍存在的所謂「黑官」，本來具有「漂白」的作用。當年之所以甘冒破壞人事制度之大不韙而任用黑官，理由之一是需才孔殷，而另外一個理由是沒有參加甲等特考的機會。終於，這次讓這些黑官有了參加甲等特考的機會，其及格者固已達成了漂白的本意，其不及格者卻仍戀棧原位，使及格者反而望門興嘆。歷年之甲等特考及格者至今投閒置散於公門之外者不知幾許。而政府有關當局卻仍每隔數年便要大張旗鼓舉辦一次甲等特考，目的是否在為黑官漂白，外人不得而知。

考試權之獨立是我國五權憲法之特色。行政機關要用的人由考試機關來考，互相制衡，避免徇私，立意至佳，但在執行之時能否貫徹考用合一之精神，往往困難重重。中興以人才為本，時局多變，我們認為，以甲等特考之方式已不足以拔擢眞才，為國家開展恢宏之前途。也因此，我們鄭重呼籲，行政院與考試院能夠消除本位主義，攜手共謀考用制度之突破。

分類別		報名	自由時報	日期	84. 4. -2	版次	6 版

國建班 如「政務官保證班」

第一期結業官員 已有十一人升官調職 不少人開始打探第二期何時招生

【記者李秀姬／特別報導】國建班第一期卅位高級行政官員，去年六月十日結業至今才十個月不到，已有十一人升官調職，被外界喻為「政務官保證班」，果真表現不差，因此今年第二期在籌備階段，已有多人毛遂自薦。

首期卅位政壇新星中，十一位已轉調更好職務，包括：原內政部司長白秀雄現為台北市副市長；駐馬達加斯加代表劉祥璞升任駐中非大使；法務部參事林錫堯升任主任秘書；交通部運研所所長張家祝先調任省政委員，日前又出任交通部常次；蒙藏委員會委員楊仁煌現為主任秘書；人事局主秘歐育誠已在去年底升任該局副局長；新聞局駐荷蘭代表處主任高振寰剛結業就升任處長；原委會技監兼主秘邱賜聰轉任更具發展潛力的物管處處長；研考會處長林克昌目前為該會主任秘書。

另外行政院參事林鉅鋃將在近日轉任行政院法規會主委，而經建會處長杜善良則是接替林鉅鋃，擔任行政院第一組組長。

由於首期國建班入學資格頗嚴格：五十五歲以下，行政院所屬各機關簡任十二職等以上，大學以上畢業（具碩士學位者優先），無怪乎被喻為是準政務官培訓班。

行政院表示，第二期國建班正積極籌備中，原本當初預定是每年至少辦個二、三期，多培養些高級行政人才，以因應國家需要。不過，因政務繁忙，且泰半時間花在立院答詢中，直到現在，第二期還在難產中。

儘管如此，仍有不少人打探第二期國建班何時「招生」，許多人看到首期學長有如此美好前途，已開始毛遂自薦，希望能步前輩後塵。

目前基層人力問題之剖析

壹、前言

自從去（七十五）年底蔣總統經國先生提示工商登記等七類為民服務工作要項，期勉各級政府努力做好基層行政工作以來，各級機關刻正積極檢討推動。然在採行各項服務改進措施之際，就遭遇到人力的問題，尤其直接提供服務的基層單位更為嚴重，已成為近年來一直未能妥善解決的難題。

近年來，各級行政機關為因應民眾需求之提高，業務不斷擴張，公教人員之人數亦逐年遞增，至七十五年底，公教人員已達四十九萬餘人。雖然人事、計畫及預算主管機關每有精減員額的呼籲，但各機關增額的需求仍未見減緩。以七十五年全國行政會議的決議案而言，涉及充實基層人力者約有十案，包括增加環境保護、食品管理、醫療衛生、地政、社政、民政、戶政及稅務等類之人力；相對地，亦有調整基層組織、裁併業務及精簡員額之決議案。職是之故，解決基層人力問題，不僅是加強為民服務工作的要件，亦屬當前行政革新的重要課題之一。

貳、基層人力不足之原因

本文探討之基層人力係指省市以下，直接面對民眾提供服務之人力，大致包括縣市政府各單位、鄉鎮（市）區公所、警察分局（派出所），及衛生環保單位、戶政及地政事務所、稅捐稽徵單位、監理處（所）及國中、國小。在中央機關方面，其所屬部分基層單位，諸如國貿、專利商標、商品檢驗、食品藥物管理、關務等均有類似的問題。目前基層所呈現的人力問題主要有三：一是人力不足。二是素質問題。三是工作士氣欠佳。此三項僅屬人力問題之表徵而已，至於問題形成的原因則頗為複雜，且有惡性循環的現象。其主要成因可分為外在環境與機關內部兩類因素，茲分別析述如后。

一、外在環境因素方面：係指民眾需求增加而基層機關人力不敷應付的情況，包括四種情形：

（一）由於生活及教育水準之普遍提高，且在萬能政府的期許下，民眾對基層機關提供服務的需求日益增加，但員額編制則無法配合業務擴張而適時修正調整，致顯現人力不足之現象。

（二）在社會結構轉變中，一般民眾對政府機關的依賴性漸形提高，尤以都市地區更為明顯，以致基層機關業務日增，如社會治安、社會福利、經濟活動等方面維繫所需之人力，日感不足。

（三）人口之增加、集中及流動頻繁，致使基層業務快速成長，諸如戶政、地政、警政、交通等單位，乃其顯例。

（四）季節性業務量增減變化幅度太大，造成人力調配不易，諸如重要假日交通機構服務量不敷需求，各項稅捐開徵後稅務單位大量僱用臨時人力之情況。

二、**機關內部因素方面**：乃在公務生產力不易提高，所呈現之人力不足，主要原因有五：

（一）內部作業程序與民眾申辦手續過於繁瑣，恒由於法規限制或層級授權不澈底使然，目前仍有不少機關辦理人民申請案件，係以逐級核轉與層層簽章的方式為之，致延遲作業時程，降低工作效率。

（二）作業技術與機具使用問題，基層機關常限於經費、人力素質及心態，不易接受新技術、新方法或機具的運用（如電腦即其顯例），致大量例行資料處理作業仍以人工為主（如戶政及地政單位）。

（三）會辦或會勘案件作業費時，且浪費人力，諸如建築管理、工廠登記、出國手續等均有此種情形。近年來雖有聯合服務（馬上辦）中心之設置，但基於事權無法統一，其成效僅止於集中收發案件與稽催作業而已，行政效能之提高仍屬有限，在人力調配上是否經濟有效，亦不無疑問。

（四）不適任人員問題，恒因人力素質或工作士氣，而出現不適任人員的無效人力，致難以應付劇增之業務。

（五）各級上級機關及民意機關的視察、考核與各類報表均過於繁多，基層機關常有疲於奔命的現象，影響正常業務執行。

參、基層人力素質與工作士氣

目前基層人力素質與工作士氣之所以未盡理想，其主要成因大致雷同，且有相互影響的情事，大約包括下述七項：

一、基層職位列等較低，升遷機會不多：以縣市政府以下基層單位而言，除縣政府主任秘書一職列為簡任第十職等外，餘均屬荐任第九職等以下之職位，且第九職等亦僅屬少數之局長職位而已。所以，若以高考及格人員分發基層服務，絕大部分在退休前僅能由第五職等晉升為第八職等。甚至若干基層職位，可說難有升遷的途徑，諸如村里幹事、社會工作員、基層警員、戶籍員等。由於升遷機會受限制，基層人員之進用及留任均有所不易，素質難以配合，且現職人員之工作士氣亦受影響。多年來，為充實基層人力，雖舉辦台灣省基層特考，並延長及格人員的實習時間，但成效依然有限。

二、補充基層人力方式欠妥：以進用的約聘僱人員、借調人員、以工代職或僱用工讀生等方式，以充實人力，此種情形以稅務、工商、地政及教育單位較多。其結果乃因受限於考核升遷及工作保障之欠缺，或待遇菲薄，而影響工作士氣，且人員異動率亦高。同時，此類人員之進用，在素質方面亦難以講求，甚至有鑽營、請託的情形，對機關團隊精神及士氣均有所影響。

三、地方財力不足，部分人員無法依規定退休：其情況以財政短絀的縣市較為嚴重，其中又以國小教師及基層警員的應退休而未退休者為多。上類人員恒因年齡、體力或工作疲乏等原因，工作效率頗受影響；尚且不僅其個人難以如願退休，同時亦減少新人進用之機會，而有礙於人員的新陳代謝，對於整體工作效能及公務生產力之提升，均構成相當的阻力。

四、偏遠地區進用或留用人員均較困難：主要在於偏遠地區生活條件不如都市地區（如子女受教育之環境、交通條件、娛樂設施等），因而形成人員異動率偏高，工作士氣欠佳或素質難以提升等現象。同時，國小教師服務地區調動的計分辦法與鼓勵人才下鄉的原則似未盡相符；在警察機關則以「人地不宜」為由，將績效較差人員調整在偏遠地區服勤，以服勤地區之調整作為獎懲之方法，是否合理妥適，確有待檢討。

五、進修訓練機會不多，人員素質提升不易：目前公教人員總數已達四十九萬之數，應該是全國最龐大且人才濟濟的組織體系，但各機關卻常有人才難求的情況，主要原因之一，在於整體人力培育制度仍有不少缺失，致進修訓練效果不彰，且與人員之歷鍊及升遷未能相互配合。其情況尤以基層機關為然，不僅影響升遷、士氣及人員留用，亦使工作知能無法適時精進，以配合社會大眾之需求，而有專業技能或設備不足的情事，影響業務執行效能甚鉅。

六、待遇菲薄，進用及留用專業人員不易：由於基層職位列等較低，且升遷機會少，而薪資不高，尤其專業人員之待遇與民間企業相較，更有相當的差距，如衛生所主任（須具醫師資格）之懸缺，即其顯例。雖然這些年來已不斷提高專業津貼，但仍難與民間薪資水準抗衡，對於基層人力專業素質之提升，顯有相當阻力。

七、業務性質與工作環境，形成人員心理障礙：基層機關恒以處理大量定型的例行業務為主，工作性質缺少變化，業務負荷亦重，且較少研究創新措施，欠缺挑戰性與成就感，容易產生工作疲乏；同時工作上與民眾接觸頻繁，各種人情及壓力，亦影響其自尊心。此外，基層機關辦公場所之設施較欠理想，加以進出民眾較多，工作環境影響工作情緒甚鉅。

肆、結論

綜合前述各項分析，吾人可以得知，目前基層機關人力之不足，以及素質與士氣未盡理想等三項問題，其成因至為複雜，惟大致可區分為機關業務與人事行政兩大類。所以，為期解決或緩和其問題，宜分由兩方面著手；在業務上除應提高工作效能外，亦須規劃將部分業務委託民間辦理，以求精簡業務，緩和業務量不斷增長之趨勢。在人事方面，應設法提高人力素質與激勵工作士氣，以提升其公務生產力為主。至於基層員額之擴增仍須審慎，並應考慮運用社會各界之人力（委託或招募志工），以彌補基層人力之不足，並開拓民間參與基層服務工作之管道。

中華日報專論，七十六年三月十六日。

分類別		報名	民衆日報	日期	83.10.30	版次	4 版

「一省三市」可防葉爾辛效應

行政院研考會主秘指未來可增加一直轄市、擴大北高兩直轄市行政區 平衡省長權力擴大跡象

【記者李麗滿台北報導】正當年底省市長大選如火如荼展開之際，多位學者昨天在一場座談會上大談葉爾辛效應，官方代表多認為只要依法行政，就不會有葉爾辛效應，而部分學者則認為只有民進黨當選省市長才會發生葉爾辛效應，不過與會的行政院研考會主秘林克昌則透露，年底民選產生的省長，會在一、二任之後才有葉爾辛效應的可能，其主要仍緣於中央與地方權責不清所致，因此未來可能以增加一直轄市、擴大北高兩直轄市行政區的「一省三市」案，予以平衡省長權力擴大的跡象。

立委陳璽安昨天舉辦「省市長選舉與我國政治發展」座談會，對於民選省市長即將在年底產生，中央選委會副秘書長蔡麗雪指出，省市長選舉是大選區、且為一對一的選舉，政黨因素比較重要，她強調民選省長只要依法行政，就不會有葉爾辛效應；立委劉炳華則說明，立院通過省縣、直轄市自治法，只是為了年底選省市長，事實上，中央與地方職權仍有未釐清之處。

中興大學公行所所長張世賢表示，未來中央與地方是權力與倚賴的關係，而省長既已依法行事，就無葉爾辛效應之說；淡大日研所許慶雄則指出，從三黨省市長候選人最近競選言論，包括挑起省籍情結、族群危機、甚或金馬撤軍論、國家定位問題，在此次地方選舉來說是很異常的現象，可以說是一場改革過程中的選舉，而省縣自治法中既無規範中央與地方權力分立，那麼未來也不會有所謂的葉爾辛效應，因為自治法本身即忽略了住民權益論，根本就是為了統治者方便而定的，據此，一旦年底產生了民選省長會發生三亂源，一是省長對抗行政院長，二是台灣省議會對抗立法院，三是縣長與縣議會直接聯手對抗省長，世界上沒有這麼複雜的地方自治，年底省長選舉是妨礙改革的選舉，可以說應以廢省來解決。

師範大學莊碩漢則指出，年底省市長選完後，焦點立即轉移至總統選舉，省長要作大，與中央、總統權力抗衡，幾乎是沒有時間，國人對葉爾辛效應是多慮的；不過他也強調，這次選舉是過熱了，已產生不少瘋狂的選民，尤其是新黨是始作俑者，挑起省籍情結、統獨意識對立，最後皆是選舉的假議題，國人應予譴責。

編號		日期	73.10.13	來源	聯合報

上課太吵・老師有妙招
饗以奶嘴・學生靜悄悄

【台中訊】學生上課講話吵鬧、不專心聽課怎麼辦？台中縣大里鄉成功國中有一位二年級的導師，規定學生每天帶奶嘴到學校，上課時想講話，就把奶嘴塞進嘴裡，結果效果很好。

成功國中的這位導師，發現班上有些學生上課不夠專心，喜歡講話，他就規定每個學生每天都須帶奶嘴到學校，用帶子把奶嘴綁起來掛在胸前，上課時想講話，自己就把奶嘴塞進嘴裡，就像嬰兒吮吸奶嘴一樣。

這一班二年級男生年齡已十三、四歲，要咬著奶嘴上課，真是「別開生面」，不過據說效果很好。因為，奶嘴塞進嘴裡，可真不能講話了，教室從此變得十分安靜。

這種防止學生上課講話的方法，的確別出心裁。不過會不會產生副作用，有待教育界人士研討。

解決基層人力問題之芻見

壹、前言

在「目前基層人力問題之剖析」一文中，筆者曾就當前政府為努力做好基層行政工作，加強各項為民服務措施之際，所面臨基層人力不足，以及素質與工作士氣均未盡理想等問題的各種成因詳加探討。依據分析結果；基層人力不足之成因有九項，素質與工作士氣欠理想之原因有七項，各項原因誠然至為複雜，且有相互影響與惡性循環的現象。於此，筆者謹再就多年來之觀察，分由機關業務與人事行政兩方面，研提相關改進建議，俾供有關機關參考採擇，期能有助於解決或緩和目前基層人力問題。

貳、關於業務方面的改進意見

雖因民眾需求之提升，基層業務量增加迅速，但基層人力卻無法隨著不斷擴增，尚且機關員額之增加，涉及行政成本之提高與各項組織及人事的問題，仍然必須採取審慎與精簡的原則為主。所以，今後基層機關首先應檢討內部各項作業，經由工作簡化、業務電腦化、法規檢討以及實施層級授權等興革措施，以提升工作效能。其次，應在不影響其業務功能的原則下，進行業務精簡之設計規劃，亦即檢討精簡表報作業及會辦、會勘案件，減少各類視察、考核及會議，甚或委託民間承辦，以降低基層機關的業務負荷量，俾緩和人力不足之現象，進而提升質服務品質。茲將各項相關建議列述如下：

一、儘速研訂行政機關事務性業務委託民間辦理之相關法規，並分類予以規劃試辦。

二、公營事業獨占性較低者，應規劃移轉民間經營，以減少政府業務及人事負荷。

三、季節性業務變化較大的機關，應就全年度工作詳加規劃調整，以平衡業務量的時程配置。

四、定期辦理工作簡化，並檢討相關法規，以資改進各項作業程序及人民申辦手續。

五、澈底實施層級授權，以縮減公文處理流程，加速作業時程。

六、通盤規劃各類基層業務電腦化時程，並應儘速推動。

七、檢討聯合服務（馬上辦）中心的工作效能，以為改進或裁撤的準據。

八、各種會辦或會勘案件應予深入檢討其作業程序，明訂其處理期限或授權由單一機關主辦。

九、全盤檢討各級機關各類表報之內容、用途及填報時程，並規劃精簡作業程序與電腦化處理。

十、基層機關辦公場所、設備及使用機具，應予規劃改善。

十一、通盤檢討現有各種會議的效能，減少不必要召開的會議。

十二、各級上級機關及民意機關視察、考核工作，力求精簡有效，並規劃全年度合理時程配置，並避免重複或流於形式。

十三、研訂基層機關各類業務量標準，作為人力增減調配之依據。

參、關於人事方面的改進意見

在基層機關編制員額不宜持續擴增的原則下，為解決或緩和基層人力不足問題，則必須設法提高現有人員的素質，激勵其工作士氣，藉以提升整體公務生產力；同時，亦應考慮運用社會各界的人力資源，除彌補人力之不足外，尚可藉以開拓民間參與的範疇，獲致更多的支援與支持，而利於基層行政邁向更理想的層面。茲將有關建議意見分述如下：

一、修訂相關法規，提高基層職位之列等或其年功俸之俸階，俾利基層人員之升遷或逐年增加其俸額。

二、應參考其他國家之制度，分別建立中央與地方兩種人事體制，以利基層人力運作。

三、宜由中央統籌財源，分年解決目前基層人員退休問題後，再由地方機關規劃以自給自足方式辦理。

四、全面檢討各機關人員借調情況，並限期歸返建制。

五、通盤調查分析各機關約聘及約僱人員與以工代職情況，並規劃逐年予以縮減。

六、採臨時編組或短期約聘方式，因應季節性業務量變動，約聘僱人員亦得改採按件（時）計酬方式。

七、工讀生費用應依法定基本工資標準支給，並考慮實施每日工作時數減半與工資減半之制度，以免影響其求學。

八、設法提高偏遠地區之地區加給，並改善其福利設施。

九、檢討改進以改調偏遠地區服務為懲處手段之作法。

十、規劃建立基層人員進修、訓練與升遷的完整體制。

十一、規劃中央短期專案借調人員制度，藉以支援基層人力或提升其專業能力。

十二、建立各級機關人力調撥配置制度，並逐年定期檢討辦理。

十三、澈底檢討解決各機關現有不適任人員及閒置人力的問題。

十四、規劃退休人員志願服務制度。

十五、建立大專學生與未就業婦女志工制度。

十六、規劃鼓勵民間團體參與基層服務工作措施方案。

十七、端正各級機關行政風紀，並就法規及制度方面著手，減少請託或人情壓力。

肆、亟應規劃進行的措施

前述各項改進建議，不論業務上或人事上的意見，均涉及現行體制的重大變革，尚待有關機關深入檢討與詳密規劃，方得付予實施，並非一蹴可成的。惟筆者基於求好心切的立場，茲再就各項建議中較易採行之措施，分別舉例說明如次：

一、在業務方面

（一）戶政、地政、警政、監理、稅務、關務、工商、建築管理等機關，應每年定期逐級辦理工作簡化、檢討法規、改進作業及申辦手續，精簡各種表報或通報，以降低例行業務之工作量。

（二）建築管理、工商登記、入出境許可等會辦或會勘案件，應即行檢討簡化作業時程，並檢討聯合服務（馬上辦）中心之得失。

（三）商品、食品、藥物及車輛檢驗、垃圾處理、環境污染鑑定、專利、商標以及部分公用公共設施（如體育場）之管理維護等，均宜規劃委託民間辦理。

（四）對基層機關的各種視察、考核，其上級督導機關應加檢討，並分類規劃排定全年度合理時程，以減少對基層機關正常業務的影響。

二、在人事方面

（一）中央應即統籌規劃，先行解決國小教師、基層員警、鄉鎮公所等人員之退休問題。

（二）縣市政府文教單位所借調之教職人員，應於限期內歸返建制。

（三）稅務、地政、戶政、工商等基層機關（單位），應檢討縮減約聘雇及以工代職人員。

（四）村里幹事、社會工作員、國中及國小警衛、基層衛生護理、圖書館及交通等基層人力，宜規劃採行退休人員志願制或社會志工制，填補部分人力之不足。

（五）上級機關對各項基層建設計畫之支援，除經費補助外，亦應有人力短期借調支援之規劃，以提高專業執行能力及工程建造品質。

（六）地政、監理、稅務、關務、警政、工商及建築管理等基層單位，應由各級主管人員切實負起排除請託或人情壓力的職責。

伍、結語

綜合前述有關分析與建議意見，可知目前基層人力問題頗為複雜，其解決之途徑亦甚繁多，今後尚須各級機關同心協力，始能逐步改善。然在整個改善過程中，亟待各級首長及主管人員的支持，以及業務單位的全力配合，並由人事部門統籌詳密規劃，進而喚起社會大眾與民間團體的熱心支持，才能達成業務精簡與公務生產力提升的目標，精進基層行政的效能。

中華日報專論，七十六年三月二十三日。

為民服務與戶籍行政

壹、為民服務的施政取向

二十世紀以來，民主法治的國家，莫不以造福國民為其職志，且隨著政府行政職能之日益擴張，而其為民服務的範疇更形廣泛，此即所謂現代化福利國家最為主要的特徵。由之，在現代化的政府行政領域而言，亦以「服務行政」（亦有稱供給行政、給付行政，或稱為保育行政）佔有較大多數的份量；甚至可謂現代政府的行政措施，莫不直接或間接地為民眾提供服務。就我國三十餘年來在台灣地區致力於民主憲政體制的各項建設過程言，悉依憲法前言鞏固國權、保障民權、奠定社會安寧與增進人民福利之四項最高原則，邁向現代化福利國家之境；在整個國家的經濟、社會、政治、文教等施政作為，均以「增進人民福利」為終極目標；在政府行政部門而言，亦即以「為民服務」為其施政取向。

蔣總統經國先生曾以「為國效命、為民服務」訓勉全國各級公務人員，期以樹立各級機關「為民服務」的正確觀念、操守與作法。同時，全面推動為民服務工作已成為近年來政府施政要項之一。此外，經由大眾傳播媒體不斷的宣導，亦逐漸建立政府與民眾雙向溝通之途徑，不僅各級公務人員能夠體認現階段「為民服務行政」的重要性與其真諦，既使社會各界對於政府在為民服務方面的努力，亦有所認識，而具有共同的概念。

貳、為民服務工作的類型

現代福利國家的服務行政，主要在為人民直接或間接提供各種服務。然在日益繁雜的行政事務中，若依其「為民服務」的性質加以剖析，吾人得將一切政府行政事項區分為多種類型，茲分別論述如后。

首先，依據行政事務所涉及的權利義務主體（亦即人民）之多寡而別；得區分為「普遍服務」與「局部服務」兩種行政，其所謂「普遍服務」之行政乃是每一個國民均與該類行政措施發生切身的權利義務關係者，如戶籍行政即是最具典型的「普遍服務」之行政。依據民法第六及第七兩條、國籍法及戶籍法等有關規定；舉凡我國國民於出生後（甚至胎兒）直至其死亡，均依在戶籍上的各種登記為準，享有國民之權利或盡其義務。如此戶籍行政乃是普遍為每一個國民提供服務的行政。至於「局部服務」之行政係指其服務範圍僅涉及部分國民而已，並非大多數國民均與之有關。如兵役行政即其一例，僅與年滿十八歲至四十五歲的役齡男子之權利義務相關（參閱兵役法第三條）。又如土地行政，亦僅與土地所有權人的權利義務直接有其關連，故係屬「局部服務」行政的一種。

其次，依據行政機關提供服務所接觸的對象而別；得區分為「直接服務」與「間接服務」兩種行政（此與行政法學依行政主體之權力來源而區分直接行政與間接行政有所不同）。所謂「直接服務」行政係指行政機關直接面對民眾（即行政客體或權利義務人）提供服務者。舉凡權利義務具有專屬性者大都必須透過直接服務程序始得合法完成，諸如兵役、醫療等服務均無代替性可言，非面對當事人本身提供服務不可。又如戶籍登記事項依法皆有聲請義務人的限制規定，亦不得由第三人代為作為（除部分登記得依法定程序委由第三人外）。尚有公共設施、公用事業（公車、鐵路、郵電、電力、自來水等）所提供的服務，亦屬面對當事人的「直接服務」行政之類型。至於「間接服務」行政則指行政機關所提供的服務，在作業手續上恒經由專業代理人完成其程序，而較少面對當事人之情況。諸如地政、建築管理、工商登記、專利商標、出國手續等行政事項，均關係當事人權利之認定，作業程序較為專業化且繁複，當事人恒委由土地代書、建築師、會計師、法律事務所或旅行社代為辦理，主管機關得面對專業代理人提供服務，對當事人則可謂「間接服務」的情形。此外，亦得依行政機關是否直接面對民眾（當事人或代理人）而區分為「直接服務」與「間接服務」之行政。一般基層單位面對民眾提供服務事項，即是直接執行服務工作的行政組織，而其上級機關或相關單位則負責策劃、督導、協調，或有關支援與間接相關業務，並未直接接觸民眾，謂之間接服務的行政組織。

再次，依據國民對於政府提供服務的需求頻率之高低；得區分為「經常性服務」與「特殊性服務」兩種行政。「經常性服務」係因國民經常需要該類服務以滿足其社會生活或盡其義務，且政府由之亦持續地提供該類服務措施，諸如警政之維持治安與交通秩序係屬不得須臾或缺的服務行政，亦得謂之「持續性服務」行政。「特殊性服務」則係因國民在特別情況下所需要的服務措施，其需求頻率較低，諸如申辦出國手續、醫療預防注射及災害或貧困救助等行政事項，均依國民特別需求或在特殊情況下始予提供之服務事項，其需求頻率較低，亦不如「經常性服務」恒為維持社會生活的基本需求。

除前述三種為民服務工作的分類型態外，吾人尚得依據政府提供服務與國民發生權利義務關係之內容性質而別，區分為「設定權利的服務」與「設定義務的服務」兩種服務行政，其類似於行政法學上之「創設處分」得劃分為「設權處分」與「設定義務處分」兩類。諸如專利商標、建築許可、入出境管理等均為設定權利的服務事項；又如兵役、稅務及警政或環境清潔等則係設定義務或禁止或處罰性質的服務事項。由於服務工作內容，對於當事人之權益，有授予或侵害之別，以致亦得分為「供給服務」與「管制服務」兩種類型。惟基於現代社會生活團體主義之興盛與其受重視，而趨向於權利與義務相對性的現象（亦即權利與義務不再是絕對分立，而是兩者相互融合併存），以求社會整體公共利益之共榮共存。

在現階段政府正積極推展為民服務工作，每年度均由各機關選定重點工作項目，決定優先順序，以為執行之準據。然年度重點工作項目之審定所應考慮的因素固多，除宜就各機關所提報者加以衡量外，更宜以全國為民服務工作整體層面的輕重緩急為主，考量各項重點工作與民眾意向的相關性，其經費財源，以及所能產生的效益。政府所能提供的服務，是依據財源及人民意向決定的，是有限的服務，不是無限的服務，是普遍的服務，不是特殊的服務，是公平的服務，而非差別的服務。政府必順依據多數民眾的意願，就有限的財力範圍內，選擇適切的重點工作，作最佳的財源分配，務使整體工作發揮普遍、公平為民服務的效果。職是之故，各機關年度重點工作項目之決定與執行，首應透過廣泛的調查分析而瞭解民眾意願為準據外，就有限經費財源作適切分配，充分發揮整體服務效果，則必須考量各類型為民服務工作所具有的特質，始能作最佳的選擇。

若就前述各種類型為民服務工作所具有的特質而言；各機關年度重點工作之選定，宜以「普遍服務」、「直接服務」及「經常性服務」等三類型工作為優先加強之重點，其主要原因如次：

一、普遍服務的工作關係大多數民眾的個人權利義務，其服務成果較易喚起社會各界廣泛的重視與支持，而獲致事半功倍之效。至於局部服務的工作僅對部分民眾提供，其影響範圍雖然較小，仍應顧及整體社會的公平、正義層面，不宜有所偏失。

二、直接服務工作係面對權利義務人提供服務，以其親身之感受對政府的服務熱忱均能有更確切的認識，較易引起社會大眾之共鳴。間接服務工作大都透過專業代理人完成其程序，權利義務人未能親身感受政府機關服務的優劣，尚且恒因專業代理人之缺失，導致民眾對政府機關的誤解。所以就現階段情況而言；間接服務方面，以加強專業代理人之督導與管理為優先，促其善盡忠實（誠信）代理之責。

三、經常性服務工作係民眾日常生活所必需者，政府亦應持續不斷地提高其服務水準，始能滿足社會大眾的需求，進而奠定國家社會成長的基礎。因之，經常性服務工作不僅是為民服務之重點，亦為政府施政的要項。至於特殊性服務工作則係因應民眾特別情況而提供者，不論就民眾需求頻率或服務對象之範圍而言，均不及經常性服務工作，但仍應考特殊情況的輕重緩急，決定其優先順序。若出自人民特殊需求而提供之服務，亦有「受益者付費」原則適用的空間。

近年來各級行政機關加強為民服務的工作項目約有下述各項；戶籍行政、稅捐稽征、建築管理、土地行政、工商登記、出國手續、通關作業、專利商標、銀行放款、兵役行政、僑外投資、保證手續、工礦檢查、人民陳情處理、警察行政、社會救助。然若以前述所提「普遍」、「直接」與「經常性」等三項特質加以衡量，則戶籍行政與警察行政均具備該三項特質，其餘各項則係「局部」、「間接」或「特殊」之服務工作。此外，諸如環境清潔、郵政電信、電力供應、自來水、公共汽車及鐵公路運輸等方面的服務，亦具有「普遍」、「直接」與「經常性」等特質，均應列為今後加強為民服務工作的重點項目。

參、戶籍行政的重要性

欲言戶籍行政之重要性，吾人可由「為民服務」的層面加以觀察，亦得依戶籍行政具有的主要功能予以剖析，或就目前國家所處的環境因素探討。首先，就為民服務的觀點而言；戶籍行政對國民所提供的服務，實兼俱有「普遍」、「直接」與「經常性」等三項特質的工作，亦可謂最具典型的為民服務工作之一，歷年來已成為政府加強為民服務的要項之一，且今後仍須不斷求其改進，以期更理想的服務水準。

其次，就戶籍行政的功能而言，最重要者有二；一是各種類戶籍登記具有國民身分之公證效力，並由之以為國民享受權利與負擔義務之準據。二是戶政工作所蒐集之人口資料，乃是各級機關規劃施政不可或缺的基礎資訊。由是可知，戶籍行政不僅關係國民之權利與義務，其所獲之資訊更是政府各項措施所必須引據的基本資料。尤其現代化的施政計畫或方案，莫不以各種統計資料為張本，且處於「數位傳輸系統」（digital communication system）急需建立的階段，戶政業務所產出的「數據」，勢將廣泛地運用而更形重要。

再次，依目前國家所處的環境因素而言；吾人所當共同體認者，無論在政治、社會、經濟、科技及軍事等各方面，均有賴於全國性的總動員。多年來政府一面努力進行經濟建設，厚植國家實力；另一面則力圖鞏固社會治安，保持積極建設進步態勢。若就多年來的建設過程剖析，其中最為基本的要素之一，莫如全國人力資源的運用與配合。惟欲求其運用與配合之適切及迅速有效，以符國家建設與發展之需求，則首應掌握完整正確的人口資料。人口資料之蒐集、整理、統計及分析等工作，皆有賴於各級戶政機關所辦理的各種人口登記、查察、校正及管理等業務。此亦即戶政機關有關業務之良窳，勢必左右人口資料之正確性與完整性，進而影響人力資源之規劃、運用與配合之成敗。如是可知，戶籍行政乃是庶政之基礎，政府各部門之施政，以及國民權利義務之配賦，莫不以人口資料為依據。凡此，均足以說明在目前國家所處環境下，戶籍行政所具有的重要性。

肆、近年來戶政興革措施

綜合上節所述，吾人可以得知，戶籍行政不僅是最具典型的「普遍」、「直接」及「經常性」的服務工作，已成為近年來政府加強為民服務的工作要項之一；尚且關係每個國民權利義務之配賦，以及國家各項施政建設的統籌規劃。所以，歷年來政府對於戶籍行政素極重視，迭有興革措施之採行。然由於近年來經濟快速成長、社會結構之轉變、人口之增加及流動之頻繁等因素，對戶政有關業務之影響亦形劇增，是故戶政業務仍有不斷革新之必要，直至七十年七月間，行政院仍有「戶政改進方案」之核定與實施。

戶籍行政有關業務依其性質，得區分為靜態登記與動態調查兩大類別的工作，依戶籍法及其施行細則暨警察法與警察勤務條例等法規之規定，屬於登記、統計及證簿核發等靜態工作，係由各級戶政機關主辦，戶口調查及流動人口登記管理等動態工作，則屬警察機關之勤務。催告及通報業務，分別由戶警機關因應業務各自辦理。至於各項公職人員選舉人名冊編製工作，亦均由戶政機關主辦。雖然現行法規有關戶政業務之規定，對於戶政與警察機關之間的分工，已有明細的劃分，但撥諸實際情形，戶政業務除需要當事人依法申報而辦理各種登記外，亦有賴警察機關澈底執行戶口查察之勤務，藉以發現戶籍上的各種違失、錯漏與其他缺失。換言之，亦即必須動態調查與靜態登記兩方面的工作相互密切配合，始能及時確實掌握各種人口資料。

戶警合一制度實施以來，除戶籍行政之事權與體制均較為統一，業務成敗責任亦甚明確外，在促進人民依法申報戶籍事項與加強為民（早期則稱「便民」）服務方面，亦多所興革，且以簡化人民申報手續與內部作業程序為主。行政院研考會成立之初，為配合政府「加強便民措施」之政策，於五十九年元月間，組成「戶籍登記暨戶籍謄本」、「稅捐查核暨繳納手續」、「建築執照」及「土地登記」等四個專案調查研究小組，聘請學者專家主持研究。當時筆者尚未任職該會，曾奉吾師酆裕坤教授之命，參與「戶籍登記暨戶籍謄本」專案小組之研究工作。至六十四年該會再度委請專家進行「戶政制度暨戶籍登記措施檢討與改進之研究」一案，先後兩項研究報告均經行政院核定交由各級戶警機關辦理。該兩項報告分別就戶政組織體制、作業程序、申報手續、人員士氣、資料統計管理、戶籍謄本減免等方面，加以檢討並提出改進建議。其中五十九年的研究報告，著重於申報手續之簡化，繳交戶籍謄本項目之減免及人員士氣等之探討，以期加強戶政業務的便民服務工作。至於六十四年的研究報告，係偏重於登記作業、資料統計及嚴密戶口管理等問題，俾能改進內部作業，掌握正確人口資料。

在戶籍行政法規方面，最重要的兩種基本法規——戶籍法與其施行細則，亦經行政院分別於六十二年七月及六十三年七月修正公布實施，以肆應戶政業務的實際需要與配合各項戶政興革措施之法律化（或稱合法化，如戶警合一體制）。雖然多年來中央與各級戶警機關，在簡化作業程序、加強為民服務與法規檢討修正等方面，均不斷的研究改進，亦產生不少效果。但如何促使民眾瞭解在戶政方面應履行的義務，以及主動的配合申報方面，則尚缺乏顯著的效果。其主要原因與現行戶籍法規之規定不無關連。蓋依規定各項戶籍登記係採「當事人主義」而非「職權主義」為其立法原則，且有關罰則之規定亦甚輕微，不足以產生勸阻或催促之作用。換言之，必須俟當事人提出聲請後，戶政事務所始得為之辦理登記，並不得依其職權就查證之事實逕予登記，又因罰則輕微難以發揮預期效果，致使當事人常疏於及時善盡申報義務，而戶政單位亦無從確實登記。因之，欲改進戶政業務，除加強為民服務與強化作業外，在立法方面所採行之原則與其罰則之規定，均有待檢討。同時，亦應加強宣導工作，俾喚起民眾的支持與合作，善盡其申報義務。

行政院於七十年七月二十三日核定實施之「戶政改進方案」，係配合戶籍法將再度修正與戶政事務所組織準則之訂頒而採行之措施；同時亦在配合六十九年七月全國行政會議所通過「強化鄉鎮縣轄市（區）基層組織方案」的執行。依戶政改進方案所訂之目的；係在於嚴密戶籍管理，健全戶政基層組織，簡化各項作業程序，提高行政效率，發揮服務功能，期以維護社會治安，確保國家安全及人民權益。該方案共提出修正戶政法規、調整戶政事務所組織編制、辦理戶政人員選訓及調遷、改進業務、改善廳舍與充實設備等五大項改進措施。該方案之主要改進目標，在於增進戶政事務所作業功能，以期加強戶籍管理與為民服務工作，肆應經濟社會之變遷與國家環境因素之態勢。

伍、結語

由前述各節所述可知，近年來政府在加強為民服務的施政導向下，戶籍行政不斷採行各種興革措施，在強化「直接」、「普遍」與「經常性」的為民服務工作效能方面，確已具有重大的意義，亦使得社會廣泛民眾，更能直接體驗到政府在整體施政上為民服務所作的努力程度。惟歷年來基於加強為民服務與嚴密戶籍管理兩項目標取向，而採行的各項興革措施，常屬於短程的研究改進而已，確有過於消極或不足之處。若衡以戶政長期改革發展之需求，亦僅屬於治標之圖。同時，由於科技發展日新月異，行政業務引用新科技亦日益增多，戶政方面應儘速運用電腦替代人工作業，建立現代化全國性人口資訊系統，以奠定整體行政資訊體系的基礎，支援各級施政規劃與推展，發揮戶籍行政更積極與更廣泛的效能。

研考月刊第六卷第七期，七十一年七月。

談彈性放假與工作時間制度

壹、前言

經過三十餘年來的努力與發展，台灣地區的經濟繁榮與社會進步，乃是有目共睹的事實，尤其國民所得與教育水準的提高，更加速了整個社會變遷的腳步，促使民眾對於生活素質的講求，亦隨之不斷上升，諸如環境保護、食品管理及衛生、文化及休閒活動等方面，均為其顯例。其中有關休閒活動一環，由於個人及家庭經濟能力之增進，近年來其需求之增加至為明顯，如觀光旅遊人次直線上升即其例證之一。因而一般人對於休閒時間及假日之期望更為殷切，輿論界有關假日或工作時間問題的討論也趨於熱衷，政府部門遂有彈性放假之採行，以及彈性上班時間之研議。

貳、相關的分析

在西方工業國家早有彈性放假、彈性上班時間與連續辦公時間等制度，其採行之主要原因，除有利於民眾在工作之餘安排其休閒活動外，亦有助於改善尖峰時間的交通情況或節約能源消耗等。我國早些年，亦曾經配合季節天候變化，採行日光節約時間、夏令辦公時間、夏令節約辦公時間等三種措施，不久均先後予以廢除。當時亦曾有每週工作時數由四十四小時縮短為四十小時之建議，其方式分兩種，一種是仿西方國家每週工作五天、每天八小時；另一種是每週維持工作六天，而在週三及週六兩天僅上午工作四小時。惟基於政府機關為民服務的需要，以及全國整體生產力等問題，該類陳議並未獲採行。

一、彈性放假措施：自七十四年採行以來，廣受各界贊同與支持，其措施使得所謂「上班族」有連續較長的假日可以安排休閒活動，其對工作士氣、家庭生活、以至社會風氣，均具有正面影響。

二、彈性上班時間制：尚在研議之中，未見付予實施。其方式主要是得任由員工選擇提早或延後上班時間，但每天仍需上班八小時，員工經由上下班時間調整，得以配合個人或家庭的需要。此種制度尚可紓解尖峰時間部分交通擁擠情況。至於是否會影響機關業務執行，以及其對外聯繫或為民服務等問題，在人力調配與作業程序上當可研究克服。

三、連續辦公時間制：歐美國家已採行多年，我國金融及郵電機構亦行之有年。惟行政機關基於多年來之慣例，係屬間斷辦公時間制，亦即將每天上班時間劃分為兩段，上下午之間中斷一小時或一小時三十分，基主要理由在於便利員工用餐、休息及午睡。其實午睡是熱帶及亞熱帶地區的特殊習慣，就時間利用而言，是一種浪費行為，且目前工作環境及空調設備均已改善，午睡習慣確有改變消除之必要。若改採連續辦公時間制，當可減少「上班族」因工作而滯留在外之時間，相對地增加其家庭時間，而有益家庭生活，尚且機關業務之聯繫與作業亦可不受辦公時間中斷之影響，行政效率當可提高，惟如何消除午睡習慣，乃是先決條件之一。依目前情況言，自幼稚園乃至國小、國中，老師們為減少中午休息時間管理上的麻煩，恒有強迫小學童午睡的作法，不僅助長午睡習慣之養成，在教育上言是否妥適，仍有待教育專家加以探討。

參、可行措施之擬議

根據前項之分析，就我國目前的社會環境，以及一般「上班族」的意願而言，彈性放假、彈性及連續辦公時間等三種制度之實施，誠為利多弊少之舉，除前項所述之益處外，尚可因上班時間的靈活調整，破除以往「上班族」暮氣沈沈的積習，對於提高工作士氣及工作效率將有相當助益。因之，筆者認為今後大部分公私機關對於放假與上班時間等問題，均可考慮採行以下各項措施。

一、彈性放假方面

（一）除元旦具重大意義之國定假日外，其他國定假日均可採彈性調整放假之作法，調整於週六放假，俾增加連續兩天假期之次數。

（二）現行國定假日為星期天而於週一補假之方式，宜調整為提早或延後於週六補假，以免影響該週工作時序。

（三）有關婦女節、青年節、兒童節、端午節、中秋節等假日，宜加研究予以廢除，或改為週六補假方式，以免零星假日太多，影響公私機構之業務推展。

（四）調整週六工作時間，得將每年五十二個週六，除依前述彈性放假予以調整外，並依序於單數週六放假，而雙數週六延長工作時間為八小時。此乃在不縮減每週工作天數與時數原則下，增加連續兩天假期（即週六與週日）之次數，以利「上班族」休閒生活。

（五）宜由行政院人事行政局統一規劃後，於每年年底公布彈性放假之日程，俾便全國公私機構規劃業務進程及人力調配之參考。

二、連續及彈性辦公時間方面

（一）取消中午休息時間，公私機構均以上午九時至下午五時為正常工作時間，以實施連續辦公時間制。

（二）中午用餐或休息以半小時為準，採輪流方式，機關業務運作及對外服務則不得中斷。

（三）員工依個人或家庭需要，彈性調整上下班時間以一小時為限，得依正常時間提早於上午八時上班及下午四時下班，或延後上午十時上班及下午六時下班。

（四）彈性調整上下班時間之人員須於每週或每月開始前提報，俾便服務單位或機關，事前規劃人力配置事項。

（五）各單位或機關於實施彈性上班時間之前，必須確實執行分級授權與代理人制度，以確保業務之正常運作。

（六）實施彈性上班時間之場所，均改採上下班打卡方式，以利於工作時間之核對，並避免簽到方式之弊病。

（七）實施彈性上班時間之機關，業務運作及對外服務時間，得規劃延長為十小時，自上午八時起至下午六時。

（八）各級主管人員以維持正常上下班時間為原則，非必要不作彈性調整。

肆、結語

筆者基於多年來「上班族」之經驗，提出前述有關彈性放假與工作時間的建議意見，期望工作時間更為集中，並配合員工個人需求，同時將零星之假日予以連貫，以利安排休閒活動。凡此，對於全國生產力或「上班族」之個人與家庭，均為兩蒙其利之制度。惟在公私機構採行這些制度之前，尚需調查分析員工的意願，而後詳予規劃。

在行政部門方面，此類制度之變革當由行政院人事行政局主其事，予以周詳規劃定制後，或可先行局部試辦，以觀其成效，而後逐步推廣。人事行政局職掌人事事項之規劃與推動，而大部分實際執行職責乃在機關首長或各級主管人員。惟目前行政機關員工之出勤與考核工作，原本系各級主管人員之職責，卻因鄉愿作風或少數人員之取巧，而未能確實執行，遂有人事行政局直接派員赴各機關抽查，或由人事單位於簽到之外另行查勤之舉。人事行政局派員查勤應即行廢棄，以免損及機關形象或員工士氣與自尊。

今後宜請各級主管人員確實負起職責，同時，更應體認機關或單位成員之勤惰與工作績效，係以工作指派之妥適與考核之公平為基礎，亦是主管人員的領導職責所在，否則工作士氣不振，團隊精神欠缺，在人事方面縱有良法美制，仍不足以自行。有鑑於此，行政機關若實施彈性放假、彈性上班及連續辦公時間等制度，除由人事行政局詳予調查分析與規劃外，更需要各級主管人員負起領導與監督之職責，始能產生預期之效果。

中華日報專論，七十六年二月二十一、二十二日。

行政革新的特性與範疇

壹、前言

行政革新（administrative innovation）或稱行政改革（administrative reform），或是行政現代化（administrative modernization），或行政發展（administrative development）都是近代極為流行的用語。然事實上，行政革新並非始於今日，只是革新之本質與導向，都有截然不同之處。在中外歷史上，有關行政革新的記載，可說不勝枚舉。在中國歷代較為重大的變革，諸如周代之「井田制」，秦朝之「商鞅變法」與「書同文、車同軌」，漢代之「光武中興」，隋朝之「開科取士」，唐代之「貞觀之治」，宋朝之「王安石變法」，明初之「約法三章」，清朝之「維新變法」，其興革之成功或失敗，史籍亦有詳細資料可查。

就外國而言，美國「功績制」（merit system）之採行，以取代「分贓制」（spoil system），文官考試制度之建立，羅斯福總統的「新政」（new deal），兩次胡佛委員會之組設（以研究行政革新措施），詹森總統的「大社會計畫」，以及近年來的企劃預算制度（PPBS）與零基預算（zero-base budgeting）之採行，最近雷根總統的聯邦政府縮減政策與減稅方案等。在英法的文官考試任用與訓練制度，德國俾斯麥（鐵血宰相）的施政，日本之「明治維新」等等，均屬著名的行政革新史例。

貳、行政革新的特性

由近代行政管理理論的演變，以及行政機關內外環境因素不斷形成的壓力，得以瞭解行政革新的必要性與其重要性（請參閱拙著「行政革新的必要性與近年來成果」一文）。進一步，吾人得經由各種不同觀察的角度，探討為達成行政革新預期的各項興革效果，並持續行政革新的效能，在行政革新措施方面，所應具備的若干項特性。茲分別予以闡釋如後。

一、持續性——制度化

行政本身就是一種不可一日中斷的工作，行政革新旨在對於機關內外環境挑戰的反應與肆應所必需的作為，其過程是永無止境或中止的。也唯有如此，才能不斷增進行政發展，持續恢宏行政效能。同時，行政措施常涉廣泛的行政客體，且需要各種不同有形或無形的因素配合，往往必需持之以恒，經過較長時日始有回饋，或顯現其效果。尤其變革措施更因排斥或適應期間的延緩，而難以獲致立即成果或辨別其成敗，故大部分行政革新措施均應具有其持續性，若僅在於追求立竿見影之效，往往有欲速則不達的情事發生。職是之故，行政革新的工作，切忌操之過急或五日京兆之舉。諸如我國家庭計畫推動的過程及成果，已成為國際知名的事例。

行政革新或發展恒有賴於經驗的不斷累積，在以往的經驗中求進步與成長。所以，行政革新必須具有持續性，不宜因機關人員之更替進退，或組織職掌的變動，而中斷或大事更張。所謂「新人新政」或「新官上任三把火」，並非刻意拋棄已有的累積經驗或行政慣例，必須在現有基礎作修正或調適，形成行政革新源源不絕與循序漸進的情景。換言之，行政革新有如永無止境的接力賽跑，必須一代接一代，毫不鬆懈地跑下去，絕不可有「五分鐘熱度」或「一曝十寒」的觀念與作法。然為能使之持續不斷，各種興革事項應不斷建立其制度，予以持續推展。所以，革新必須使之制度化，方能久遠。諸如各期經建計畫之規劃與執行，即是其例。

二、突破性——創新性

前項所述在強調行政革新具有的持續性與經驗累積的特性，然革新之旨在於「苟日新、日日新、又日新」，也就是在經驗累積過程中，追求突破與創新，以達「精益求精」的目標。確不宜受限於舊有的行政習性，所謂「蕭規曹隨」，無法應付日新月異的內外環境變化。所有累積的行政習慣或先例，確為革新出發的基礎，雖不可全然棄之不顧，但不可視之為極限，革新必須有所調適、修正與突破，破除舊規陋習，不可安於現況或受制於前例的包袱。九年國民教育制度之推行，即是其例。

行政機關恒有安於現狀，而對於環境的挑戰，常顯得反應遲鈍，甚至得過且過或麻木不仁，充分暴露行政機關與其人員的惰性，因循苟且或虛應事故（一般而言，要以閉封式、歷史較長久、人員異動較少的組織，其可能性或程度較高）。所以，行政革新措施應具備突破性，始能剷除舊有惡習惡例，面對問題的挑戰，採取具有創新性作為。然不僅在革新的發動與相關措施上，必須具有突破或創新的作為，更重要的在心理或行為方面，尤其各級主管人員，首先要建立積極、主動的觀念與心態，始足以形成共同意識，突破艱難困境；開創行政革新的新里程。諸如各機關加強為民服務，所採行的各種創新措施，乃是最普遍的事例。

三、前瞻性——超越性

行政機關常陷於解決昨天以前所發生的難題，對於明天以後的問題或情況，卻茫然不知，顯得事事捉襟見肘。所以行政革新所應講求者，不僅在擺脫已有的困難，更要具有「前瞻性」，在採行的相關措施的規劃與執行之前，均需預測未來環境的變化與挑戰，亦即必須具備「高瞻遠矚」的理念，超越現有時空的限制，始有銳新的興革作為，開拓行政的新貌，達成革新的新境地。例如核能電廠之興建、策略性產業的發展。

革新措施的前瞻性，有賴於事前的調查、分析、研究、研判等預測工作，並非主觀臆斷的作為；必須憑藉客觀的科學方法，於詳加研判與預測後，建立長中程的革新目標或理想，充分認識現實與理想的差異，以其差距的彌補作為革新的具體指標。在規劃作業，除檢討回顧，以瞭解其演變、現況及問題外，更要跨越時間的限制鴻溝，預判未來的情勢，先作遠程的因應準備工作，由被動改變為主動，甚至主宰創造有利的新環境或引導長期發展的方向，以避免事事受制於環境因素，尤其是涉及因素愈廣泛的革新措施，需要愈長期的前瞻性規劃作為。諸如，十項建設、十二項建設、教育發展方案及人口政策措施等均為顯例。

四、效益性——經濟性或妥適性

由於行政革新的突破性與前瞻性的講求，可能導致「標新立異」的作法，甚至引起不必要的困擾、阻力，或引起資源配置與利用不當的浪費。其解決之道，在於革新措施內涵必須具備效益性，顯現具體的益本比，而使得革新事項富有說服力，以強化機關內部人員的信心。若是涉及民眾權益的措施，尤應以量化資料闡釋具體的效益，或涉及權益增減的情形，以獲致民眾的關注與支持，降低阻力產生的可能性。諸如綜合所得稅制之推行。

在革新措施效益的衡量估測方面，應作整體與長期的考量，切忌個別或本位效益的標榜，以及暫時或短期效益的追求。同時，應顧及效益上的可能性，不得以誇張或虛有其表的數字遊戲，作為宣導的手法。進而以紮實的效益內涵說服或教育相關的行政人員與社會大眾。一般而言，經濟建設方面的革新計畫比較容易估測與顯示具體數字，非經建類的計畫則較難以作切確的估量，惟在效益說明上，宜儘量運用肯定文字外，更應免除不必要的形容詞或空洞口號，始能強化對有關人員或民眾的說服力，進而產生息息相關的認同。諸如人口政策的家庭計畫措施、十項革新要求等，均有較明晰的效益內涵，文教方面的措施，則效益內容較為模糊不清。

五、全面性——整體性或民主化

雖然在行政革新的過程中，各級主管人員與行政機關均負有主導的責任，但欲竟革新之全功，卻有賴有關人員與相關行政客體，群策群力，全面性的共同參與，亦即講求過程的公開與民主化，不論規劃、宣導或執行的階段，都要重視協調溝通的程序與方法，獲致全面性的參與及支持。除應讓所有機關、人員及民眾瞭解革新的目標與效益之所在外，亦應促使其體認所應負起的職責或義務，以明確的責任分配，喚起全面性參與與革新的整體意識，分工合作，以達成革新目標，爭取革新效益。諸如環境保護、衛生保健及國家賠償等方面的新制度與措施。

在民主開放的社會，行政革新為強調全面性參與，以及喚起國民責任的整體性意識，必須講求公開、公平，切忌因革新措施而維護少部分權益，甚至產生特權。不論政治、社會、經濟或文教方面，都應考慮到機會均等的公平性。同時，行政革新在追求效率、效能、效益等目標方面，均應以國家社會的整體性為著眼點，絕不應該因革新措施之採行，產生負面效率或效能的副作用，而降低整體性的效益，阻礙國家發展的腳步。諸如近年來的經濟發展與環境保護、煤業發展政策、各級教育發展與學費政策等，均屬相當複雜的課題，必須經由各種層面來作整體性之考量。

參、行政革新的範疇

由於現代政府職能日益擴張，行政權所管轄之領域因而更為浩瀚，而行政革新涉及的內涵至為龐雜，且隨著時空的更易，新舊問題交錯發生，層出不窮，革新的範疇實無法一成不變地加以界定。本文擬就一般行政管理所涵蓋的內容，分由人力、資源、業務與法制等四個層面予以剖析。

一、人力層面

自從行政學（管理科學）興起以來，人事行攻（人事管理）與組織理論，一直是主要的探討主題。不論中外，行政革新亦需以組織結構與公務人力兩項為根本的核心問題，故早有「徒法不足以自行」與「中興以人才為本」的說法。然人力層面所包含的問題至為繁多，諸如機關組織分工，業務職掌劃分，公務人力規劃與配置，以及考選、任用、考績、獎懲、訓練、升遷、待遇、保險、撫卹、退休等制度，均在達成求才、用才、育才及留才等四項人事行政之目的，藉以發揮機關的行政效能。

人力層面的各項興革，對於整體行政革新的進展與成果，實具有關鍵性的影響。各種人力層面的興革，雖對於公務人力素質、工作知能、工作意願等有所增進，但在公務人的行為或心理方面，卻不一定能發揮直接的效果。此外，不論機關內部人員或外部的相關人員或民眾，往往因行為或心理之保守傾向，而可能對新的改革措施，採取排斥、抗拒或漠不關心的態度，致使革新效果受到影響，甚至無疾而終。所以，「革新首在革心」，亦即人力革新為行政革新之基礎，而「革心」又為「革新」之核心。同時，為排除心理與行為的障礙，機關首長與主管人員首先應具堅強的意志力，強烈的企圖心，以激發部屬的革新意願，形成堅定的團隊精神，進而能結合社會與民眾支援的力量。

二、資源層面

所謂資源包括人力、土地、天然資源、資本，甚至知識或技術的資源（亦稱生產因素）等，自整體觀點而言，行政權的運作恒為左右國家資源配置與運用的關鍵。然現代政府的功能之擴張，行政部門所掌握運用的資源，在比重上亦有日漸上升的趨勢，民間部門所得運用的資源之比重亦相對地下降，以致擴增行政部門資源運用的主導作用與範圍。因之，資源層面之行政革新，不僅關係行政效能，亦與國家總體資源運用及整體建設發展進程，具有相當密切的關聯性，甚至有牽一髮而動全身之情勢，不可不審慎為之。

行政部門在資源配置與運用上，得以由年度施政計畫、預算與決算及各項重大計畫等作業，予以具體量化的呈現。尤其年度預算與施政計畫，更是政府施政的基礎作業，其良窳足以影響整體資源運用與行政效能。所以，多年來行政院主計處與研考部門，在作業技術與程序方面，均有相當可觀的努力成果。諸如預算制度的不斷革新（包括績效預算、計畫預算及零基預算等理論原則之引用採行），計畫先期評估作業之推行，綜合規劃與長中程計畫作業之推動等，在預算經費之適當支配與效益講求方面，均產生顯著的效果。然施政計畫之繁雜，預算數額之龐大，仍須不斷檢討改進。

三、業務層面

近代行政職能的擴張，業務亦趨繁複，各級機關組織益形龐雜，致業務革新之內容與範圍，難以直接界定清楚。惟行政業務得區分為實作機能與幕僚機能兩大類，其中實作機能依個別機關職掌不同，以達成不同的施政目標，其種類或項目，實不勝枚舉。至於幕僚機能，則是支援實作機能之運作所必需的作為，且常成為各機關革新的發動領域。

若再就機關的行政作為過程觀察，業務層面之革新恒涉及決策、作業程序、技術與資料等課題。在決策方面，基於現代民主國家開放的社會，恒強調決策過程的公開及公共參與程度之提高，講求行政決策與民眾意願之結合。在行政作業程序上；一直追求的是效率，其主要興革方向，諸如充分授權、分層負責、工作簡化、縮減作業時程、辦公室自動化、加強為民服務等。然現代民主社會的行政，所追求的效率，並非機械性的、冷酷無情的、不擇手段的或只求節儉的；相對的是講求最佳或最有利的、目標與手段兼顧的、求其當用（宏用）的效率。在技術引用方面；隨著科技日新月異的進步，行政業務非不斷研究發展與採行新技術不可，其所謂技術，除科技上的創新外，更包括各種新知的理論原則之引用，諸如行政管理之引用企業管理方法，以及涉及經濟、政治、社會、文教等相業務之學術理論及方法等。至於資料蒐集、分析及運用方面；乃是現代科學管理行政極為重要的一環，亦是一般行政決策與行政革新的基礎依據，必需良好的技術與正確的資料相互配合運用，始足以推動前瞻性的興革作為。本院主計處乃是全國統計主管機關，近年來在資料作業上已有相當的成就，惟仍須不斷努力，發揮更大功能，以支援全國行政革新的決策與創新之需求。

一般而言，在業務層面革新上，屬於經濟性或科技部分的進步較為迅速，而非經濟性部分則常呈現遲緩不前的現象，亦即軟體部分有不如硬體部分的態勢。此外，業務革新亦恒有趕不上社會大眾或外界環境變化之需求，而行政革新之延誤，不僅難以支援整體社會發展，更不易發揮其主導功能，甚至陷入阻礙進步發展或肆應僵化的困境。

四、法制方面

在民主法治國家，政府行政權的務須嚴守「依法行政」的原則。然二十世紀以來，法學思想受經濟社會演進的衝擊，法治觀念亦由「機械法治」轉變為「機動法治」，亦即法律非止於拘束政府之工具，進而為明示政府行動之指標，俾使盡所能、傾全力造福國民，而具有積極之理念。因之，「依法行政」原則亦由「無法律則無行政」之說，而為所謂「法律保留原則」及「法律優越原則」，且基於行政權擴張迅速，而有委任立法、行政司法、行政救濟及緊急命令，以及裁量處分、判斷餘地等行政法制的演進與發展。

再自法學的演變情勢觀察，早期所重視的「立法論」，在近期已改變為「執行論」或「解釋論」。其原因在於環境變化迅速且複雜，以有限的法律與其立法程序，難以符合環境的需求，只有求之以法律解釋與執行的肆應，進而因現代行政的專業化程度提高，有「骨骼立法」的盛行、「概括條款」的增加、與「委任立法」的發達。如此不僅顯示行政部門在解釋與執行法規的重要性，遠勝原先立法技術之講求。同時，「行政立法」的數量大為膨脹，所謂「行政命令」多如牛毛，且法規規定內容專精，甚至形成「行政引導立法」之傾向。

前不久，國內曾有「法令與牛毛」多寡之爭論，然行政法規之繁雜與專精乃是時代之趨勢，且法規之訂頒、修正、解釋與執行大都借助於行政機關，因而應負起行政法制良窳的大部分責任，故法制層面之革新不可須臾怠忽。另外，在「依法行政」原則下，行政機關之法制作業乃是行政作為之準據，關係行政權運作之效能，進而對國家社會整體建設發展，具有廣泛且深遠的影響，實不可不審慎而為。行政功能在於支柱或引導國家整體發展，行政法制亦在於促進行政發展，切忌行政法制阻滯行政效能的發揮，必須時時講求法制層面的革新，不宜固執「朝令夕改」有損「法令威信」的舊有觀念，而應強調法制作業的配合發展、彈性肆應，以及長期整體效益的影響等面向。

肆、結語

二十世紀的民主國家，由於社會經濟的急速發展，導致政府在各方面的決策角色與職能不斷擴張，其中尤以行政部門功能的發揮，形成國家建設的主導力量。不論已開發或開發中國家，莫不以行政體系功能為建設發展的支柱或基石，而行政體系功能之增進，亦復以持續的行政革新為其動力。

行政革新乃是行政體系全面地以前瞻性的觀點，突破的精神，在著重施政效益之下的持續性革新作為；也就是形成制度化的一套整體性創新、超越的過程。同時，係以人力革新為基礎，在國家總體資源配置與運用方面、在決策過程上、在行政法制層面，力求興革，以達到國家進步的目標。

行政革新乃無止境的事業，過去三十餘年來，台灣地區進行一連串的行攻革新，已開拓國家現代化建設發展的奇蹟。然而面對未來情勢的轉變與挑戰，行政部門應本著以往發展的經驗，不斷革新，發揮更大的功能，作更多的努力與突破，應以行政革新帶動全面的革新為己任，將國家建設發展帶到一個嶄新的階段。

研考月刊第十卷第六期，七十五年六月。

論行政革新的必要性

——由理論與環境因素加以探討

本文首先就多年來政府各項重大行政革新措施，作一概略性的回顧。其次，依據行政管理理論之發展，探討行政革新的理論基礎與其必要性。再次，透過不同的觀察，闡釋行政革新的環境因素。

壹、歷年來的革新措施

政府遷台以來，先後於三十九年實施「地方自治」，四十年推行「三七五減租」與「公地放領」，四十二年實施「耕者有其田」與「四年經建計畫」，五十七年實施「九年國民教育制度」，經由各項興革措施的積極推展，奠定台灣地區邁向現代化建設發展的根基。

若以行政全面革新的推動而言：首先在四十六年成立「行政院及所屬機關組織權責研討委員會」，由黃季陸先生主持，邀請學者專家組成六個小組委員會，分為一般行政、財政、內政、外交、教育、司法等六大部分，研提中央行政改革建議四十七案。其次，又於四十七年五月，在總統府設置「臨時行政改革委員會」，聘王雲五先生擔任主任委員，匯集各學科專家與機關意見，提出八十八個改革方案，經核定付予實施。再次，於五十五年十二月，行政院組設「行政改革研究會」，經研提「行政院對行政機關檢討改進措施總報告」，報經總統核定實施。依該報告所提建議，行政院乃於五十八年三月成立「研究發展考核委員會」，以推動行政機關研究發展工作，並加強各項施政管制考核。迨五十八年六月，國家安全會議通過「加強政治經濟工作效率計畫綱要」，該綱要除規定各項具體行政革新計畫外，特別規定「加強業務管制考核工作」，以研考會、經建會及國科會為三大管考中心，並以研考會為綜合協調機關，且於各機關由副首長或幕僚長主持，成立研考單位，建立完整的研考體系，推展研究發展、管制考核及便民措施。

至六十一年六月，蔣經國先生就任行政院院長，即以「為國效命，為民服務」為施政準則，並對全國公務員提出十項工作要求，積極推動行政革新與十項經建計畫。孫運璿院長就任後，復以「提高行政效率，加強為民服務」為施政要項。俞國華院長七十三年就任後，以十四項建設計畫及五十四項新興計畫推行興革措施。如此足見，歷任行政院長的施政重點，並未局限於經濟建設，同時，亦持續加強行政興革措施與為民服務工作。

貳、理論上行政革新的必要性

自十九世紀末葉，行政管理學科興起以來，均以追求更高的行政效率為主要研究目標，且在理論與實務融合的激盪下，各國行政部門乃不斷採行各種革新措施，恢弘行政功能，以肆應組織內部與外部之需求。吾人得分別由行政學理論之演變發展、行政革新動力的理論、政府能力的概念，以及組織功能成長關鍵等方面加以探討，以剖析行政革新的理論基礎及其必要性。

一、依行政學理論之演變發展而言

行政學理論的發展過程，一般將之劃分為三個階段：在一九〇〇至一九三〇年代，稱之為「傳統理論時期」或「X理論時期」，以「科學管理」（scientific management）為基礎。其重要學派包括：泰勒的管理技術學派、費堯的行政管理學派、霍萊特的動態管理學派、韋柏的官僚模型學派（亦稱機關組織體系學派）等。重要理論原則計有系統化、計劃化、效率化、標準化等。其理論主要缺失在於過分重視機械性效率與組織的靜態面，以及誤解人性（即從性惡說及人為純經濟的動物）。

其次，一九三〇至一九六〇年代，稱為「行為科學時期」或「Y理論時期」，以「人際關係」為基礎。其重要學派包括：梅堯的胡桑試驗學派、巴納德的動態平衡學派、賽蒙的決策理論學派、馬師婁的需要層次學派、麥克葛羅格的人性本善學派、何茲柏格的激勵保健學派等。主要理論有人格尊重、相互利益、人性激勵、民主領導及意見溝通等原則。其立論的缺失，在於忽視外在環境因素與過分理想化。

至於一九六〇年代以後，一般稱為「整合理論時期」或「Z理論時期」，以「系統方法」及「權變理論」為基礎。其主要理論包括：一般系統理論、環境系統理論或開放系統理論、社會系統理論、生態理論、權變理論等。其理論上主要貢獻在於對組織內外環境因素並重，管理理論具有彈性運用原則。但是系統理論所提出的各系統界限問題，仍過分抽象，而增加研究方面的困境。

綜上所述，傳統理論與行為科學的行政管理，偏重於組織內部問題，忽略外在環境因素，而系統與權變理論，則綜合兼顧組織的內外在環境因素，並融合各種管理原則彈性運用。就現代民主國家的行政機關言，確需因應內外在環境轉變或壓力，必要適時有所興革與發展，始足以有效發揮功能，達成機關的行政目的。

二、依行政革新的動力理論而言

從另個角度觀察，行政革新乃在提高行政機關的創造力與生產力，且對革新前後的內外在環境產生改造力與適應力，在革新的行政過程中，更需有貫徹力，方得獲致成果。所以，自行政革新的動力而言，其內涵包括創造力、生產力、改造力、適應力及貫徹力，且以貫徹力為最重要，否則其他動力將無從顯現，革新亦將無疾而終。惟其動力之來源或如何產生，在理論尚有不同的說法，諸如：擴散理論、動機理論、環境理論、資源理論或互動理論等，各有所註釋。惟各種論點，雖對革新動力的淵源常有不同的論斷，但均確認必須有源源不絕的革新動力，始足以支柱行政體系的持續進步，發揮較高的功能。

三、依政府能力的概念而言

所謂政府能力一詞，吾人或可指政府整體肆應環境的程度高低。一般而言，由於政府特性、組織與所處環境之不同，而顯示之能力亦有所偏重。諸如民主法治政府較著重於反應民意的能力，專制極權政府則強調節制的能力與摘取的能力。若就政府能力整體內涵而言，得以概略剖析為能夠符合時代的趨勢、具有國際上的競爭力與合作力、增進國民生產力，以及提升社會水準等四項。

依前述政府能力之內涵而言，其能力程度的高低，大都決定於行政機關各部門的運作。所以，現代化的行政必需肆應內外在環境的變化，且反應國民與社會的需求，藉以激發與增強政府整體的能力，而行政革新即成為其核心問題之所在。

四、依組織功能成長過程而言

以組織發展的過程剖析，恒是演進（evolution）與改革（revolution）兩個階段交互出現的情況；演進階段的組織，其功能呈顯較長期穩定發展的情勢，而改革階段常是組織成長過程中出現瓶頸的時期。一般改革階段為期較為短暫，且端視此階段的改革行動能否突破瓶頸，始能進入另一演進階段。在整個組織發展言，其成長關鍵因素包括：組織之規模、年齡及成長率等。以行政機關言，改革階段必須採行必要的興革措施，俾利進一步擴展業務功能。尤其組織較龐雜、歷史較長久、員工平均年齡較高、業務職掌變動較少或組織功能成長較不明顯等類型的行政機關，更應重視採行革新措施的必要性，以促進其組織與功能的再成長。

參、行政革新的環境因素

綜合以上所述，就理論上而言，在民主國家的社會裡，行政機關必要不斷採行各種革新措施，以適應其組織內外在環境變化的需求與挑戰。吾人再就當前國家社會所面對的環境因素，說明行政部門革新的必要性或重要性。首先，依行政機關的內在環境因素亦即組織本身的情況或態勢剖析如下：

一、行政職能擴張，業務專業化程度日高，組織結構愈形龐雜：其協調溝通、分工合作與彈性適應（危機管理），常有日漸難以順利運作的情況，甚至產生格格不入的狀態。所以，在整體行政權運作上，行政機關本身，勢非力求革新，以發揮更流暢運作功能不可。否則，各級行政機關趨於膨脹而肥胖，形成運作僵化，反應遲鈍等症狀，甚至走上癱瘓之境。

二、公務人力素質亟待提高，力求符合行政發展的需求：由於行政業務專業程度日形上升，執行行政權之人員勢須具備相當的條件，諸如教育程度、年齡結構、專業知能、領導溝通能力等。尤其目前行政部門之人力，正處於教育與年齡更替的青黃不接時期，且公務人員所扮演的角色亦面臨有所轉變的階段，不僅人事行政應予興革，俾能更積極地延攬人才，在行政業務方面亦須革新，以開創更有利的工作環境，始克達成育才與留才的目標。另外公務人力性別比例亦有相當的變化，女性比例的顯著提高，使得行政機關的人力規劃與運用勢非有所變革不可。

三、**機關組織年齡漸長，有待除舊布新**：政府播遷來台已有四十餘年，不少機關與其業務，皆有長久的歷史，在業務上或觀念上常有行政上的積弊陋規，未能及時調整修正，亟待採行具有創新性的革新措施，以突破其發展障礙與瓶頸，尤其組織較閉封、人員流動較少或業務較專業化的機關更然。另外，部分機關成立歷史較短，或人員異動較高，則在行政經驗之累積與交待，或作業程序與制度之建立，均嫌不足，亦有相當的缺失，仍應加強革新工作，建立良好的制度，累積更穩固的經驗。

其次，再就行政機關所面臨的外在環境因素加以探討，也就是指外界對行政機關的挑戰或已構成的壓力而言，吾人得分為下列三部分說明如次：

一、**政治、社會、經濟情勢快速變遷，構成行政部門沈重的壓力**：這些年來的經濟快速成長，國民生活水準與教育程度大為提高，政治、經濟與社會結構急速變化，民眾不論是物質或精神方面，對行政部門的要求均已相對地提升，尤其是正處於轉型期發展的關鍵階段，民眾的期望更高且殷切。再加上國民教育水準普遍提高，雖然目前五十六萬公務人員中，四十萬人具有大專學歷（佔七一・七四％），但在民間部門工作具有大專程度的人員在百萬以上，其比例約為一與四之比。也就是說，行政機關一個大專畢業人員在工作，民間有四個大專畢業的民眾在監督，而對行政人員構成極大的壓力。如此，在國內發展情勢而言，民眾需求與壓力的大增，行政革新務須大力推行，以強化行政功能，提升行政之品質，力求行政部門的效能與國民的期許相吻合，並進而發揮行政引導與支援國家建設發展的作用。尤其在七十五年解嚴以來，社會更趨於開放與多元化，加以憲政改革的完成，以及第二屆國大、立委與監委的改選，整個中央民意機關的結構已有相當的轉變，形成政治態勢的變遷，對於行政部門壓力必將急速上升，各級行政機關誠非加速推動相關革新措施不可。

二、國際情勢大幅度變動，面臨更具挑戰性的局面：近年來，由蘇俄共產政權的轉換，東歐的瓦解，東西德的統一，東西對峙局勢的消除，以及歐洲共同體的形成等情勢演變，國際政治社會更為多元化，國際關係更形複雜化，經貿競爭日益激烈。我國處於工業國家的進步神速，以及開發中國家競爭能力增強的大環境中，正面臨國際經貿與政治兩大挑戰。在國際經貿方面；對外貿易依賴性仍高，受貿易保護主義的影響亦大，加上歐洲共同體與加入關貿總協的衝擊，而農業經營的轉變、產業升級與科技發展等均有待努力。國際政治方面；在大陸方面不斷施壓之下，雖已渡過不少風浪，實質外交關係不斷持續加強，但國際政治的困境，仍有賴突破性的開展。凡此，均須更具前瞻性的革新作為，始能於國際社會的挑戰中，開拓生存發展的空間。

三、大陸情勢的演變，海峽兩岸對比競爭更為激烈：近年來大陸進行四化，製造和平與開放的假象，對台灣地區的威脅日形加深，不論國際政治或對外貿易方面均產生相當的困擾。行政部門當不斷採行革新措施，強化行政效能，結合國內外整體力量，追求國家長遠的發展與繁榮。

肆、結語

綜合以上所述可知，經由多年來不斷革新，行政部門始能支援或引導國家建設的整體發展與繁榮，再就行政理論的探討，以及當前行政組織內外在環境因素的剖析，在在均顯示各級行政機關均面對亟待革新求進步的態勢。若以國家整體建設發展而言，當前行政革新的必要性與重要性，可說是「箭在弦上，不得不發」的情景，也是國家社會邁向開發國家的關鍵作為之一。

本年六月二十七日起三天，行政院召開全國行政會議，邀集中央及地方各機關主管人員學者專家共同研討，研商今後行政革新之大計，總共有五八項決議，分為三〇五小目，以及一三一項一般提案，已先後經行政院核定，由各機關研究辦理中，我們都期望各級行政機關再度掀起革新的熱潮，開創行政現代化的新里程。

中華日報專論，七十五年十一月九、十日。

公共政策的運作過程及決策模式

壹、前言

現代的民主政治就是民意政治，民眾有權利瞭解政府制訂政策的運作過程。公務人員同時也須具有公共政策專業知識，以發掘民眾之需求，研訂良好的公共政策，解決民眾所面臨的問題。因此，現代的公務人員或國民對於公共政策的運作過程，都應有所瞭解。

良好的公共政策，無論在政策制訂、執行或評估其成效時，均須民眾與政府相互配合、彼此溝通，才能充分發揮其運作功效，以解決公共問題。目前，公共政策的研究已成為公共事務（public affairs）領域中的主流。本文係就公共政策運作過程及決策模式加以探討，旨在提供公共政策研究的方向，並使讀者對政府制訂公共政策的過程有所瞭解。

貳、公共政策運作過程之六階段

所謂「公共政策」，係指政府機關所推動，並涉及多數民眾權益之政策。公共政策形成的運作過程，一般將之區分為六個階段，茲分別概述如後。

第一階段：政策問題的界定階段

社會上有許多問題，是否應一律納入政府的施政範圍來解決呢？是否皆屬政策問題呢？這是我們首應考量的課題。當一個問題涉及多數人的權利義務時，即屬公共問題。但是，有些公共問題並不是全靠政府就能有效加以解決。譬如，屬於道德層面的問題，就不能用法律來管理或解決。一般而言，道德問題如用法律或命令加以管制，總是不易妥善解決或效果不彰。色情問題就是一個最佳的例子，色情問題即涉及道德問題。到底色情是否應介入的政策問題，能否改善？就是主管機關擬訂公共政策時，首需考量的問題。

十餘年前，社會曾流行「男生留長髮，女性穿迷你裙」，就是一個屬於道德行為的問題。政府當時曾出面干涉，取締男生留長髮；但是，久而久之，因管理無法收效，人們仍以此為風尚，政府便不再加干預。

所以，政府對於公共問題，除了應考量是否涉及多數人之權益外，對於問題的性質，也必須深入瞭解。因為，並非所有的問題都可以納入公共政策問題的範圍，由政府出面管理的。因此，政策問題的界定，乃是公共政策運作過程的第一個階段。

第二階段：政策規劃階段

公共問題被界定為「公共政策問題」之後，即進入政策規劃階段，一般而言，規劃作業大都屬於政府之職責。但是，在開放的民主國家中，有些立場超然的民間學術團體，也負起部分政策規劃工作。尤其，美國在第二次大戰後，有許多立場超然的財團法人、學術團體紛紛設立，像美國企業研究所、史丹佛研究所、外交協會、藍德公司等，都是很著名的學術機構或財團法人機構，他們所規劃的政策方案及研究報告，常被政府採納或引用。在我國也有類似組織，譬如：中華經濟研究院、台灣經濟研究所、消費者文教基金會等，也曾做過此類政策規劃工作；但是，主要的政策規劃工作，仍屬政府之職責。

第三階段：政策合法化階段

政策經規劃完成後，在付諸實施前，必須先將其合法化（法律化），以賦予政策在法律上的合法地位。在政策法律化過程中，行政部門之主要工作為；（一）將其列入施政項目，（二）編列預算以資配合，（三）增（修）訂法規為實施依據。在立法部門方面；其主要工作為制訂法律與預算審議，以資配合。至於司法機關方面；於對政策之合法化亦極有影響，經由司法機關對於涉及政策機關之相關案件審判結果，無疑地將會影響到施政政策的調整問題。在監察院方面；因其有彈劾、糾舉、糾正等權，因而對於政策在法律上的地位，必要時亦會造成影響。因此，中央各部門對於政策合法化的問題，都具有關聯性。

第四階段：政策執行階段

政策經法律化後，即可付諸執行。在執行階段，影響執行效果的因素主要有三；包括政策本質上的因素、政策本身條件的因素、政策的外在因素。茲分述如下：

一、政策本質上的因素：有些政策，雖然在規劃階段或合法化階段都很順利，但由於政策本質上的問題，以致在執行階段，產生許多困擾。民國六十四年「高樓限建政策」即為一明顯實例，當時由於物價波動很大，為了遏止建築商的搶建、濫建歪風，以免造成房地產及建材物價的高漲，影響社會的全面物價波動。政府採行「高樓限建政策」，規定在都市地區的新建建築物都不准超過五樓，於政策付諸執行後，卻產生許多後遺症。因為，建築商為降低建造成本，於是一窩蜂的往地價較便宜的郊區發展，造成郊區大興土木的搶建現象。當郊區大批房子蓋好後，卻普遍缺乏公共設施，大多數的住戶就反過來埋怨政府行政效率太差，無法及時完成各項公共設施，以配合民眾需要，因而造成政府的莫大困擾。

當時，行政院對於是否應繼續執行高樓限建政策也大為困擾。最後，經研考會深入研究後，建議行政院將此一政策廢除，但為防止房地產大幅波動，建議應規範銀行對於有關房地產的融資予以規制，放款前詳細的審查及限制，不得任意放款。行政院採納各項建議並付諸實施後，總算解決此一棘手問題。

公共政策的執行，由於本質上的問題，影響到其執行效果，除「高樓限建政策」實例外，如：違建、攤販也是多年來一直無法澈底解決的問題。台灣地區由於環境特殊，地狹人稠，取締違建及攤販之政策，在本質上就很難執行，執行效果一直不彰。筆者認為，惟有民眾的知識水準及生活水平達到某一定程度後，這問題才會逐漸解決。

二、政策本身條件的因素：有些政策，由於在本身條件上較易推行，其執行效果自然較大；反之，如政策的本身條件不利於推行，則其執行效果自然不佳。茲以人口政策在量與質方面的執行情形為例，加以說明如次：

（一）人口政策在量方面的執行成效：政府鑒於台灣地區地狹人稠，很早就已推行「家庭計畫」政策。由於關係到每個家庭、每個人的切身問題；所以大家較容易接受，推行較容易，付出的成本較低，執行成效亦較顯著。因此，政策成效斐然，舉世聞名。當代許多著名學者、研究機構所作有關人口政策方面的論文，都以台灣地區人口政策為最佳範例。最初，我們推行家庭計畫的口號是「三個恰恰好」，以後變成「兩個恰恰好」，目前則為「男孩女孩一樣好，一個不嫌少」。至於將來政府推行人口政策時，仍應先行考量社會情勢的演變，有所調適，以取得有利的條件配合。

（二）人口政策在質方面的執行成效：由於其本身條件上較不易推行，因此執行成效也較有限。雖然政府投資在文教、職業訓練方面的經費不少，但由於升學主義作祟，無法扭轉為人父母「望子成龍、望女成鳳」之傳統觀念；「行行出狀元」的觀念未能普遍深植人心，所以很難消除升學主義，使人口政策在質方面的執行效果受限制。

三、政策的外在因素：影響政策執行效果之外在因素，主要包括社會各界的支持、國際情勢的變化、及大陸情勢的演變等項。這些外在因素往往會影響到公共政策執行效果。同時，政策雖已規劃完成且已合法化，但必須在付予執行後，才能瞭解其效果之良窳。因此，除上述各項外在因素影響外，執行政策時，也必須配合本身時空情勢演變，隨時加以必要之修正，始能達成政策的目標。

第五階段：政策評估階段

政策執行一段時間後，即應針對政策之執行情形加以評估。對於政策執行情形之評估，若是可以「量化」的硬體建設，則較易評估。但是，若牽涉到人的因素，或所謂「非經濟性」或軟體性因素時，其評估標準就很難設定，而不易進行評估。政策評估大約可分為以下四類：

一、政策之執行評估：指在政策規劃完成，並予合法化後，對政策之執行成效所作的評估。諸如，近幾年我國教育雖然很發達，但也產生許多後遺症，其一即為學童的視力越來越差，戴眼鏡的人數越來越多。政府曾制訂「加強學生視力保健措施」，但經評估其執行結果，其成效並不彰顯。究其主要原因，乃在於當前各級學校的教科書或自修課本，大多字體細小，每頁文字密密麻麻，加上升學壓力大，學生長時間看書，眼睛過度使用，學生視力自然無法改善。

二、政策之影響評估：係針對政策執行後，所造成之影響進行評估。有些政策所造成的影響立竿見影，有些政策則須假以時日，方能見其影響，而且影響深遠。以教育界變更教學方法為例；早期國民小學國語課程係採取「先教認字，後教讀音」的教學法；後期的教學法則是「先教讀音，後教認字」。這兩種教學法的效果大異其趣，早期學生其讀音雖較不標準，卻很少用錯別字；後期的學生則讀音較標準，但用錯別字的比例卻偏高。由於政策方向轉變，不僅影響當代學子，也將影響後代之子孫，惟此類影響深遠的政策，卻是難以評估。目前社會上環保意識興盛，部分人士反對興建焚化爐，反對五輕、六輕建廠，就是以「環境的影響評估」為最有力之武器。

三、政策之經濟效益評估：如「十項建設之經濟效益評估」、「關稅稅率降低之經濟效益評估」等，係屬得以數據「量化」的經濟效益評估。對這類經濟效益評估，一般而言雖然較易進行，但主管機關確切執行之案例不多，今後尚須加強辦理。以實施多年的「獎勵投資條例」而言，其經濟效益如何，迄今有關經濟效益評估的資料較為欠缺。如欲廢止該條例，是否應有替代方案，或是可逕行予以全面廢止，均有待主管機關進行經濟效益評估後，始宜作成政策。

四、政策之推測評估：當政策評估涉及人文或行為層面的執行成效，由於其成效難以數據量化，進行效益評估不易。此時即需運用「推測評估」。採用民意調查方式進行相關政策評估，即屬推測評估，它雖非十分準確，但能顯示出某種傾向或趨勢，作為瞭解政策執行結果之重要參考。

第六階段：政策終結階段

政策經過界定、規劃、合法化、執行、評估各階段後，最後就是政策的終結階段。有些政策在社會問題自然消失後，該政策自然就終結；但有些政策則不容易予以終結。目前報章雜誌常論及的「收回戰士授田證」問題即為一例。因為，要收回政府所領發的授田證，直接牽涉到政府的龐大經費預算，並非說收回即可辦理。同時由於現有法令尚未廢止，亦不可任意輕言停止頒發。所以，政策除非因問題自然消失而終結，否則必須適時調整，以利政策作必要之終結。

參、公共部門的決策模式

一、理性的模式（rational model）

理性的模式係認為政策之所以形成，是為求有效達成目標，亦即以「用最小的代價，達成最大的成果」為其決策目標。這幾年來，我們推行人口政策，所付出的代價最少，而獲得的成果最大，即是一個最典型的理性模式。

二、漸進的模式（incremental model）

漸進的模式係依據以前的例行政策模式，稍加修正或調整而制定其政策。行政機關每年度施政計畫，往往都是依循往例，酌增或調整預算後，即付諸實施。目前，常有人主張政府應立即採取所謂的國際化、自由化、民主化政策，也主張全國開放大陸探親及與大陸貿易的政策。事實上，依我國現處之環境與立場，及海峽兩岸情勢發展觀之，政府不宜貿然採取全面開放政策。因為，既有的政策如經全面改變，一旦執行後發覺情況不對時，再想修正挽回相當困難，而且亦難以負擔此一無法預估的代價。所以，筆者認為政府應視各種情勢發展，採取漸進的模式，研訂各項大陸政策。

三、綜合的模式（comprehensive model）

係指綜合運用理性模式與漸進模式而衍成的一種決策模式。此一決策模式，須同時考量政策的廣度與深度。但事實上，當政策付諸執行後，往往顧此失彼，很難兩者兼顧。體育政策的廣度，乃在發展全民體育，健全全體國民的身心；而體育政策的深度，乃在發展單項運動，培植優秀選手，爭取國際競賽獎牌。然事實上，這些年來，體育界的表現，無論在體育政策的廣度或深度，均未盡落實。

四、制度的模式（institute model）

此種模式將公共政策看作政府機關的活動，亦即決策過程係依機關本身的內部制度或組織業務運作而擬訂。換言之，即從機關的組織結構、職責與功能來研究、分析公共政策。因為公共政策與機關組織的關係甚為密切，每一項政策唯有經過政府機關的規劃、頒布、執行，方能成為公共政策。惟因政府機關組織結構的不同，政策結果也可能存在差異。同時，此種模式往往未考慮到機關內部制度以外之其他因素，並非一種理想的決策模式。

五、團體的模式（group model）

係以達成不同團體的利益衝突獲得平衡為著眼點的決策模式。公共政策之執行，往往會影響到各種不同團體之權益，因此，在決策時，往往受到不同團體的關說與壓力。決策的作成，則在求取一個均衡點，使不同團體的利益都能獲得平衡。最近美國火雞肉進口、鐵路局勞資糾紛、台北市七號公園興建體育館等問題，都是決策與不同團體利益相互影響的實例。政府在運用此一模式決策時，必須全盤考量，顧及各種團體利益之平衡。

六、菁英的模式（elite model）

此種決策模式係指各種政策之形成，均由政府機關中的菁英份子，依其個人之偏好，或依其價值判斷為基礎進行各種決策。在較封閉的社會或國家，此種決策模式屢見不鮮，一般民眾對於決策內容往往不甚瞭解，亦極少參與有關決策工作。

七、競賽的模式（game theory model）

此種模式，係在各種利弊得失的競爭情況下，經由全盤考量及理性抉擇後，再從事決策。競賽模式往往運用於外交政策、國際貿易政策等方面。其首要目標，固在求取最大的利益，惟當情勢使然，無法獲取任何利益時，則將以求取損失或阻礙最小為目標。

八、系統的模式（system model）

此種決策模式，係經由系統輸入與輸出之轉換過程，說明政策的形成過程。兵役政策即基於外在環境有所需求，以及內部環境有所支持下形成的。

「外在環境的需求」就是指民眾對「國家安全」及「社會安定」的需求；所謂「內部支持」係指民眾對男性服兵役制度的「認同」。基於民眾的需求與認同，經由政府的運作，乃有兵役制度的產生，形成健全的徵兵政策。

肆、結語

以上所述，祇是對有關公共政策的運作過程及決策模式予以簡單介紹。事實上，政策的形成及決定，並非如此單純，其範圍亦非如此狹隘，尚必須考量到總體面的各項因素，並具有前瞻性與世界觀。一般而言，總體性的政策分析，通常必須考量到以下兩個因素：

一、國家的主觀意識及目標

這一層面涉及歷史傳統、政治文化，甚至涉及政治領袖的心理與性格，這一切全部表現在國家的憲法，以及有關的法令條文中。就當前我國的情況而論，我們的國家主觀意識及目標，應包括以下三點：

（一）內政方面：提高現代化建設的層次，但應以台灣地區之安全為前提。

（二）外交方面：努力追求提高國際地位，拓展外交活動空間，但應以實質效益為前提。

（三）大陸政策方面：推動國統綱領的各階段策略工作，並以大陸放棄以武力犯台為前提。

二、外在環境配合

這一層面包括台灣地區本身情勢、當前國際局勢、及大陸情勢三種因素。我們在制訂政制時，除了必須顧慮到本身所處的環境情勢外，尚須考慮到國際局勢及大陸情勢的演變。三種情勢的互動演變至為複雜，必須全面掌握，全盤考量，不得偏廢，才能制訂出總體性及前瞻性的政策。

研考月刊第十二卷第十二期，七十七年十二月。

論行政組織理論與實際適用的差異
——兼析行政院組織法修正的問題

壹、組織理論的演進

自從工業革命以後，使用機器的大量生產，以及產業大型化經營，對於社會制度與經濟結構，均發生重大的影響，致使工商業的經營管理問題叢生，乃有工商管理（企業管理）的「科學管理」之出現，並且成效顯著，而引起政府部門的重視與仿效。迨一九〇〇年代，遂有「行政學」脫離政治學領域，獨立成為一個學科，且不斷的蓬勃發展，迄今行政學與企業管理兩個學科之間，在理論上或技術層面之互通互用，依然相當普遍，甚至難以劃分，其中尤以「組織理論」部分更然。因此，亦有人將兩個學科綜合併稱為「管理科學」或「管理學」。

一般學者恒將「組織理論」的演進與發展，劃分為三個階段，第一階段為一九〇〇至一九三〇年代，係屬傳統理論時期，著重在組織結構與分工理論的建構方面，講求組織運作的系統化，效率化，標準化以及計畫與協調；但是其立論係將組織視為靜態的封閉系統，並以「人性本惡」為出發點，過份重視「機械效率」與「通用理論」的追求。第二階段為一九三〇至一九六〇年代，乃是行為科學時期，係以「人性本善」為出發點，著重組織中個人行為與非正式組織之研究，重視需要層次之滿足，以激勵法則與民主領導等；惟其過份著重於理組織內部個人行為之探討，而忽略了組織系統內外在環境互動之層面，使之研究領域趨於狹窄。第三階段則為一九六〇年代以後，稱為系統理論時期，係將組織視為開放系統，綜合其靜態與動態層面，以及組織內外在環境互動關係的研究；同時，除系統理論之外，亦有生態理論及權變理論等。總之，重視組織在社會結構中的開放性、層次性、生態性及整體性之探討，但是，在理論上其組織系統與其各種相互關係，界限依然相當抽象，經驗性證明依然有所欠缺。

綜上所述，可知傳統理論重在組織靜態結構分工體系之建構；行為科學理論係以組織內部個人行為與需要層次為主題，系統理論則將組織視為社會總體環境中的子系統，探討其互動適應關係與其發展。

貳、理論與實際適用的差距

在行政學與企業管理兩個學科的發展過程中，雖然組織理論均佔有相當重要的地位，並在各該學科的理論演進方面，皆具有主導份量。但是，由於兩個學科研究的對象（組織）分別是行政組織與企業組織；兩者在本質上有甚大的異質性，以致其「組織理論」之適用與其實際成效亦大為不同。在政府部門而言，基於其組織之特性，往往與各種理論的理想或原則（標準）之間，顯得格格不入，以致產生組織結構及功能之實際運作與理論具有相當的差距。尤其，近年來社會變遷極為快速，政府組織與職能之調適，常有遲滯不前的現象，而遭受不少學者專家依據學術理論加以嚴厲的批評與檢討。一般而言，政府行政組織恒具有獨佔性、歷史性、巨型化與其人員永業化等特質，而有別於企業組織，致使「組織理論」的實際適用產生各種窘境。茲分別剖析如次：

一、行政組織的獨佔性：行政組織之存在，在於行使國家治權之一的行政權；又基於國家治權之排他性，行政組織在一個國度裡，當然是獨一無二的體系，因此在整個社會中，缺乏相同性質組織的競爭壓力；加以行政權在法律上的優越性，對其他組織恒立於主導與管制的地位。凡此均形成行政組織的獨佔性，對政治社會變遷的適應反應遲滯，甚至產生固步自封的現象，難以伴隨大環境而調適，各種組織理論的理想或目標，亦不易講求與適用。

二、行政組織的歷史性：國家雖有政權的交替或變動，行政組織卻是持續不可中斷的。所以，行政組織常較其他組織更具有歷史性。近代行政組織的設置與調整，可能因應政治社會的需求，有所變動，然大都來自政治社會或經濟等外在環境的壓力，而非出於自動性的茁壯發展。基於行政組織深具歷史性，在長久的歲月中累積（沈澱）各種習慣，形成保守的氣息，而各種改革或調整更形不易，對於組織理論的理想目標，則常陷於迷失之境。

三、行政組織的巨型化：近代福利國家的行政權不斷擴增，其組織亦復膨脹不已，不論組織架構、人員或預算均直線上升，行政組織遂成為國家最龐大的體系，而有「白京生定律」（Parkinison's Law）的各種病症，甚至積重難返，而各種組織理論之原則趨於模糊，有關組織革新的措施亦難以生效，往往止於新瓶舊酒，僅有表面的變異而已。

四、公務人員的永業化：為維持政府行政功能的持續與穩定，不論公務人事行政理論或各國人事法制，恒以建立永業化制度為目標，給予公務人員考試、任用、薪資、退休等諸多保障，而公務人員終生任職行政部門者，亦佔大多數。因此，行政組織人員之外流或變動不多，致使組織更形封閉，人員劃地自限，積習日多，對組織內外環境適應的需求，視若無睹，不圖原有組織之自我調整，而不斷擴增新的組織或員額，形成疊床架屋、庸員充斥、效率低落、反應遲緩，以及功能衰退等組織病態。

綜合以上所述，行政組織基於本身的特質，其組織理論在實際適用上，確存有相當大的差距。相對地，在民主開放的社會中，各種業別組織為數甚眾，生存競爭激烈，優勝劣敗，適者生存，組織消長迅速，獨占性私人企業不易出現，必須在嚴厲的競爭壓力下求生存與茁壯。因此，企業組織必然隨時肆應內外環境而調適，其組織之彈性與機動之程度，遠勝於一般行政組織。此外，由於政府必須嚴守「依法行政」的原則，行政組織之調適作為，均須歷經繁瑣（緩慢）的立法程序，以致遠不如私人企業組織之肆應，來得迅速確切。

參、行政院組織法修正的問題

台灣地區經過四十年來的努力建設，而有今日經濟發展的繁榮局面，在整個過程中，行政部門曾充分發揮主導與支援的功能。然繼經濟發展之後，政治、社會、文教等方面快速變遷，也衍生了各種問題，仍有賴於行政部門，以更高的效能，謀求適應解決。因此，歷年來，除不斷採行各種行政革新措施外，先後在民國四十年代及六十年代，兩度設置行政革新組織，以便研究設計與全力推動。在這些年來的革新過程中，各級行政組織與員額，已呈日益膨脹的情勢，但在行政組織系統整體結構設計上，均未有重大更動，而有組織僵化，肆應困難之情景。至七十六年八月間，基於各界熱烈的呼籲下，行政院乃組設專案小組，研修行政院組織法，迨七十七年六月小組結束，計費時十個月。該小組成員包括行政官員及學者等十八位委員，先後召開四十三次全體委員會議，二十五次分組委員會議，十三次起草小組會議；另為廣詢各界意見，舉行座談會十七次，並分五梯次邀請立法委員座談，研修作業至為謹慎與辛勞。

民國三十八年行政院組織法修正時，將行政院的組織精簡為八部二會及三個幕僚機關，至今在組織法上，仍然維持三十九年前的架構，而實際上為因應業務需要，另依據組織法第六及第十四條之規定，以及相關法規之修訂，先後增設十一個委員會及中央銀行、人事行政局、衛生署、故宮博物院、環境保護署等十六機關，以致行政院所屬一級機關總數達二十九個之多。最近行政院函送立法院審議的行政院組織法修正草案，除將衛生福利、文化、農業、勞工等改制為部，即擴增為十二部二會外，其他一級機關，僅裁併青年輔導委員會，其餘均維持原有建制，如此可知，行政院組織調整之幅度，仍屬相當有限。在專案小組研修階段，各界之建言，認為應設置的部會約達四十五個之多，而目前草案僅列入十四部會，並維持原有十四個一級機關，總數為二十八機關。

至目前為止，各界對行政院組織法修正之意見，主要有三項：一是增設體育部，二是環保署改制為部，三是中央選舉委員會的隸屬地位。若就組織設計層面探討，則分別涉及三個問題。一是橫向的組織分工問題，即行政院分設多少部會的說法。二是縱向的組織地位問題。三是行政中立化問題。首先，就組織結構橫向的分工而言，事實上各部會職掌劃分甚難達到周延與互斥的完整性，況且分工組織僅屬推展施政之手段，主要目標乃在於各部會的協調合作，所以部會之增減，並非如是重要。再就業務特性與施政作為考量，在組織職掌與人民權利義務具有直接關係，施政上亦有行政上的強制力，始有設置部的必要性。以體育及文化兩項業務而言，政府之職能在於獎助與輔導為主，得依行政權限強制人民盡義務者不多，因而體育、文化兩部之設置，不無多餘之嫌。若為強化其業務推展，或可設置委員會，以加強其協調、輔導功能已足矣。

其次，縱向的機關地位問題，一般常認為「部」或提高機關隸屬地位，甚至設立所謂「超部會」，即能解決目前若干施政難題，以致有環保署改制為部之倡議。其實並不盡然，現代政府施政繁雜，有賴各級機關各盡所能，上下一致，協力從公，始得發揮整體效能，而竟其全功。若僅提升機關地位，或增設若干部，勢將形成行政體系「頭重腳輕」或「腦充血與小兒痲痺併發」的病症。吾人若擴大範圍探討，目前僅止於行政院組織法之修正，就整體行政組織體系與其施政運作而言，尚有不少基本性的缺失，亟待一併規劃改進。中央與地方的施政是一體的，亦屬一脈相傳的，只重於中央行政組織之調整，對中央與地方的組織體系與權限劃分，未作相互配合的通盤考量，將來可能陷於整體施政指揮運如與共赴事功之困境。

至於行政中立化問題，乃是現代民主政治所需具備的要件之一，並非局限於辦理選務之機關，惟行政機關之中立超然與否，亦非僅在於隸屬地位的表面關係，尚有賴於整個行政體系邁向中立化制度發展，其中涉及黨政分離、政黨活動及公務人員等規範問題，實非組織隸屬地位一事而已。

肆、結論

現代行政組織的建構，不僅在於肆應內外環境變遷而調整，更要展現未來行政取向的前瞻性。本文自組織理論的演進，以及理論與其實際適用的差距等加以探討，進而論及目前修正行政院組織法的問題，所述及者，均屬當前行政發展的重要課題，尚有待相關機關與學者專家詳加檢討研究，俾健全中央與地方各級行政機關組織體系，提高行政效能，發揮行政主導功能，促進國家社會未來的發展，臻於更高的境界。

中華日報專論，七十七年十二月五日。

編號		日期	76.5.-7	來源	自立晚報

社論

調整行政院八部二會的架構

執政黨中央常會昨天核備，擬議中的勞工署改制為勞工委員會，直隸行政院。爭論多時的勞工行政機關組織地位問題，至此暫告確定。我們對此一決定相當失望，問題不在非設勞工部不可，而在於決策當局仍堅守行政院八部二會的陳舊組織結構，以致於寧可以應屬臨時性機構的委員會組織型態，來統攝屬於經常性事務的勞工行政，組織型態與業務性質顯然格格不合。

行政組織本應針對事實需要設計，祇有組織順應政務之理，豈有政務受制於組織型態之理，更無既有組織結構不能更張調整之理。然而，決策當局卻把行政院八部二會組織型態視為牢不可破的架構，四十年來抱殘守缺，故步自封，無視於社會情勢與業務需求巨幅變遷後，既有組織結構嚴重脫節現實，而妨礙政務運作的顯明事實。

八部二會的組織架構成之於四十年前，其間政務內容損益極大，組織型態理當配合現實需求，與時俱進地調整，決策當局卻把八部二會當做神聖不可侵犯的規制，寧可縫縫補補，濫設組織與業務性質扞格不合的機關，致令行政體系紊亂不堪，組織型態挫損政務推動，也拒不改革八部二會的組織舊制，儼然將其奉為永世不易的寶典。

我們真不知道八部二會有何不可更易之理？當局以此為堅守不放的最後防線，從不曾提出任何具說服力的理由，我們也無法想像調整八部二會舊制有何困難，既不牽涉憲法的修改，亦不涉及臨時條款的修動，而行政組織法，修訂程序亦極其便捷，有何窒礙難動之理？

八部二會早已是不符行政院體型的緊身衣，當局四十年來不肯另裁適合新體型的新衣服，無非是抱守舊制的保守心態作祟，唯恐舊制一破，各方要求行政組織升格或擴編的壓力紛至沓來，而窮於應付，或者造成行政組織的肥大與組織員額的膨脹。這種心態與顧慮根本是不正確的，因為行政機構是否需要升格或擴編，有其客觀的判準，祇要建立一套衡量標準，即可依據其政務性質與實際需求，設計其組織型態與層級。當局不求此謀，長年以來以不變應萬變，以舊制應付新現實，誠令人費解。

臨時條款可修，戒嚴令可解，黨禁可開，報禁可除，八部二會豈有不可變之理？我們深切期望決策當局斷然撤除八部二會的藩籬，針對現實需求與業務性質，通盤檢討現存行政組織結構，將其作徹底調整。

時代在變，潮流在變，何以行政院八部二會的組織架構不可變？深盼當局勿再抱殘守缺，亟應修訂政院組織法，調整行政組織，以符實際行政所需。

編號		日期	76. 5. 8	來源	中國時報

社論

行政院組織亟應檢討更張

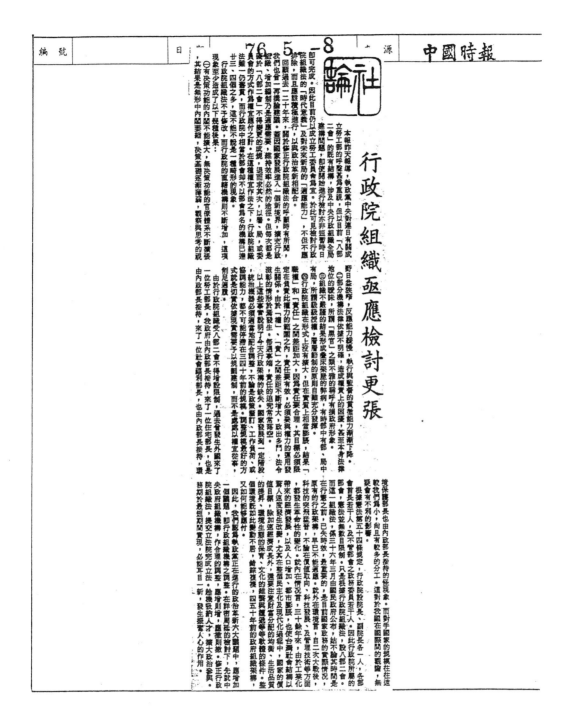

本報昨天報導，執政黨中央對連日有關成立勞工部的呼聲甚爲重視，但以目前「八部二會」的既有結構，涉及中央行政組織全局建構問題，即使開始進行檢討亦非短暫時日即可完成。因此目前仍以成立勞工委員會爲宜。於此可見檢討行政院組織法的「時代意義」及對未來新局的「適應能力」，不但不應排除，而且應該積極進行，以與政治革新相配合。

回顧過去一二十年來，關於修正行政院組織法的呼籲時有所聞，我們也曾一再撰論建議。蓋因國家發展進入一個新境界，擴充行政組織、增加編制乃是適應需要，維持效率必然的途徑。但每次都是礙於「八部二會」不得變更的成規，退而求其次，以署、局，或委員會的方式作爲權宜應付之計。在這種權宜作法之下，行政院組織法雖一仍舊貫，而行政院中相當於部會卻不以部會爲名的機構已達廿三、四個之多，這不能不說是一種畸形的現象。

行政院組織法不予修改，而行政院的直轄機構則不斷增加，這項現象至少造成了以下幾種後果：

㈠有決策功能的內閣不能擴大，無決策功能的官僚體系不斷擴張，其結果是無形中內閣萎縮，決策基礎逐漸薄弱，觀察與思考的視野日益狹窄，反應能力緩慢，執行與監督的實際能力漸漸下降。

㈡部分機構法律依據不明確，造成權責上的困擾，甚至本身法律地位的曖昧，所謂「黑官」之類不雅的稱呼有損政府形象。

㈢組織不嚴謹的結果形成疊床架屋的弊病，有時部中有部、局中有局，所謂級級授權，層層節制的原則自難充分發揮。

㈣行政院組織在形式上沒有擴大，但在實質上相當膨脹，結果「職權」和「責任」之間差距加大，因爲責任要合理，其目標必須限定在負責此權力的範圍之內，責任要有效，必須要與權力的運用發生關係。由於「權」、「責」之間差距不斷增大，政出多門，法令滋彰的情形於焉發生。每遇事端，責任的追究常常落空。

以上這些事實說明了今天行政架構的缺失。國家發展到一定階段，統治機器必須適當地配合調整，不論是政策釐訂、工作負荷、或協調能力，都不可能停滯在三四十年前的規模。調整規模最好的方式就是切實依據現實需要予以規劃建制，而不是處處以權宜從事，削足適履。

由於行政院組織受八部二會不得增設限制，過去曾發生外國來了一位勞工部長，我政府由內政部長接待，來了一位住宅部長，也是由內政部長接待，來了一位社會福利部長，也由內政部長接待，環境保護部長也由內政部長接待的怪現象。而對手國家的規模往往遠較我們爲小，尚且有較多的分工。這對於我國在國際間的觀瞻，無疑會有不利的影響。

根據憲法第五十四條規定，行政院設院長、副院長各一人，各部會首長若干人，及不管部會之政務委員若干人。因此行政院所屬的部會，憲法並無數目限制。只是根據行政院組織法，設八部二會。而這一組織法，係三十六年三月由國民政府公布，姑不論其時間是在行憲之前，已失時效，最重要的，是目前國家政務的實際情況，原有的行政架構，早已不能適應。就外在環境言，自二次大戰後，科技的突飛猛晉，不論在價值取向、科技發展、及管理技術等方面，都發生革命性的變化。就內在情況言，三十餘年來，由於工業化帶來的經濟發展，以及人口增加、都市膨脹，也使台灣社會結構以驚人速度發生改變，尤其在整個民主化及現代化過程中，國家的價值目標，除加速經濟成長外，還要注意財富分配的均衡、生活品質的提昇、環境生態的保育、文化的維繫與價值等等軟體的條件。整個環境既如此變動不居，錯綜複雜，四五十年前的政府組織架構，又如何能夠應付。

因此，我們認爲執政黨正在進行的政治革新六大議題中，應增加一個議題，即行政組織機構之調整。在詳密周延的檢討下，先就中央政府組織機構，作合理的調整，應增則增，應撤則撤。修正行政院組織法，提交立法院完成立法。趁機吸納人才，擴大政治參與。務期於最短期間實現，必能耳目一新，發生振奮人心的作用。

編號		日期	76. 5. -8	來源	聯合報

政院組織結構亟待調整

本報記者 戎撫天

執政黨中央常會已同意，將行政院勞工署提升為勞工委員會，由於執政黨在立法院的優勢地位，「勞工部」及「勞工委員會」的爭議縱然不能消除，但已無關大局。不過，這場「部」與「委員會」的爭議過程，顯示目前行政院八部二會傳統組織確已不符實際需求，可以檢討改善，立法委員及輿論界正紛紛建言，希望通盤檢討行政院的組織。

「勞工委員會」的設置具有急迫性，通盤檢討行政院組織則需從長計議，先成立勞工委員會的過渡措施，應可得到多數立委的支持，但同時開始通盤檢討行政院的組織，將更彰顯執政黨政治革新的誠意，具有重大號召意義。

長久以來，迅速的環境變遷及政治發展，已使制定於民國卅六年將行政院組織限定八部二會的「行政院組織法」，早已不符實際需要，但由於「政治禁忌」的緣故，八部二會的格局始終不能調整。

由於「政治禁忌」，蒙藏委員會的業務雖已萎縮，實質功能降低，卻仍維持八部二會的結構，其首長仍具政務委員身分。

由於「政治禁忌」，許多新生事務必須由部級機構處理，其首長應具政務委員身分才能具開創作為，卻只能委身部內二級機構，發展受限，如工業局、國貿局。

由於「政治禁忌」，一些必須提高組織層級的機構，只得以「委員會」名義行「部」之實，如農業委員會及即將成立的勞工委員會。

農業委員會雖為「委員會」之名，但其職權範圍、運作方式及預算規模，實際上卻與「部」無異。

農業委員會極少召開委員會議，其首長以主任委員名義行使首長職權，農委會對省市政府亦享有指揮監督之權，一年預算達一百四十二億餘元，而身為八部二會地位的蒙藏委員會預算一年僅八千三百餘萬元，僑務委員會亦僅八億餘元，其名實之不副，可見一斑。

農業委員會的實質功能遠超過蒙藏委員會及僑務委員會，其實質組織結構亦屬首長制，但由於行政院組織法未能因應實際環境需求，只得以委員會面貌出現。

不僅農業委員會面臨這種尷尬的處境，其他如國科會、退輔會、青輔會等，均以委員會的名義掌握行政權，名實不符。

行政院目前共設十一個具法定地位的委員會，除僑務及蒙藏委員會外，餘均依據行政院組織法第十四條：「行政院為處理特定事務，得於院內設各種委員會」，避開行政院組織法第三條明定設八部二會的限制。

在十一個委員會中，依其首長的法定身分可分為三類：

㈠具政務委員身分者：僅蒙藏及僑務委員會，目前經建會主任委員亦具政務委員資格，但非法定要件。

㈡具特任官身分：如農委會、退輔會、國科會、文建會、原委會等。

㈢特任或比照政務次長，如青輔會。

各種委員會首長的身分，無疑對其組織功能會產生影響。

由於受行政院組織法的限制，農業委員會及未來的勞工委員會不能設部，其主任委員不能得到「政務委員」身分，只能得到「特任官」地位。「政務委員」的榮典雖未必較「特任官」為高，但政務官需負政治責任，內閣改組時亦須隨同閣揆共進退，政策觀點如與閣揆相背，亦應以辭職相爭，特任官則不負政治責任，由總統任免，其意義迥然不同。

原應為「農業部」的機構以「農業委員會」形式出現，由主任委員行使首長職權，尚不致影響正常運作。即將成立的勞工委員會卻再以主任委員名義行使首長職權，可能會造成運作上的扞格。

農業委員會主任委員極少召開委員會議，曾引起若干批評，但批評尚屬溫和，因為農業問題不涉及立場之爭，勞工問題性質則大不相同，「立場」極為重要。

未來勞工委員會的委員將由誰主導？勞方？資方？或中介人士？如由勞方主導，勞委會的政策送到行政院，勢必引起激烈爭議，造成勞委會與行政院的緊張關係，如由資方甚或中介人士主導，必定引起勞方極度不滿，成立勞委會反而增強勞資的緊張與對立。

如由勞委會主任委員行使首長職權，架空委員會議的功能，亦將造成全體委員的怨懟，主任委員面對的批評質疑壓力，強度必定十百倍於農委會主任委員。

最合理的安排，應該成立勞工部，部長為政務委員，依其政治立場與主張訂勞工政策，為政策成敗負政治責任，才能避免「委員會」組織型態的難題。

依據政治發展的實質需求，八部二會格局早已不符需要，行政院因而陸續設置了十二個各種常設委員會，未來很可能還要再設置幾個委員會，與其設置各種委員會，造成行政院組織體制混淆，業務發展受限，何不直接檢討八部二會的格局。

執政黨決心提升內政部勞工司，無疑與去年底的選舉結果有關，其實，內政部勞工司早有民意代表及工會領袖建議，應提升為行政院直屬機構，但政府直到面臨選舉的不利情勢，方思提升勞工司的層次，政府如能及早默查環境的變遷而主動調整作法，或早能避免選舉不利的結果。類似工業局及國貿局這類機構，組織功能缺陷的後果不能反映在選舉結果上，是否永遠不能得到應有的地位。

無論就行政院全盤組織結構需求觀點，或因應環境變遷觀點，「行政院組織法」是面臨該檢討修正的時機了。

編號		日期	73.3.-3		中國時報

研考會並非政院組織法明定機構
主任委員不宜代表答覆立委質詢

（本報記者黃輝珍特稿）

行政院所屬各單位首長，在立法院總質詢院會上，是否皆具備了即席答覆立委質詢的法定資格？這個問題，潛在性地發生在昨天的立法院總質詢院會中。

原因是：陳桂清委員在質詢中指責行政院研考會主任委員魏鏞不該以行政院高級官員的身分提倡「多體制國家」概念。魏鏞對此指責欲加澄清，曾經事先表示欲即席答覆陳委員的質詢，但陳桂清以研考會並非行政院組織法中明定的機構，未予接受，魏鏞終於未能在立法院院會中，闡明他的「多體制國家」概念。

魏鏞的「多體制國家」概念，是否真如陳桂清委員所指責者，於此暫且不論，但針對其認定研考會主委不得在立法院總質詢中答覆委員質詢這一主張，必須就我國中央政制的組成結構予以檢討。

按憲法第五十七條第一款規定，立法委員在開會時，有向行政院院長及行政院各部會首長質詢之權。依此規定，毫無疑問的，行政院長及各部會首長，均有權答覆立委總質詢。若依嚴格的文義解釋，此一規定，亦應僅適用於行政院長及各部會首長。然而，再視憲法第五十四條規定：行政院設院長、副院長各一人，各部會首長若干人，及不管部會之政務委員若干人。如此，過度的嚴格解釋，在對照此一條文之下，似乎又有不妥。

因此，有學者主張副院長倘奉院長之命，或政務委員負責特定業務，於此特定業務範圍之內，亦應有答覆立委總質詢之法定資格。

至於除院長八部二會首長、副院長及不管部政務委員之外，其餘各單位首長是否有具有此一法定資格？

以目前實際情況來說，行政體系所管轄之業務與事項日益龐雜，八部二會之功能，實不足以充分因應，頗有超載之勢。然政府基於精簡行政機構之政策，迄未修改行政院組織法，擴大部會組織。行政院僅能依該院組織法第十四條「行政院為處理特定事務，得於院內設各種委員會」之規定，以資因應。

因此，多年來，行政院已依該院組織法第十四條增設了若干委員會。這些委員會的組織依據，也多經過立法院制定其組織條例，有了法律基礎。

另外，依行政院組織法第五條規定：行政院設主計處及新聞局，其組織另以法律定之。

上述各委員會及局、處等單位，其首長並非行政院政務委員，倘就憲法規定作文義解釋，實難具有代表行政院答覆立委總質詢之法定資格，然而在檢視前已提及的現行八部二會功能超載，勢須新增機構之事實情況，似乎不必拘泥於憲法的文義解釋，酌予擴充至凡具有法律依據所組織之各委員會及局、處，均可答覆立委總質詢，似乎比較合於現實之需要。

經過上述之分析，再來檢視行政院研考會之組織。行政院研考會之設置，固然可就上述該院組織法第十四條尋得來由，但因該會並無經立法院通過之組織條例做為依據，其組織既未經立法院通過立法予與確定，於法、於理，自不宜代表行政院答覆立委之總質詢，此一結論，即使就憲法做再大幅度的擴張解釋，亦應無否定之餘地。

編號		日期	76. 1. 25	來源	中央日報

政院研考會組織條例

經核定明起正式施行

所屬人員重新辦理銓敘任用

【本報訊】行政院已正式核定，行政院研究發展考核委員會組織條例自明（廿六）日起施行，由於研考會原係依法設置派用人員之臨時機關，在制定組織法律改為常設機關後，自主任委員以次人員均應重新辦理銓敘任用，有關機關已積極進行各項作業。

按研考會組織條例業經立法院三讀審議通過，並於今年一月十四日奉總統明令公布，依該條例第十八條規定，其施行日期由行政院以命令定之，研考會為應需要建議自廿六日起施行，已簽請行政院核定同意。

依研考會組織條例第九條規定，其主任委員為「特任」（原為「聘任」），副主任委員為「比照簡任第十四職等」（原為「簡派或聘任」），因均已屬政務官，其人選將由人事行政局簽院核示後，再依政務官任命程序，報請總統任命。

另外，研考會部分處長級以上職務，也於廿一日經行政院重新核定，原任該會主任秘書羅鉅龍另有任用免職，專任該會研究委員；原任該會研究委員林克昌，調派代該會綜合計畫處處長；原任研究委員羅子大，調派代該會管制考核處處長。按林克昌係七十年甲等特考人事行政人員及格，羅子大係七十五年甲等特考普通行政人員政策規劃組及格，均已取得法定任用資格。

至於研考會其他原適用派用人員派用條例之人員，也將由有關機關依該會組織條例，一一重新辦理銓敘任用。

論中央行政組織設計問題

壹、前言

台灣地區經歷四十年來的現代化建設發展，能夠獲致今日的繁榮安定局面，誠為難能可貴的成就。然在以往各階段發展過程中，各級行政機關均能持續發揮主導與支援建設過程的功能，乃是發展成功的基本要件之一。同時，這些年來為肆應現代化發展與社會變遷的需求，政府不斷採行的各種革新措施中，行政組織的規劃調整，係屬興革要項之一，亦常成為各界所關切的議題。本文僅就中央行政組織部分予以申論之。

貳、中央行政組織的擴充

在中央行政組織而言，雖然四十年來行政院組織法的規定，一直維持八部二會及三個幕僚機關的精簡架構。但是，事實上在因應行政職能擴張的需求下，仍陸續依據組織法第六及第十四兩條規定，經由相關法規的增修訂，先後增設十一個委員會，以及人事行政局、衛生署、故宮博物院、環境保護署、中央銀行等十六個機關，致使行政院所屬一級機關達二十九個之多，其組織規模之龐大，以及職掌之細分，衡之目前中央與地方組織四級的垂直分工體系，確有「頭重腳輕」之嫌。

參、中央行政組織的型態

目前行政院所屬一級機關，僅八部二會及秘書處、主計處、新聞局等十三機關為組織法所明定者。若依其組織功能而言，屬於業務性質機關有二十二機關，幕僚性質之機關則有行政院秘書處、主計處、新聞局、人事行政局、經濟建設委員會、國家科學委員會及研究發展考核委員會等七機關。

再依其組織型態而言，屬於首長制者有十六機關，其餘十三機關雖以合議制之委員會為名，但均設有委員長或主任委員一職。就其機關決策運作觀察，僅有合議制之名稱，實際運作仍屬於首長制型態。另外，行政院為加強特定事務的協調推動，恒有臨時性編組的成立，依法而言，係屬行政院長的幕僚任務編組，並無「機關」的地位，諸如港澳小組、環保小組、大陸工作會報等。就短期的組織功能而言，誠有其必要性，若為長期整體施政推展計，則不無疊床架屋之嫌，且在各機關行政功能的積極主動協調合作而言，顯有消極被動之態勢。

肆、專責機構的爭論

七十六年八月間，行政院成立專案小組，研修行政院組織法時，有關中央行政組織結構的問題，又成為社會各界所關注的課題，並有相當熱烈的討論。由於近年來政治、社會、經濟等各層面更為快速的變遷，導致以往在施政上有所忽略的問題逐漸凸顯，而各界在研討之際，常以增設專責機構、提升機關組織地位、增加員額或充裕經費等為主要建議。但是，政府部門所掌握的資源有限，行政之組織、員額與經費不能不斷擴增。所以，必須講求組織設計的妥適性，資源配置的有效性，俾能充分發揮行政效能。其中要以「組織設計」最為重要，亦是專責機構設置問題的癥結所在。自本年四、五月以來，由於大陸情勢急劇變化，終致發生天安門事件，在國內各界關懷大陸工作之際，更掀起大陸事務專責機構設置的爭論，而有立法院與行政院之間極為頻繁的質詢與答覆。其實所謂「專責機構」之設置，已涉及行政職能劃分與組織結構設計的層面。

伍、組織設計的層面

組織結構的設計，必須顧及業務的水平劃分與職能的垂直分工兩個層面，亦即組織的部門化與分層化問題。一般恒以水平劃分層面為焦點，而忽略垂直分工的重要性。目前中央與地方整體行政組織計分為四個層面，每一層級的機關亦有相當分層化組織，形成極為繁雜的垂直分工系統，在上下溝通與效率提振兩方面，均構成重大阻礙。至於組織業務水平劃分方面，除應衡量組織專業分工的需求外，亦應考慮組織職掌的完整性與其整合的可行性。若組織水平分工過細，部會設置隨之增多，且專業主觀提高，機關間的協調、聯繫與整體施政統合（共赴事功），均會倍感阻力，常有會議過多，議而不決或政出多門的現象，導致施政趨於被動或效能下降的情事。

陸、結語

綜合前述，當前整個行政組織體制，中央與地方四個層級的垂直分工系統，仍有待規劃精簡。在中央（行政院所屬機關）的業務水平劃分方面，一級機關多達二十九個，誠有研究加以裁併之必要，以減少整體施政統合上的阻力。另外，重大施政之推展，並不一定非設置專責機構不可，且機關之名稱亦非「部」不可。至於所謂「跨部會」或「超部會」組織之倡議，實為疊床架屋之事，確有其不宜之處、應以各部會發揮職能、共赴事功為本，方為上策。

中華日報社論，七十八年八月七日。

附錄：「當前行政組織結構與功能之調適」一文分析意見

一、最近因勞工及環保機關之組織升高層級，各界對目前政府組織結構與功能之問題更為關切。曹教授於文中探討行政院八部二會，以及中央、省市、縣市、鄉鎮等四級政府組織型態調適問題，並進而建議由本會專司評估與調整現行政府組織之結構與功能，俾帶動行政的全面革新。

二、曹教授於文中提及本院人事行政局所舉辦之各機關組織員額評鑑效果不彰，「八部二會」之組織結構趨於僵化，各機關職掌重疊與混淆不清，各種委員會之事權有限，行政院秘書處各組具有特殊地位，以及「四級制」政府造成機關重疊與人力浪費等問題，近期間已有不少學者撰文論述。本文主要建議意見在於常設行政革新評估機關，並以目前由本會擔任是項任務最為適當。

三、針對文中所提現行組織結構與功能之缺失，建議本會角色應重新調整，應以評估當前社會變遷中行政組織之適應能力、以及機關組織結構與功能調整之規劃等五項為今後之要務。

四、曹教授於文中建議由本會擔負起現行行政機關組織與功能全面評估及調整規劃工作，甚為具體可行且合理。基於本會職司全國行政革新業務之研究、規劃與推動，對於各界熱烈探討的革新問題，理當有所作為。惟目前有關機關組織及員額之編制、調整等，均由人事局及本院秘書處所掌理，未獲得協調之前，本會似仍有不宜之處。

五、有關機關組織員額評鑑問題：該項工作確實未能發揮預期之效果，其主要原因約有數項：

（一）評鑑工作進行之前，人事局並未建立具體的評鑑衡量標準，以致評鑑所提改進意見，亦未盡具體。

（二）評鑑僅及各機關員額多寡及單位結構，至於機關業務之變動與行政效能之衡量，均甚欠缺。

（三）評鑑結果人事局亦未能要求各機關確實檢討改進。

（四）評鑑所提及之重大問題，人事局並未積極研究規劃解決，諸如：省市及縣市政府之民政與社政單位裁併，不適任人員處理，基層人力及素質等問題。

（五）評鑑工作採由上而下之方式，未必適宜，似宜採由下而上的方式同時併進辦理。

六、有關「行政組織結構明顯僵化」問題

（一）行政機關一切作為，均以「依法行政」為最基本之原則，其組織及功能之調整與變動，均需有所本，無法如民間企業得肆應環境而適時反應變動，故相形之下有僵化之情事，相反地，若行政機關組織功能調整變動頻繁，則足以影響行政之持續性。

（二）在管理科學中，組織理論佔有相當的份量，在民營企業得以適時引用，但行政機關受限於法規及公務人員之保障，恒難以試用各種組織理論，其組織均以管理幅度（採科層組織）、職掌劃分（採首長制）及人事升遷（採金字塔規模）為主。目前行政院八部二會之組織結構，行之有年，職掌劃分尚稱明確，各種委員會之設置，主要功用有三：一是掌理各部會共同性事項之整體規劃推動之責，以免分散相關各部會執行，未能發揮整體效益；二是填補現行各部會分工方面之有所缺失；三是擔負行政院整體決策的幕僚作業，避免部會之間協調合作之不足。

七、有關「相關職掌重疊混淆不清」問題

（一）行政機關之設立與職掌之劃分，僅能作到重點功能為止，絕無法到達細鉅壁壘分明的地步，故職掌重疊仍是必然存在的情事。但是必須體認，機關職掌分工僅是種手段（並非目的），主要是透過專業的分工，以求達到合作的行政整體效益；亦即「分工」只是「手段」，「合作」才是最終「目的」。至於部分職掌之重疊，亦恒成為機關之間協調合作的重要媒介或橋樑，而有其正面的效果，否則各行其是，互不相干的情況下，往往難求其統合整體之效益。

（二）至於各種委員會之首長，在決策過程中發言不如具政務委員身份之部會首長，誠非事實。雖然在行政院會議中，基於憲法第五十八條

之規定，其成員有出列席之分，但仍有同等之發言權，且各委員會首長依其專業發言，恒到受更高的重視；同時各委員會首長亦常以整體性與前瞻性的眼光，提出更超然的見解，而為行政院整體施政貢獻知能。

八、有關「當前行政體系特殊現象」問題

（一）行政院秘書處地位特殊，似有增加一個層級的情勢，其改善之道，只有院長盡量授權與各部會確實負起責任，始能精減上呈案件，縮短院與部會之間的差距。凡此均非法規之規定所能發揮效能，主要在首長的心態與作為能有所改變、確實作到分層負責與授權。

（二）目前四級制的行政體制，確有不少缺失，惟中央、省市及縣市之三級乃憲法明文所規定，其改進之途徑，曹教授所提「省」改為「虛級」，已有多人提過，但必須調整擴大縣市之行政區域，使之地方財政與人力均能自足，才能有效實現其理想。

（三）為貫徹改進四級制的缺失，除「省」改為「虛級」外，得進一步將鄉、鎮、縣轄市之自治予以廢除，如同「區」一樣，成為縣市的行政派出單位，如此得以集中縣市的資源以作更有效的配置；同時，亦得減少一級自治團體在選舉方面的花費，甚至可減少地方派系的問題，促進基層的和諧。

（四）至於中央與地方權責不清的情形，確有詳加檢討改進之必要，否則地方依然無法自立自足，而長期依賴中央經費補助。中央應以規劃輔導為主，地方機關則擁有充份的執行權責。

九、當前行政機關組織結構與功能調適應有的作法

（一）宜分為中央與地方兩部分，分別予以評估與規劃調整，並且可以同時併進。

（二）得由基層機關（單位）開始檢討調整，而後逐級而上，不宜僅採由上而下的方式進行。至於行政院八部二會的組織結構如何調整，乃是最後階段始予考量。

（三）中央機關或地方政府的部門劃分，無法配合多元化社會分工而不斷增加，否則分工過細，將導致管理控制與協調溝通之瓶頸。因此，中央部會所屬單位之分立與層級之提升，並非加強其業務功能之唯一途徑，亦可能造成不少協調合作的困擾。

（四）中央與地方各級機關的權責劃分，應詳加檢討改進，以輔導地方機關自立自足為主要取向，切忌中央侵犯地方的執行權責，中央宜以整體性的規劃設計與協調推動的功能為主。

（五）各級機關組織及功能調整的研究規劃作業，應特別重視人事有關之遷調、訓練、增補或遣退等問題的配合措施，俾能順利推展。

撰於行政院研考會，七十六年十二月。

論行政機關內部的分層負責

——兼析各級首長的辛勞

壹、前言

依據報載消息：最近先後有兩位部會首長住院就醫，甚至將美國發布我國列入特別三〇一條款觀察名單一事，與首長身體不適放在一起作關聯性的處理。如此，不免令人感慨首長因工作壓力而病倒，更為首長的不堪負荷而憂心。

就目前各機關首長的工作及活動情況而言，吾人不難發現，確有「公僕難為」之窘態。若深究其成因，主要來自兩方面：一是公務人員本身處事觀念的偏差所致，造成機關內部的「層級授權」與「分層負責」未能落實，而大小事集於首長一身；二是各種會議至為繁多，公餘則又排滿了種種應酬，首長常陷於分身乏術的情況。

貳、分層負責未能落實

各機關內部的「層級授權」與「分層負責」之所以無法落實，主要肇因於首長忽視「分層負責」的必要性與重要性，恆抱持「捨我其誰」的精神，事無細鉅，事必親躬，大小事務集中自我一身，誠然忘卻「層級授權」之可行與可貴。甚至部份首長以現代諸葛孔明自許，將「鞠躬盡瘁，死而後已」一語奉為座右銘，以諸葛先生為榜樣，致嚴重妨礙層級授權之實施（當時司馬懿眼見諸葛之事無細鉅，二十罰以上皆自省覽，食少事繁，而早有諸葛將死之斷語）。

行政院早在五十六年九月已公布「行政機關分層負責實施要項」乙種，詳細列舉規定二十六要項，包括分層原則（三層）、公文處理、財務管理、人事管理及事務管理等，並規定各機關應編定「分層負責明細表」據以實施。但是，迄今二十餘年來，實施成效依然相當有限，各機關所定「分層負責明細表」形同具文，癥結在於公務人員的集權觀念與處事心態，成為分層負責的主要障礙。在首長而言，常具有權威膨脹、控制慾或優越感等傾向，而不信任部屬，甚至對部屬潛能之發揮具有恐懼感（自卑作祟），以致權限不願下授，部屬無權也難以負責，機關內部的「集權」色彩揮之不去。至於部屬而言，則常持有「不做不錯」的消極心態，或自信心不足，事事依賴長官，以致部屬不願負責，首長權限也不放心下授。因此，造成首長因事無大小而「頭大」，以及部屬事事請示而「無能」的兩極化現象，甚至發生爭功奪權，推責委過，勇於負責之人難得等情事，其與「分層負責」之上下權責均衡分配的理想背道而馳。

參、會議繁多分身乏術

由於機關職能日益專業化，分工愈細，機關或人員之間，其職掌之重疊及相關性更為提高，必須仰賴日益增加的各種會議，強化相互間的溝通協調，以達分工合作，共赴事功之目的。對於機關業務推展而言，會議之召開得以獲致；集思廣益、激盪創意、提高參與感及支持程度、增進單位或人員間的相互了解與協調合作等功能。但是，會議之召開也常成為共同決定無人負責（即分攤、減輕責任、甚至不負責任），或是拖延決策之伎倆，而浪費龐大的人力與時間（均屬公務成本）。依據行政院研考會調查分析顯示；行政院所屬各機關（含省市政府），在七十一及七十三兩個年份，分別召開了一萬三千及六千四百次會議（兩項統計數字僅係彙整各機關所填報之資料，數字至為懸殊，是否與事實相符仍難查證），至於目前各機關的會議次數當不止於此數字，甚至呈現有增無減的趨勢。

面對如此繁多的會議，機關首長的確應接不暇，尤其「層級授權」與「分層負責」未能貫徹，各種會議常非首長親自主持不可，且召開會議邀集的對象亦以首長為主，舉凡機關內外的各種會議，均非首長莫屬，因而常出現同一時間首長須出席或主持多項會議的情況，只有派員代理一途。然其結果常呈現「會而不議」、「議而不決」、「決而不行」等欠缺效能的會議，由於首長未必充份授權，奉派代表出席或主持會議之人員，亦常以「個人認為」而非「本機關如何」之態度發言，其代表性實不足以出席會議。

機關首長除了應付繁多且效果不彰的各種會議外，已無暇思考業務推展，甚至為處理公務仍須於公餘「挑燈夜戰」。在報章亦常以機關首長辦公室的「燈火通明」，或是攜帶幾大包公文回家批閱，或是沒有時間生病等情節，描述首長的辛勞，以及嘉勉其盡忠職守。

肆、公餘應酬應接不暇

若就機關首長公餘活動深入觀察，辦公室的燈火通明或是公文的攜帶回家二種情景，對首長而言，尚屬良好的處境。目前有不少首長在公餘或假日，排滿了應付不完的各類應酬，尤以飯局為甚，不僅夜夜有晚宴，甚至午餐、早餐也都成應酬，全年難得在家用餐幾次，且常有食不定時、吃不知味，其胃腸必然難以消受。

在應酬（宴席）當中，不只是吃飯而已，除了特定事務的商談、溝通、協調外，首先必需先具備乾杯的本領，最保守的作法，一桌宴席十二人個別互敬一杯酒，已經二十幾杯（以紹興酒為例約有乙瓶之量），首長處在其中，為表示「豪爽」只得勤於敬酒，且杯杯見底，真是非「海量」無法勝任首長之職，遂有為輕減首長負荷的酒杯出現，即所謂「主人杯」及「千杯少」的迷你酒杯（藉以滿足杯杯乾的心理因素）。酒過三巡之後，則「笑話」出籠，由之方能表現首長的風趣、機智及平易親人等風範。

近年來，由於KTV等之流行，首長於酒足（飯不飽）之後，在盛情難卻下，務必高歌數曲，以示同樂。所以，首長赴宴應酬，不僅要有「酒膽」及「酒量」外，也要具有歌唱的才藝，似乎非建議考試院於甲等特考增加「才藝測驗」乙項不可，否則無法甄試儲備具有「現代化才能」的首長人選。

在早、午、晚等三餐應酬中，以早餐最為單純，主要在於飯餘的公務溝通、協調或私誼，花費時間也最短，與會人員尚須準時主持或出席其他會議，不得不按時結束。但是，亦有機關內部會議以早餐會報為之，其實不無剝奪與會人員從容用餐雅興之嫌，雖不必飲酒卻仍有礙胃腸消化。午餐的應酬因下午尚有公務，使用時間亦較短暫，但是喝酒卻是難免，尤其未好好享用過早餐者，幾杯下肚後，常顯示不勝酒力之亢奮，因而誤事者亦有之（台北市政府曾有位首長因而提早退休），午餐應酬受迫喝酒的確是種虐待。至於晚宴則化費時間最長，首長在必需「拼命」的喝酒與「用力」唱歌之後，坐上座車繫好腰部安全帶已昏昏欲睡，返抵家門身心之疲憊，並不下於惡補回家的國中生；當然仍有少數年輕力壯的首長，稍事清洗後，打起精神奮力從公，打開大箱公事包，勞心費神於公文行間，非至清晨一、二時不休；若是當夜飲酒過量或體力不勝支持時，則只好入眠，大箱公文也再度攜回辦公室（如此來回攜帶多次，公文依然紋風未動亦有之），也成為公文旅行的重要行程。

伍、幾項良心建議

綜合以上所析，可能是描繪了較為突出的情景，尚請見諒，也敬請參考。各級首長常困於機關內部分層負責未落實——大小事務繫於一身，主持或出席會議繁多——分身乏術，公餘應酬難以推辭——應接不暇等三種處境，經年累月的忙碌，以致無法「為國保重」，甚至抱病從公，對於機關業務的前瞻性思考則無暇顧及。凡此，不僅損及培育不易的精英，也使得行政效率與品質遲滯不前，進而影響國家整體建設發展的推進。筆者僅就個人淺見，提出以下建議，俾供各界參考。

一、各機關內部的層級授權與分層負責必須定期重加檢討，並予澈底執行。

二、首長與部屬雙方均應樹立正確觀念，體認「授權」的必要性，以首長職權充份下授為起點，促進部屬「勇於負責」的態度，進而達到歷練培育部屬的功能。

三、確實檢討機關首長時間分配及運用情況，採取限制首長主持或出席會議的次數，批閱公文書的件數或時間等具體措施，減少其處理經常瑣務之時間，增加政策性及前瞻性的思考時間，以促進首長時間運用的正常化與合理化。

四、實施首長強迫休假制度，並由行政院人事行政局個別安排國外旅行每年一至二次，除藉以調劑身心外，亦得以促進分層負責之實施，或建立正、副首長隨時交替的運作體制。

五、首長主持或出席的會議應予檢討精減，採層級授權原則，由各級主管或主辦人員代理，尤其是機關內部的會議。

六、各機關應減少不必要的會議，改採電話、傳真或會稿等方式進行業務協調溝通。

七、為提高「會議效能」，首先，應加強會前準備工作，諸如議程資料的完整充實，提前寄送出席人員，指派適當出席人員。其次，在會議進程的控制方面，如發言次數及時間之限制，主席發言的自我節制及結論之作成等。最後，會議後的處理作業，如會議紀錄及時整理分送，會議結論或決議執行情形的追蹤等。

八、公餘應酬宴席應儘量懇辭，首長或許得以自我設限，暫以每週午晚宴各三次為度，以增加回家吃飯、休息的次數。

九、厲行午宴以茶代酒，晚宴則限量（限杯），並定時辭席（以不逾晚上八時為宜），以提早返家休息。

十、假日應酬宜以親友、私誼為限，晚宴亦宜避免，以充份休閒為要，降低對隔日工作身心情況的影響。

十一、首長應養成公務在辦公室及辦公時間處理的習慣，避免攜帶公文回家的累贅。

十二、務請社會各界顯達與企業、團體，特別體諒機關首長之難為，儘可能減少邀宴餐敘，以免首長疲於奔命。

中華日報專論，八十一年五月三十一日。

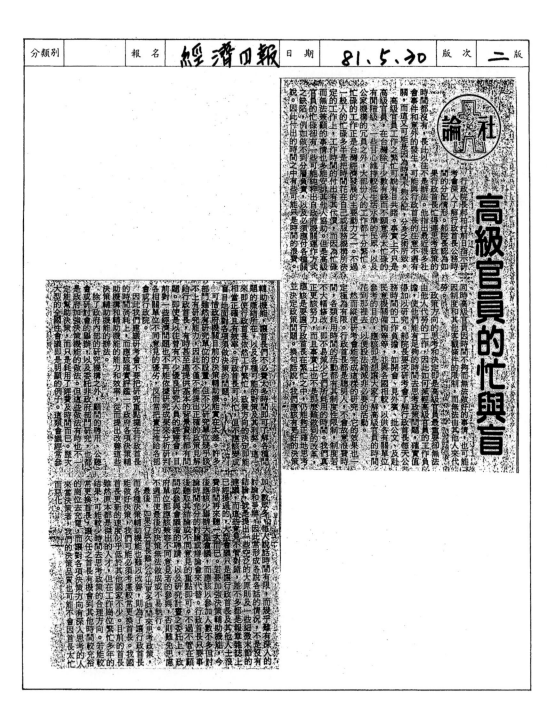

分類別		報名	經濟日報	日期	81、5、30	版次	二版

社論

高級官員的忙與盲

行政院長郝柏村前日指示研考會深入了解行政首長公務時間的分配情形。郝院長認為如果行政首長忙得連思考政策的時間都沒有，長此以往不是辦法。他指出最近很多社會事件和意外的發生，可能與行政首長的注意不週有關，而這又可能是因為時間不夠分配，分身乏術所致。

高級官員工作之繁忙可說有目共睹。事實上不只是高級官員，在台灣除了少數有錢而不願意再太忙碌的有閒階級、一些甘心維持較低生活水準的民眾，以及公家機構的冗員之外，大部份人的工作都十分繁忙。忙碌的工作正是台灣經濟發展的主要動力之一。不過一般人的忙碌多半是把時間花在自己或服務機構所決定的工作上，工作時間的付出有其代價，而因為忙碌而無法兼顧的事情也多能安排其他人協助。但是高級官員的忙碌卻有一些可能純粹出自政府機關運作方式之缺陷，例如做不到分層負責，以及必須應付各種關說。因此付出的時間之中有些可能只是時間的浪費。同時高級官員因時間不夠而無法做好的事情，也可能因制度和其他客觀條件的限制，而無法由其他人來代勞。

政策方向的思考和決定即是高級官員最重要卻無法由他人代勞的工作，因此如何減輕高級官員的工作負擔，使他們能有足夠的時間去思考政策問題，確實值得加以研究。郝院長要求研考會了解行政首長每天公務時間的工作負擔，如開會、見外賓、批公文、及赴民意機關備詢等等，並與各國相較，以供各有關單位參考的目的，應該即是想讓大家了解高級官員的時間花到那裡去，以便設法縮減非必要的活動。

然而縱使研考會能完成這樣的研究，它的效果也一定極為有限。行政首長都是聰明人，不會故意浪費時間，各類耗用時間的活動都有其制度性限制，制度若不大幅修改，即不易減少它們所耗用的時間。我們真正更該努力，而且事實上也不是那麼難做到的改革，應該是要讓行政首長在繁忙之中，仍能夠正確地思考並決定政策問題。換句話說，我們應該有更好的決策輔助機能，讓首長們不必費太多時間即可了解各種問題的癥結所在，以及各種可能的對策及其利弊。這一來即使行政首長依然工作繁忙，政策方向的決定即能相當正確且有效率。行政首長可以忙，但不應該變成盲目地面對各項須做決策的問題。

可惜政府機關目前的決策輔助機能實在太差。許多部門雖然有研究單位的設置，但不少研究單位幾乎談不上有研究能力，因此不僅不能提出正確的政策見解給行政首長，有時甚至連提供基本的背景資料都有問題。即使是以往曾有不少優良研究人員的經建會，目前對一些經濟問題也不再能依據研究成果來分析研判各相關單位不同意見的優劣，反而常把責任推給各部會或行政院。

因此我們建議研考會不要把研究重點擺在行政首長的時間消耗上，而應該確實評鑑一下政府各項決策輔助機構和輔助機能的能力和效率，從而提出改善這些決策輔助機能的辦法。

除了政府內部的研究機構之外，顧問的聘用、公聽會或研討會的舉辦，以及委託非政府部門研究，也都是政府加強決策機能的做法。但這些做法有時也不一定能幫助決策，而只是耗用了經費及時間而已。歷次大型的全國性會議即是明顯的例子。這類會議經常參加人數眾多，每人說話時間有限，而幾乎難有深入的討論和爭辯，因此常形成各說各話的情況，不是沒有結論，就是提出一些空泛的大原則及一些細微末節的建議，而這些意見不管對錯，差不多都是報章雜誌上已經提過的，大型會議只是讓行政首長及其他人士浪費時間再來聽一次而已。若要加強決策輔助機能，今後應該少舉辦大型會議，而應該以參加人數不多但討論時間充分的討論或辯論會來代替。行政首長只要事後聽取其結論或不同意見的重點即可。不過不管在顧問或參與會議者的聘請，以及研究計畫之委託上，政府單位都應該兼容不同意見者的參與，否則難免思慮不週而使最後的決策無法做成或不易執行。

最後，如果行政首長難以分出更多時間來思考政策，而各種決策輔助機能也難以改善，則為了讓行政首長能做好決策，我們可能必須考慮較常更換首長。我國首長更新的速度似乎低於其他國家不少。目前的首長雖然原本都是傑出的人才，但在工作崗位繁忙多年的結果，可能較少時間去思考政策的合理方向。若能較常更換首長，讓久任之首長有機會到其他時間較充裕的崗位去充電，而讓對各項決策方向有深入思考的人來當決策者，我們的決策品質也可能不會因首長太忙而惡化。

現行各種房屋優惠貸款檢討分析

壹、前言

行政院89年9月15日頒行「健全房地產市場措施」，實施「青年購屋低利貸款方案」、「二千億元優惠房貸方案」及「青年優惠房貸暨信用保證方案（一二○○億）」等短期措施；此外，其他機關辦裡的優惠房貸措施，尚有「九二一地震災民重建家園緊急融資（一○○○億）」、「輔助勞工建構住宅貸款」及「中央公務人員購置住宅貸款」等項，為瞭解各項優惠貸款措施執行現況與成效，爰一併進行檢討分析。

貳、執行現況

一、「青年購屋低利貸款方案」

（一）本項貸款係由承貸金融機構自有資金支應，每戶貸款金額為220萬元，貸款對象僅限青年首次購屋者，貸款期限為20年，金融機構目前貸放利率為5.15%（按郵政儲金2年期現行4.15%加上1.00%手續費），貸款人支付利率前7年固定為3.00%，以後年限按郵政儲金2年期定期儲蓄金機動利率加1.00%計算機動調整，政府則補貼優惠貸款部分前7年之利率差額（2.15%），並由內政部營建署編列公務預算支應。

（二）本方案計分7年執行，90年度預計辦理10,000戶，90年1月起辦理第一次公告，截至90年6月26日止，各直轄市、縣市政府核發同意購置住宅已達9,281戶，顯示申貸情形熱烈。

二、「二千億元優惠房貸方案」

（一）本項貸款係由承貸金融機構自有資金支應，貸放對象限年滿二十歲之國民，每戶貸款台北市者為250萬元，其他縣市者為200萬元，貸款期限為20年，金融機構目前貸放利率為5.15%（按郵政儲金2年期定期儲金機動利率現行為4.15%加上1.00%計算機動調整），貸款人實際支付利率為4.30%（5.15%減去0.85%），政府則固定補貼0.85%利率金額，並由內政部逐年編列公務預算支應。

（二）本方案截至90年7月13日止，受理94,713戶，已撥款83,589戶，申請金額2,664.77億元，核撥金額為2,370.09億元（其中優惠利率部分為1,496.03億元），一般利率部分金提為874.06億元），民眾申貸情形熱絡。

三、「青年優惠房貸暨信用保證方案」

（一）本方案總貸款額度為1,200億元，係由承貸金融機構自有資金支應，貸放對象僅限年滿二十以上四十歲以下之青年，且本人、配偶及未成年子女均無自有住宅者，每戶貸款台北市為450萬元，其他縣市者為350萬元，貸款期限為20年，金融機構目前貸放利率為5.15%（按郵政儲金2年期定期儲金機動利率現行為4.15%加上1.00%計算機動調整），貸款人實際支付利率為4.30%，政府則固定補貼0.85%利率金額，並由內政部逐年編列公務預算支應。惟本專案貸款不得搭配青年首次購屋低利貸款、二千億元優惠購屋專案貸款及其他政策性貸款。

（二）本方案截至90年7月13日止，受理35,792戶，申請金額1,225.88億元，已撥款32,066戶，核撥金額為1,109.13億元（其中優惠利率部分為988.61億元，一般利率部分金額為120.52億元），可見申貸案件甚多。

四、「九二一地震災民重建家園緊急融資」：

（一）本項融資係由中央銀行提撥郵政儲金轉存款及其他種存款1,000億元支應，貸款對象僅限九二一受災戶，購屋及住宅重建貸款每戶最高350萬元，150萬元以下免利息，逾150萬元部分，固定年利率為3.00%，貸款期限為20年，金融機構貸放利率係按郵政儲金一年期定期儲金機動利率計算機動調整，承貸銀行貸放利率之差額及1.00%手續費，則由中央銀行負擔。

（二）本方案截至90年7月12日止，已核准金額為424.8億元，已撥款金額386.6億元，申請戶數為27,267戶，核准戶數為26,117戶，核貸比率為95.78%，據了解，目前具有能力及意願災民多半已完成申貸，申貸情形已不如以往熱絡，影響申貸因素有：集合式住宅重建困難、土地糾紛事件、土地流失、土地尚待重測、以地易地尚未解決等。

五、「輔助勞工建構住宅貸款」

（一）本項貸款係由承貸金融機構自有資金支應，每戶貸款金額為220萬元，貸款對象僅限於無自有住宅2年內首次購屋之勞工，貸款期限為不超過30年，貸款利率由政府與金融行庫共同議定，勞工負擔利率部分，以往係比照國宅利率的5.00%計算，90年8月起將調降為4.845%，至於放款利率與勞工負擔優惠利率之差額，則由行政院勞委會編列公務預算補貼。

（二）本案每年度辦理戶數為30,000戶，採「正取」及「備取遞補」方式辦理（備取者可三年內有效遞補），近兩年度貸出率均為100%，而86年度、87年地及88年度貸出率均僅為85%至88%之間，顯示申貸情形較為上升。

六、「中央公務人員購置住宅貸款」

（一）本項貸款所需資金係分由「中央公務人員購置住宅貸款基金」及「承貸金融行庫自有資金」（主要資金來源）支應，每戶貸款金額依官等高低有所不同，簡任官等為220萬元、薦任官等為180萬元、委任官等為150萬元，貸款對象僅限於中央各機關、學校編列內公務人員（自90年度起省市縣市公務人員亦可申請），貸款期限為20年，購置住宅貸款之利息，除借款人自習負擔規定之利率外（以往為3.50%，現行一般行政機關學校部分已調整為4.00%；用人費事業或單一薪給機關則比照國宅貸款利率調為5.00%）。本項貸款利息差額係由「中央公務人員購置住宅貸款基金」補貼，不同於前述貸款係由主管機關採編列公務預算補貼。

（二）近年來核貸情形如下：84年度核貸5,991戶，85年度核貸5,504戶，86年度核貸6,522戶，87年度核貸6,985戶，88年度核貸5,477戶，88年度下半年及89年度預計核貸5,000戶，90年度預計核貸4,300戶。近年來因本基金嚴重短絀，可供核貸戶數已逐年大幅減少，嚴重不敷實際需求（據住福會88年底調查統計，當時高達35萬公務人員表達購屋意願）。

參、檢討發現

一、綜視前述各種貸款截至目前實際貸放情形，僅「九二一地震災民重建家園緊急融資」案尚有五百億剩餘額度，其他貸款申貸情形均稱踴躍，尤其「中央公務人員購置住宅貸款」，向來僅提供數千戶額度，遠遠不敷實際需求，惟「輔助勞工建構住宅貸款」受到外在經濟景氣不佳及勞工普遍擔心失業心裡之影響，90年度申貸情形反倒不如以往熱絡。整體而言，這些提供補貼利息差額措施，對促進購買意願、提振房市景氣及消化現有餘屋壓力，確有積極催化作用。

二、前述各種貸款之資金供應來源，「九二一地震災民重建家園緊急融資」係由中央銀行提供郵儲轉存款1,000億支應，「中央公務人員購置住宅貸款」則分由「中央公務人員購置住宅貸款基金」及「承貸金融行庫自有資金」支應，其他各項專案貸款均由承貸金融行庫自有資金支應。承貸金融行庫辦理前述專案貸款時，除可獲得政府補貼的利息差額及手續費外，當貸款人尚需申請優惠額度外一般貸款時，則可藉此獲得所衍生之一般貸款貸放利率（即一般利率所得）。

三、綜觀各種貸款所提供之優惠利率，以往公教人員購置住宅貸款可享有較優之利息補貼差額（3.50%），惟現行公教人員住宅優惠貸款利率已調高為4.00%（用人費事業或單一薪給機關已調為（5.00%），對照其他

公務人員購置住宅貸款與現行各種房屋貸款優惠措施對照表

貸款案名稱	總額度或戶數（資金來源）	每戶貸放金額	金融機構貸放利率	貸款人自行負擔利率	政府補貼利率	已核貸或撥款之金額及戶數	備註
中央公務人員購置住宅貸款	承貸金融機構自有資金支應為主；中央公務人員購置住宅貸款基金	簡任220萬元 薦任180萬元 委任150萬元	政府與金融機構議定	以往3.50%；90年度起一般行政機關4.00%、用人費或單一薪給機關5.00%	「中央公務人員購置住宅貸款基金」補貼承貸銀行貸放利差	88年下半年及89年度預計5,000戶；90年度預計4,300戶	期限20年
青年購屋低利貸款方案	每年預計1萬戶；承貸金融機構自有資金支應	220萬元	5.15%	3.00%（限前7年優惠）；以後年度不優惠	2.15%（限前7年）；內政部公務預算補貼	9,281戶	期限20年
二千億元優惠房貸方案	2,000億元；承貸金融機構自有資金支應	台北市250萬元；其他縣市200萬元	5.15%	4.30%	0.85%；內政部公務預算補貼	2,370.09億元，其中優惠部分1,496.03億元；83,589戶	期限20年
青年優惠房貸暨信用保證方案	1,200億元；承貸金融機構自有資金支應	台北市450萬元；其他縣市350萬元	5.15%	4.30%	0.85%；內政部公務預算補貼	1,109.13億元，其中優惠部分988,61億元；32,066戶	期限20年
輔助勞工建構住宅貸款	每年預計30,000戶；承貸金融機構自有資金支應	220萬元	政府與金融機構議定	5.00%（90年8月起調降為4.845%）	勞委會補貼承貸銀行貸放利差	核出率100%；貸出率85%-88%之間	期限30年
九二一地震災民重建家園緊急融資	1,000億元；中央銀行提撥郵政儲金轉存支應	350萬元	郵儲一年期定儲利率機動調整	150萬元以下免利息；其餘部分3.00%	中央銀行負擔承貸承貸銀行貸放利差及1.00%手續費	核准424.8億元、已撥款386.6億元；26,117戶	期限20年

專案融資提供之利息補貼差額後，諸如：「青年購屋低利貸款方案」之前7年固定為3.00%；「二千億元優惠貸款方案」及「青年優惠房貸暨信用保證方案（一二〇〇億）」之4.30%；「輔助勞工建構住宅貸款」之4.845%；顯示公教人員貸款目前已無明顯之利息補貼優惠。

四、比較前述貸款提供之申貸戶數，其中公務人員購置住宅貸款之戶數最少，歷年來只有5至6千戶，90年度更緊縮至4,300餘戶；對照其他專案融資可提供戶數，諸如：「青年購屋低利貸款方案」之每年10,000戶；「二千億元優惠房貸方案」及「青年優惠房貸暨信用保證方案」」截至目前之115,655戶；「輔助勞工建構住宅貸款」之每年30,000戶；「九二一地震災民重建家園緊急融資」截至目前之27,000餘戶，顯然公教人員購置住宅優惠貸款目前可提供之戶數實屬偏低。

五、再就各種貸款之貸放額度比較，「公務人員購置住宅優惠貸款」提供之貸款金額亦屬最低（簡任220萬元、薦任180萬元、委任150萬元）；對照其他貸款可提供之貸放金額，諸如：「青年購屋低利貸款方案」之每戶220萬元；「二千億元優惠房貸方案」之台北市每戶250萬元、其他縣市220萬元；「青年優惠房貸暨信用保證方案」之台北市每戶450萬元、其他縣市350萬元；「輔助勞工建構住宅貸款」之每戶220萬元；「九二一地震災民重建家園緊急融資」之每戶最高350萬元，150萬元以下免利息，顯示「公教人員購置住宅優惠貸款」目前貸放額度確實較低。

肆、建議意見

一、對照「公務人員購置住宅優惠貸款」與前述其他優惠貸款，其「貸放額度」及「貸放利率」已不具明顯優惠條件，同時「中央公務人員購置住宅貸款基金」嚴重短絀緣故，致使可提供「核貸戶數」嚴重不敷實際需求，建議增加公務人員購置住宅優惠貸款之核貸戶數，以適度符合公務人員購屋需求，並有助於提振房市景氣。

二、現階段「公務人員購置住宅優惠貸款」業務，僅能依賴「中央公務人員購置住宅貸款基金」提供利息補貼，該基金目前嚴重短絀，至核貸戶數逐年下滑，建議為來應適度擴充基金規模或比照其他貸款編列公務預算補貼利息差額，以增加「公務人員購置住宅優惠貸款」核貸之戶數。

三、「九二一地震災民重建家園緊急融資」因具能力且有意願災民多半已完成申貸，未來申貸戶數及金額應無大幅成長空間，建議可調降其融資餘額；此外，「輔助勞工建構住宅貸款」部分，受到經濟景氣不佳及勞工擔心失業影響，目前申貸情形已不如以往熱絡，亦得酌量調降部分補貼利差之公務預算金額；另一方面，相對增加「中央公務人員購置住宅貸款基金」之預算，如此，得以不增加政府總預算額度前提下，增加公務人員申貸戶數。

四、現行各項補貼房貸利息差額措施，對提振房市景氣及消化目前餘屋壓力，確有積極作用，仍應持續辦理。惟鑒於國內空屋壓力仍大之情勢，院頒「健全房地產市場措施」似應略做適度修正，建議刪除其中部分可能增加房屋供給之相關措施，以擴大短期消化餘屋之預期效果。

附註

1. 餘屋：指建設公司已興建完成並取得使用執照，但未售出的住宅（不含預售屋）。
2. 空屋：指住宅存量中未使用或低度利率的住宅，一般採「台電不足底度戶數」或「住宅存量流量與家庭戶數差額」推估（含中古屋及餘屋）。

參考資料

1. 本國銀行截至90年6月購置住宅貸款餘額為2兆5,514.5億元（資料來源：中央銀行網站）
2. 台北市、台北縣、桃園縣、新竹縣、新竹市、台中市、台中縣、台南市、高雄市、高雄縣等10縣市截至88年第一季、法人餘屋推估數為53,631戶；台灣地區截至87年底採「台電不足底度戶數」推估空屋為1,038,993戶（資料來源：內政部營建署網站、政治大學台灣房地產研究中心）

3. 依據公務人員住宅及福利委員會88年底調查，當時仍有高達約35萬公務人員表達購屋意願。
4. 近年來國庫撥充「中央公務人員購置住宅貸款基金」金額如下：86年度5.5億元；87年度1.5億元；88年度7.27億元；88年下半年及89年度10.69億元；90年度17.46億元（配合承接原省府住宅福利業務，資料來源：住福會）

撰於行政院研考會，九十年八月。

附錄：擴大公務人員購置住宅貸款提振成屋市場景氣建議事項

一、現況分析

（一）中央公務人員購置住宅貸款對象，自90年度起擴及省市、縣市公務人員，惟核貸戶數僅為4,300戶，較往年5至6千戶縮減。

（二）依人事局住福會88年度調查，表達購屋意願之公務人員高達35萬人，近年可能更多，亦有不少公務人員因家庭因素需要換購較大面積住宅。

（三）依據中央銀行統計，90年7月底，本國銀行購置住宅貸款餘額為2兆5,411億餘元，顯示承貸能量甚高。

（四）依據有關單位統計推估，目前空餘屋有113萬餘戶，顯示成屋市場不景氣，銀行亦不輕易貸放，其落差急待解決。

（五）目前政府主辦購屋貸款計分六種，申貸均甚踴躍。

（六）依營建署統計，至90年6月底，國民住宅貸款逾18,988戶，較87年底增加約15倍，且近日報導，約有二成貸款戶未能如期還款，造成貸放銀行負擔。

（七）公務人員收入相對穩定，係屬貸放銀行優良客戶，應為目前消化本國銀行住宅貸款餘額，以及購置空餘屋的主要消費群。

二、建議事項

（一）建請有關主管機關（人事局、財政部、內政部、主計處、中央銀行），於近期內（二週）規劃完成擴大公務人員購置住宅貸款案，達成滿足公務人員購屋意願，消化銀行貸款餘額與提振成屋市場等三贏的局面，進而藉以扭轉目前國內低迷景氣。

（二）謹陳擴大公務人員購置住宅貸款案規劃重點如次：

1. 增加購屋貸款及換屋貸款為十萬戶，執行至90年底再行檢討調整。
2. 貸款額度一律提高為450萬元（無官職等差別），貸款數額由申貸人選擇決定。

3. 貸放年限延長至30年，亦得由申貸人選擇決定。
4. 貸款以購置成屋為限，以消化現有空餘屋。
5. 公務人員自行負擔貸款利率，依現行規定辦理。
6. 貸款資金由銀行貸放餘額支應，貸放利率由主管機關與貸放銀行集體議價，並決定其貸放戶數。
7. 政府補貼利率及其財源，請有關主管機關詳加規劃。
8. 實施期程暫訂為90年度至92年度。

撰於行政院研考會，九十年八月。

打擊「災難性恐怖主義」的戰略

壹、前言

九月十一日國際恐怖主義對美國發動史無前例的災難性恐怖攻擊行動，劫持民航客機衝撞紐約世界貿易中心雙子星大樓與華府的五角大廈，造成近萬人的死傷慘劇，舉世震驚，激起全美的憤怒。布希總統於九月十三日矢言戰勝恐怖主義，打贏「二十一世紀第一場戰爭」，並宣布全國進入緊急狀態，即將展開名為「無限正義」（infinite justice）的軍事報復行動，打擊恐怖主義；之後，又更名為「恆久自由」（enduring freedom）以宣示這是一場長期的戰爭。

貳、災難性恐怖主義為二十一世紀 A 級危險

九一一的恐怖攻擊為多發性、多目標的攻擊行動，為一策劃週密的災難性恐怖主義的攻擊行動。「災難性恐怖主義」與傳統之恐怖主義的小規模爆炸、劫機、暗殺、劫持人質不同，其所造成之災難性後果與震撼性更為巨大，以暴力血腥殘忍的屠殺，目的在於造成恐懼不安與政治社會經濟之災難性影響。 九一一的恐怖攻擊造成近萬人的死難與損失已超乎珍珠港事件二千四百餘人的死亡人數，已非一般所認知的傳統性恐怖主義攻擊事件，毋怪乎布希總統宣稱這不只是恐怖行動而是戰爭的行為。

美國自九十年代起即成為恐怖份子的主要攻擊目標，美國政府亦已將恐怖主義的威脅列為國家安全關注的焦點之一。一九九七年史丹福與哈佛大學甘迺迪學院即成立災難性恐怖主義研究小組。聯邦調查局、聯邦緊急管理署與相關機構亦成立反恐怖主義小組，負責處理恐怖主義攻擊之危機事件。 為了對抗恐怖主義的攻擊，美前國防部長斐利提出預防性防禦對抗災難性恐怖主義的戰略主張。英外相史卓亦主張英國必須研擬防禦模仿性攻擊之道。 一九九八年五月，柯林頓總統宣示，美國必須以剛強與

決心態度應付本世紀最強悍的安全挑戰方式來對付二十一世紀恐怖分子的挑戰。

參、災難性恐怖主義的影響

災難性恐怖主義由於其破壞規模與數量的大幅增加，其對政治社會的影響更為巨大，將會帶來質的改變與造成難以彌補的破壞性影響。九一一事件即動搖美國人對安全感與人權思想及民主價值觀的基本信念。恐怖主義對美國心臟地區致命性的攻擊，使美國國家安全的威脅首度帶入美國本土，致美國人不再認為美國是一個適於居住的安全地方。全世界都面臨嚴重的安全與信心危機。由於未能有效防範災難性的恐怖攻擊，無能力對抗此種大規模的屠殺，也將動搖民眾對民主自由及憲政秩序的信心與對政府支持的態度。當人民憤怒要求採取激烈的報復措施，以維護國家安全時，即可能願意付出更大的代價，降低對自由權利與人權的保障，犧牲司法正義的要求，以要求災難事件不再發生。

九一一事件攻擊的成功，亦同時鼓勵仿傚學習；更由於科技與技術易於取得材料與現代社會安全網的脆弱性，使得小規模的恐怖主義團體即能發動災難性恐怖攻擊行動。如九一一事件之數十名恐怖份子即利用安檢漏洞以劫機行為遂行無人性之殘暴攻擊行動。當人們憤怒找尋罪魁禍首，可能把搜尋或報復目標擴及相關人物與團體，涵蓋與嫌犯接觸的外國政府時，災難性恐怖主義更可能導致廣泛的國際衝突或挑起民族仇恨，造成暴力衝突的循環，致使國際社會更動盪不安，威脅世界和平。

肆、打擊災難性恐怖主義的戰略

打擊國際恐怖主義的戰略思考必須兼顧國家安全與公平執法。「國家安全策略」為積極蒐集情報，主動辨識威脅，計畫行動，嚇阻和防範之預期行動。「公正執法策略」則須考量對公民自由權利和嫌犯的保護，無罪推斷，證據蒐集，依法逮捕，依證據審判與處罰罪證明確者。因此，對抗災難性恐怖主義必須結合國家安全、國防軍事、執法機關及廣泛的政府部門與民間社會、企業部門，甚至結合國際社會間的合作與整合的共同努力。因此需要政府間的高層協調聯繫機制。

建立對抗災難性恐怖主義的新能力，亦應該遵從一些基本原則，包括尊重公民自由權利，制度化危險評估分析和系統分析整合機制，以及緊急事件動員處理，國防（安）部門扮演堅強支持角色，國際政治外交與軍事合作，發展反恐怖主義科技和戰術。

伍、建立反恐怖主義機制與策略

根據上述戰略思考與基本原則所採行「預防性防禦」的戰略，美國「災難性恐怖主義」研究小組建議，應立即建立包括下述連貫性的戰略要素，構成行動組織機制。包括「情報和警告」、「預防嚇阻」、「危機和後果處理」，「協調取得所需科技的過程」及「國際打擊恐怖主義合作聯盟」等。

一、情報和預警

政府應取得授權，對有動機和能力使用大規模破壞性武器的任何團體，以及可能會支持這些團體的國家，進行實體監控和電子監控。因此，必須修改相關軍事情報與執法法令，以獲得法律授權與更彈性的作為。針對可能發生之災難性恐怖主義廣泛蒐集情報資訊，需要一個新機構蒐集、過濾有關恐怖主義的情報，結合國安部門主動蒐集情報作法和執法部門的調查資源與能力。此次九一一事件情治部門的疏失缺漏更需痛加檢討改進。建議成立「國家恐怖主義情報中心（National Terrorism Intelligence Center）」，負責蒐集、處理和傳播訊息，並對可疑的災難性恐怖主義行動，提出先期警告。建立危機監測與先期預警機制。

二、預防和嚇阻（以三種措施來預防與嚇阻災難性恐怖主義）

（一）宣布恐怖武器與行動為非法：國際間應主動立法與合作，將任何發展或擁有大規模破壞性武器的行動與國際恐怖主義活動稱為「國際犯罪」，建立國際間常設性合作反恐怖活動的組織機制與情報交換功能。

（二）成立國家資訊保險中心：以私人，非營利方式，對抗可能發生之網路恐怖主義，確保資訊和電腦系統的妥善與安全，可為企業進行資訊保險評估，提供維護網路安全的建議與訓練，並提供反恐怖主義之研究發展與資訊情報合作。

（三）整合戰略計畫：加強對災難性恐怖主義問題進行戰略危險的分析研究，建立系統性做法。包括大範圍的監視，辨認特定威脅，對可疑目標的監視和預警、預防、嚇阻、禁制、隱蔽行動、後果處理、對目標地點進行法律分析，決定責任歸屬，加以懲罰與報復行動，以及事後分析檢討等。

三、危機和後果處理

災難性恐怖主義之危機處理，包括動員任何可動用的力量，以最低的附帶傷害，阻止攻擊，從事保護，並有對攻擊地點與事件進行調查的能力和計畫，以蒐集有力證據，找出罪嫌，採取行動等危機管理的機制與能力。對災後之處理，必須能於面對攻擊時，立即採取回應能力，以具體明確有效措施，降低傷亡和損害。包括災難救援、傷患醫療，資源分配供應與後續復原重建等一連串之災難管理與緊急應變機制及作為。

美國已於「聯邦緊急事務管理署（FEMA）之聯邦緊急應變計畫（federal response plan）」中，列入針對恐怖主義攻擊的緊急應變計畫，並成立「反恐怖主義小組」，結合聯邦調查局等情治與執法機關及災難緊急處理單位之資源和人力，因應恐怖主義攻擊事件。此外，並建議聯邦政府成立「災難性恐怖主義反應辦公室」負責秘密行動與軍事力量作為先發制人或報復性攻擊之政策、計畫和準備工作；同時亦研擬遭遇災難性攻擊時之圍堵、反制、災難處理等恐怖事件危機管理工作。國會情報委員會更推動立法，要求於聯邦政府設置並任命一位專責打擊恐怖活動的最高主管官員，負責整合並推動反恐怖活動。

四、國際合作反恐怖主義

運用國際政治、外交、軍事、經濟等合作關係，結合國際社會與組織，建立國際間共同反恐怖主義的共識與聯盟，藉情報資訊交換，戰略規劃，聯合行動，國際立法等，建立國際社會共同反恐怖主義的整體力量，全面消弭恐怖主義亂源。

陸、居安思危 未雨綢繆

災難性恐怖主義對美國的攻擊乃以非傳統戰爭形態與非傳統恐怖主義的攻擊方式，造成美國巨大的損失與傷害，實為運用詭道，攻其無備，出其不意。未來對反恐怖主義的戰爭亦必須運用詭道，採取非傳統的戰略、戰術才能制敵機先。翦除恐怖組織，更須運用政治外交智慧化解民族仇恨，消弭亂源，始能維護世界和平。為保障國家安全與社會安寧，美國雖已進行長期研究與因應恐怖主義的攻擊準備，每年花費二百五十億美元，但仍準備防範不週，遭致九一一的恐怖攻擊，導致巨大損害。

反觀國內對恐怖主義的研究防範仍十分貧乏與不足，社會公共安全防護網仍十分脆弱。國安會丁秘書長九月十三日表示：「我們國家安全處境其實較美國嚴酷，這麼嚴肅的教訓，我們豈能不更加警惕，不思因應之道。」恐怖主義在全球化發展之下，台灣無法自處於國際社會安全與恐怖主義的威脅之外，為了國家安全實有必要居安思危，未雨綢繆，參加國際反恐怖主義合作關係，加強研究因應防範之道。

警光雜誌，第五四三期，警光雜誌社，九十年十月

著者：官政哲博士，原任警政署法制室主任，現任澎湖縣警察局局長

專業主義與社區主義之警政改造
——英國警政改造方案

壹、前言

英國於2002年7月24日公布「警察改革法」（Police Reform Act 2002），此乃延續2001年12月5日公布之「新世紀警政白皮書」（Policing a New Century：A Blueprint for Reform）之政策構想，以法制化形式落實警政改造。並將依據「警察改革法」擬訂「國家警政計畫」（National Policing Plan）積極展開自1970年來最大規模的警政改革工作。英國「警政改造」運動早在2000年11月9日各警察機關代表於參加蘭開斯特會議時就開始啟動了。

英國政府為推動警政改造，曾召開數次警政首長會議研訂推動計畫，成立「警政改造推動委員會」（Police Reform Steering Forum），並成立工作小組。經過多次充分研討後，提出警政改造之構想與建議，出版「新世紀警政改造白皮書」。並於2002年1月24日提出「警察改革法草案」（Police Reform Bill）送交國會審議，於4月下議院審議通過，7月24日經英國女皇簽署公布施行。「新世紀警政白皮書」與「警察改革法」是英國政府對民眾提供最佳品質之警察服務的保證與減少犯罪、降低犯罪恐懼感，增進民眾對警察信任感，決心推動警政改造的承諾。亦為英國政府推動公共服務改造的整體政策之一。

貳、推動警政改造之必要性

面對二十一世紀的挑戰，英國政府基於全球化之國際趨勢，國內社會變遷與資訊化發展，國際性和組織性犯罪、恐怖主義、毒品走私、洗錢犯罪等之威脅。又因交通與通訊技術進步導致區域性、地區性犯罪與反社會違序行為之質量的改變與增加，導致許多社會犯罪特性的變化，致使民眾對犯罪的恐懼感與日俱增。英國政府認為目前之警察組織效能與治安策略未能因應犯罪與治安情勢演變之挑戰，必須採取全國性的改造策略與行動，始能有效因應各種新型態犯罪與治安情勢的挑戰，減少地方性、區域性犯罪，維護治安。更基於以下各項考量，促使英國政府決心推動警政改造：

一、犯罪率仍太高，尤其街頭搶案更令人關切，且犯罪與毒品氾濫關係密切。

二、犯罪數已減少，但民眾對犯罪恐懼感仍高；尤以反社會之違序行為造成民眾不安全與恐懼感，警察對此仍無具體有效對策。

三、必須改變犯罪率上升之趨勢，並設法降低各種犯罪率，尤其更必須有效遏止重大犯罪與暴力犯罪。警察與刑事司法系統之效能，均必須檢討改善。

四、慣犯、累犯、職業犯之高再犯率，成為整體犯罪之主要構成因素，尤應優先處理，必須有效提高再犯之逮捕率與處遇績效。

五、破獲率與定罪率偏低，1999－2000年之破獲率僅24%、定罪率僅9%，警察執法與司法程序必須提高其效能。

六、各警察機關執法績效差距太大，如各警察機關竊盜偵破率自7.9%至43.5%，搶盜之偵破率自14.4%至50.8%間，此乃各單位間缺乏整體策略、一致性程序與標準，必須整體提高效能與服務品質。

七、警察機關仍不夠便民利民，與民眾溝通互動不良，民眾對警察機關之信任感仍低，難以獲致社區民眾充分支持與合作。

參、警政改造之重點目標及其策略內容

依據「新世紀警政白皮書」與「警察改革法」之警政改造的目標約有七項，包括持續有效降低犯罪數、有效打擊並降低再犯率、提高破獲率與定罪率、打擊反社會之違序行為、降低民眾犯罪之恐懼感、提供被害者服務與支持，以及重建民眾對警察之信心等。為達成上述之改造目標的主要策略與內容如下：

一、擬定「國家警政發展計畫」

包括擬定三年期「國家警政發展計畫」之策略性計畫與年度執行計畫，作為律定警政改造之優先推動目標，並作為績效考核指標。同時成立「全國警政論壇」（National Police Forum），作為共同思考與探討有關如何減少犯罪與維護治安意見之溝通機制，藉此凝聚警政改造共識。

二、建立最佳警察服務效能導向之新工作架構

成立新的「警察作業標準研發工作組」（Police Standard Unit），負責檢討修正警察之政策、法令規章、實務作業規範與績效督導評核方式等。並從實務中發掘，以研究建立最佳實務（Best Practice）之操作範例，將之強力推廣至基層單位，以全面提升警察服務標準與品質。徹底改進教育訓練內容與方式，強化領導管理能力與專業水準，結合陞遷發展，培育優秀領導管理人才，並加速其升遷，同時開放任用專業人員及擴大其發展機會。

三、導正缺乏效能（率）之警政機關與首長

賦予內政部長加強對警察督導考核權限，如擬定警政政策與計畫，加強政策與計畫執行監督，並得發布命令與行政指導，強力推動警政改造工作等。對缺乏效能（率）之警政機關與首長，得要求其於十二週內提出改善計畫，並基於公共利益之考量，必要時可將警察局長予以停職、解職或命令退休。

四、擴大輔助警力運用範圍，以減輕警察負擔

警察機關擴大任用文職人員與行政幕僚，如指派擔任社區輔助警察、負責鑑識調查、拘留所管理、安全監護與內勤幕僚工作等。並擴大賦予權限，以協助警察抗制輕微犯行與反社會違序行為，減輕警察人員負擔，使能專心投入第一線打擊犯罪之治安工作。

五、獨立警察訴怨委員會（Independent Police Complaints Commission）

成立獨立公正之「警察訴怨委員會」，改進現行機制，除避免球員兼裁判與官官相護之弊病外，並建立獨立公正、公開透明與健全之程序，以更客觀調查，有效處理民眾對警察執法不當或不法行為之投訴抱怨案件，澈底改善警察風紀與形象，增進民眾對警察之信心。

六、擴大民力運用與授權，抗制社區違序行為

對具協助治安功能之有關之行業，如保全業、安全管理、警衛人員或機構等，經訓練與審核認可者，得授予部分警察權限，以協助警察處理社區之違序行為與輕微犯罪事件，以增進社區民眾之安全感。各地區普遍成立「維護治安夥伴關係」（crime and disorder reduction partnerships）之守望相助組織，加強與社區之互動互助關係，支援整合社區組織與資源，共同維護社區安全。

七、增加警力資源，修正部分警察職權

英國為加強維護治安抗制犯罪，已於2000年3月設立「抗制犯罪特別預算」增加治安之預算投資，包括警力由124,170人，增為130,000人，增加犯罪偵防科技與設備之充實發展等。

為更有效打擊犯罪，適度調整警察職權，增加無令狀逮捕之犯行範圍與留置監護、交通事故血液採樣，危險駕駛等違序行為之逮捕取締權限等，改進對涉及違序行為與性騷擾侵害問題等反社會違序行為之處理機制、流程與效率，以增進社區秩序與安全維護。

八、提升犯罪情報蒐集分析處理與偵防能力：

強化「全國犯罪偵防工作小組」（National Crime Squad）與「全國刑事情報資訊服務中心」（National Criminal Intelligence Service）之效能，加強情報蒐集分析能力與資訊分享機制功能。

放寬專業人員進用管道，吸收專業科技人才，增加警察偵防科技與資訊科技之投資與發展運用。如資訊、通訊、DNA技術、指紋鑑析、數位影音傳輸等，以利有效運用支援偵防犯罪。

九、改善工作條件與福利待遇

設計更彈性、公平、更佳之待遇制度，以符合不同警察工作之特性與條件的需求，如專業性、特殊性與領導性職務等，以利吸收與留住優秀人才。改善工作環境與條件，包括整建辦公廳舍、裝備器材之改善，提供員警自宅貸款、健康檢查與醫療保險、房屋津貼等。

肆、警察專業主義與社區主義之改造策略

英國警政改造的主要願景在於創造以服務為導向，更為親民便民，以自由、親和方式與社區密切互動，並能有效減少犯罪與反社會違序行為，降低民眾對犯罪之恐懼，保護民眾與社區安全。英國政府推動警政改造之基本策略乃是運用「警察專業主義」與「社區主義」之精神，改造警察組織成為符合民主法治精神與多元社會中更能有效維護公共秩序與社會治安及國家安全的現代化警察機構。

一、警察專業主義之策略

英國之警政改造內容中特別強調「警察專業主義」之理念，運用知識管理策略之「最佳實務」（best practice）概念，結合理論與實務，從實務中發掘並研究發展出卓越優良的領導管理、組織運作、人力運用、教育訓練、社區互動、勤務運作、犯罪偵防等最佳實務之操作範例，強力推廣普及至基層單位，以全面提升警察服務水準。

二、社區主義之精神

警察之服務仍是建立安全社會之核心；但其不能單獨完成任務，社會支持才是促進改革進步的主要力量。警察改革如無社會支持參與，其改革將不

會成功。因此，爭取並擴大社會支持參與，協助建立公民社會，擴大社區在維護治安之角色功能，增加民力運用與授權，結合與社區治安有關之機構團體，普遍建立維護社會治安之夥伴關係，協助與支援警察抗制社區犯罪及違序行為等為重要關鍵，因而在改造工作的規劃推動中，特別重視社區主義精神的貫徹。

伍、他山石可以攻錯

英國政府推動「警政改造」乃體認到提供民眾安全與保護係屬政府存在的最基本功能。因此，必須將國家資源優先運用於保障民眾免於犯罪恐懼威脅之治安政策上。自皮爾爵士創建現代警政以來，英國成為現代化警察之創始者，其警政制度向為世界之先驅，為各國學習之對象。但英國政府仍然深切反省，虛心檢討，決心推動警政改革，承諾提供民眾最佳品質的警察服務。

目前台灣地區民眾最關切的問題是經濟發展與社會治安，足見犯罪問題仍然嚴重，民眾對犯罪恐懼與不安全感亦高居不下，影響民眾生活品質，而且對警察服務之信任感亦仍有不足。根本原因乃是警察對抗制犯罪與維護治安之專業能力與服務水準仍未能符合社會之期待，而且社會環境變遷，犯罪質量異於往昔，警察之根本改造確有其必要性。

民眾對「警察服務」是無可選擇的，但有權要求政府應提供「最佳水準的警察服務」。維護社會治安，保障民眾生命財產安全，既是政府存在的最基本功能與施政的首要目標，亦為全體民眾共同之企盼。

政府亦應如英國政府一樣，對民眾宣示提供「最佳水準的警察服務」之承諾。將國家資源優先運用於免於犯罪恐懼的治安政策上，決心推動警政改造，提高警察效能與水準，以減少犯罪，增進民眾的安全感與對警察的信任感，善盡政府的最基本功能。

警光雜誌，第五五〇期，九十一年九月

著者：官政哲博士，原任警政署法制室主任，現任澎湖縣警察局局長

建立以地方政府為主體之救災組織體系

壹、研究背景

民國八十八年九月二十一日凌晨發生罕見的九二一大地震，造成生命財產重創，而政府救災組織體系功能不彰是影響救災成效的重要原因。民國八十九年七月二十二日嘉義八掌溪四名工人被沖走身亡的不幸事件，經電子媒體重複播放，全國民眾眼睜睜的看著四名工人被暴漲的溪水沖走，引發民眾對政府救災能力的質疑。不論是九二一大地震或八掌溪事件，地方政府包括縣政府與鄉鎮市公所（尤其縣政府比鄉鎮市有更完整的組織與更豐富的行政資源）處在救災的第一線，有責任在最短時間內進行救災。因此，本文從地方政府的角度，思考救災組織體系存在的問題。

廣義的救災應包括預防、減災、救災、善後（安置）等不同階段在內，因此災難發生時所涉及的單位相當多，不僅是消防單位而已。例如，地震災害需要的專業知識包括地震分析、地震預測（屬於氣象學或地質學領域）、地質（是否發生土石流）、道路（交通）、橋樑、隧道、醫學、社會、社工、建築、土木、政治、行政等；再如，溪水救生也需要多種不同的專業領域，包括駕駛直升機、駕橡皮艇、潛水、醫學救護、水上救生、使用拋繩槍（筒）。單靠消防體系難以發揮救災應有之功能，必須有來自其它組織（單位）分工的協助，或必須靠整個救災組織體系，才可能產生救災應有的效能。

貳、地方政府救災組織體系分析

一個值得思考的問題是，救災組織體系成員相互間，不一定存在相互隸屬的關係，或縱然同屬地方政府救災組織體系成員（例如縣政府的成員與鄉鎮市公所的成員），卻不一定對同一救災組織體系有認同感，有可能成員間鬆散（loose coupling）的程度比同組織的成員有過之而無不及。而且災難一旦發生，不只是屬公務人員的縣政府員工與鄉鎮市公所的員工的參與，可能還有民間救難隊、義工、沒有組織的民眾、來自其它地方的義工組織的參與，而這些非屬政府部門的民間單位或民眾，其實都可以是廣義的救災組織體系。所以對所有救災組織體系成員而言，提高所有成員對救災組織體系認同比較好的方法是透過認知的改變，讓他們認為有救災組織體系之存在，願意配合或知道以整體的方式進行運作。更具體的作法是，透過整體救災組織體系規劃，進行不斷的演習，以及不斷的教育訓練，以改變其鬆散的救災組織體系認知。而這關於整個救災組織體系運作的問題。

關於九二一大地震地方政府救災組織體系之分析，本文分從個人、鄉鎮市公所、縣市政府等三個層次進行分析。主要因為救災組織體系最基本的單位是個人，所以必須先從個人談起；雖然鄉鎮市公所能資源有限，能夠發揮的救災功能也受到限制，但畢竟是比縣政府更接近民眾，經常可以有比較快速的動員、發揮立即的效果；最後是縣市政府救災組織體系之分析，雖然再上去還有中央政府層級，為免探討內容過於龐大，因此本文以地方政府為研究主體。再者，雖然分析架構分為三個層次，但各層次間會持續存在互動或相互影響，而且不同層次中間還可能存在許多不同層次，例如任何兩人、兩鄉鎮市之合作，都可以形成不同的層次。為避免過於複雜，以下茲仍就前述三層次進行分析：

一、個人層次

關於地方政府救災組織體系的個人部分，最重要的三個變項是工作技術、工作承諾、領導模式，也就是說，在地方政府救災組織體系的個人層次分析中，這三個變項幾乎決定救災組織體系是否能夠發揮應有功能。

（一）工作技術

所謂工作技術是指專業能力，也就是面對災難，救災組織體系第一線人員應該擁有的專業知識、技巧與能力。關於工作技術探討，又牽涉到兩個重要的問題，第一，到底誰是第一線人員；第二，到底第一線人員應該有什麼樣的專業知識、技巧與能力。而誰是第一線人員的問題之所以重要，除了在定義專業訓練上有所助益外，因為第一線人員受到社會較多的肯定，經常也是工作尊榮感的重要來源。一般而言，不論任何災難，我們立即想到的是消防人員（雖然我國消防人員所受的訓練主要是常見的火災與水災救助），在警察與消防未分立前，消防人員屬廣義的警察，所以可以說因為警消分立，第一線救災人員（屬公務人員部分）之定義變窄（雖然警察仍有責任維護災害現場的交通秩序），或警察退居救災（人）的第二線，所以同樣是救災，因為較為間接，受到的肯定較少（和第一線的救災人員相較），工作價值於是較低。

另一方面，如果我們從實際運作的角度分析，第一線人員其實不一定是消防人員（雖然消防人員經常第一個接獲報案），理由有二。第一，消防人員不一定是第一個到場的救難人員（可能是警察、民眾、民間救難人員）；第二，消防人員不一定俱備該種災難的救護技巧。因此，若為提升救難成效，所有可能成為救難之人員，都應視為第一線人員，因為如果只定義消防人員為第一線人員，無形中可能弱化的救災成效，因此以廣義定義將非消防或甚至非公務人員（即民眾或救難大隊）包括在救災組織體系之內，將可提高救災成效。或如果說，首先到達災難現場之人員，就有能力（常識）進行初步處理，並一面向消防或其它具該救難專業技術的救難人員求援，應該可以有好的救災成效，當然這必須有良好的連繫網路與純熟的工作技術為前提。

那麼，到底第一線救難（災）人員應該有什麼樣的專業能力？最理想的情形乃是專責救災（難）的消防人員，應俱備所有救災、救難的專業知識。一般而言，災害（難）的種類至少包括地震災、生化災、風災、水災、火災、核災、山難、船難、海難、河（溪）難、空難、潛水難等，或是綜合性的災難；加上災害發生的地點可能在市區、郊區、偏遠地區、山區、海（溪）邊、海（溪）上，或是綜合地區。面對如此多樣與錯綜複雜的災難，消防人員實在不容易同時擁有每一種災害的救災專業知識，但如果消防人員沒有多樣的救災專業知識，又難以進行立即救災的工作，因此未來仍應朝多樣的救難專業發展。而這又可以有三種選擇，第一是吸引有興趣的消防人員，進行各種災害救助訓練；第二是吸引所有對救災有興趣的公務人員，根據其工作專長，進行救災專業訓練，再以任務編組的方式，進行救災組織組織體系的整合（目前災難發生多必須同時結合不同單位一起救災）；第三是建立救災專業檔案，將所有俱備救災專業人員（不論政府或民間專業人士）納入救災組織體系之中，以彌補消防人員救災專業之不足。

雖然不一定每一種災難都需要動員整個救災組織體系，但救人有緊急性與時效性，針對各種不同災難，以整個救災組織體系進行適時的分工與動員，似乎較能發揮救災成效。再者，任何第一線救難人員都難以同時俱備前述多樣的災難的救難專業知識與技巧，在此情形下，專責救災的消防人員在有限的時間與能力下，僅能選擇訓練或學習較常發生的火災、風災、水災，作為其專業知識與技能。雖然這種現象無可厚非，但畢竟救災（難）仍為消防人員的職責（當然也是相關公務人員的職責，甚至也是所有民眾的責任，只是在消防人員的宣導、組織與動員下，會有更好的成效）。縱然因為許多先天限制無法精通所有救難技能，至少必須能在短時間內動員相關專業人員進行救難。而且，不論採取前述任何強化救災（難）專業知識與技巧的措施，定期及不定期的演習與持續的教育訓練，仍是強化救災組織體系個人之工作技術的有效方法。

（二）工作承諾

所謂工作承諾是指救災組織體系成員願意為救災付出的意願，救人（災）原本就是件神聖的工作，但在長期從事救災工作前提下，卻不一定會一直存在高度的工作承諾，尤其官僚體系第一線救災人員。雖然工作價值最高，但卻處於官僚體系的最底層，第一線的救災工作之價值於是受到減損。應該說，如果救災人員徒有一流的專業知識，卻沒有高度的工作承諾，不願意為救災工作全心付出，就不可能有良好的救災成效。至於決定工作承諾的因素除了工作價值，Maslow（1954）所提出的成就感、尊榮感、親密感、安全需求、生理需求等都包括在內，或更具體的說，整個人事制度從考選、教育訓練、分發、遷調、在職（升職）教育、升職、獎懲、福利、保險、退休、撫恤、薪資結構等，都是決定工作承諾的重要因素，而這都是激勵制度的一環。

（三）領導模式

災害發生後，必須有立即的救災行動，而此時領導者的領導模式往往成為救災成效的關鍵因素。在探討領導模式之前，首先必須瞭解誰是領導者，就本文所探討的地方政府救災組織體系，縣市長當然是最高領導者，但在執行救災任務時，除了縣市長，消防局長、警察局長、鄉鎮市長、各救災中心指揮官、前進指揮所指揮官、各任務編組主管（如交通、會計、後勤等）、各非政府救災體系負責人與現場指揮者等，都是救災組織體系廣義的領導者。雖然各層級領導者面對的環境不同，但由於領導者所動員的是整個所屬的組織體系，因此能否發揮整體力量，領導模式相當重要。

那麼到底災害發生後，各領導者應該採取什麼樣的領導模式？除了應就領導者個人進行思考，領導者所面對的環境也是重要因素，所謂的環境因素是指災害的種類、範圍、地區、程度等。但基本上，各領導者必須針對災害進行立即決策，因此需要主導風格，這是對複雜情況具低容忍度且傾向技術層面的領導風格，才能針對災害進行快速有效的處理，而雖然管理風格有先天因素影響，後天（教育）環境也是重要因素。雖然救災時領導者主導風格之運用相當重要（根據作者在民國八十九年十月二十日訪談埔里鎮長表示，在九二一大地震救災時，他必須在短時間決定優先救人並承擔被救者傷殘的後果）但這不表示其它風格就不要出現。縱然領導者在救災時，有高品質的主導風格，但若所屬的救災組織體系沒有紀律（受過訓練或聽從指示），救災的動員效果將受到限制。

若從領導者角色扮演分析，根據 Mintzberg（1973: 56-96）提出十種角色，很有參考的價值，不論任何階層的領導者，都有必要扮演好以下的十種角色：1、表徵者角色（figurehead role）；2、領導者角色（leader role）；3、連絡者角色（liaison role）；4、監控者角色（monitor role）；5、傳播者角色（disseminator role）；6、發言人角色（spokesperson role）；7、企業家角色（entrepreneur role）；8、穩定紛亂者（disturbance handler）；9、資源分配者（resource allocator）；10、談判者（negotiator）。

因此，災難來臨時，領導者必須扮演多重的角色，而且不能偏重某些角色而忽略某些角色的扮演。因為某些角色扮演的忽略，都可能造成救災工作的難以圓滿。或者說，即使領導者無法或難以同時扮演十種角色，透過組織分工，讓這十種角色授權由各具專業能力的組織成員扮演，如此得以彌補或避免災變來臨時，因為場面混亂導致領導者難以分身扮演多重角色的問題，更重要的是多重角色的扮演，同時造成組織動員的效果。

二、鄉鎮市公所層次

鄉鎮市公所可以說是政府救災組織體系最基層且最重要的單位，但是鄉鎮市公所的救災角色往往受到忽略。因為鄉鎮市公所是最接近民眾的地方政府單位，由於鄰近災區，可以產生的動員能量最為直接。但是政府救災組織體系的主角消防與警察組織體系，與鄉鎮市公所無隸屬關係，完全受縣政府的指揮監督，所以造成鄉鎮市公所在政府救災組織體系中經常被忽略，與日本或美國地方政府不同，因為日本與美國鄉鎮市層級地方政府均設有直接隸屬之消防單位（訪談警察大學消防科學系教授所得之資訊）。再者，災害發生後，民眾報案首先想到的就是消防與警察單位，前往災害地點救助的機關可能是消防局所屬的消防分（小）隊與（或）警察人員。這種救災組織體系長久以來運作之下，鄉鎮市公所無形中喪失了其救災組織動員之能力。如果將鄉鎮市公所視為救災組織體系之一環（事實上也是必要，因為鄉鎮市是地方政府最小的自治單位），所以鄉鎮市長、鄉鎮市民代、鄉鎮市公所等，就是三個必須探討的重要變項。

三、縣市政府層次

縣市政府為地方政府最完整的基層組織，雖然中央政府的組織結構最完整，資源也最豐富（直轄市亦有更完整的結構與資源），但因地方政府較接近民眾，更因為縣市長民選，直接對民眾負責，縣市政府自然成為災變發生時的應變主體，縣市長也成為災變地區的總指揮官。因此縣市長、縣政府在災變發生時應扮演重要角色。

四、消防局、警察局、軍隊的救災角色

到底消防局、警察局、軍隊在救災時，各應扮演什麼角色？首先，救災

與防災原本就是消防局的主要任務，因此面對各種災害之搶救，應有什麼樣的組織動員計劃，在平時應進行什麼樣的救災演習，以及救災時應採取什麼樣的策略，這些都是消防局的責任，也就是說，地方政府能否有成功的救災成效，消防局應居關鍵地位。對於消防局的思考層次不應侷限於消防局及所屬之組織與人事運作，應著眼於整個縣政府組織體系的動員。因為消防局是執行地方政府救災的專業幕僚，災害發生時更是主導救災任務執行的靈魂單位，所以如何透過消防局組織與人事之強化，才能提升地方政府救災組織體系的救災成果。

警察局的主要任務在維護治安，但任何與地方政府相關的任務，一旦狀況緊急，在縣市長命令下，都必須立即進行組織動員，也因為警察組織具有緊急動員的能力，而且警力的動員網不僅是該縣市的警察局，更可及於全國警察組織，因為目前警察組織未完全地方化，仍具全國性特質；但消防局則幾乎已經地方化，整個人事遷調幾乎由縣市長主導。且因為警察深入地方村里的工作特性（有警勤區制度），所以警察局的動員力量絕對可以形成消防人員救災的最好支援。至於軍隊，因為擁有充足的人力，在緊急救災動員上，可以扮演積極的角色，尤其是緊急性與人力消耗性工作，例如災區現場之整理、搬運、清理，以及緊急工兵造橋舖路，道路工程單位難以短時間完成的工作，均可請軍隊協助。但因軍隊與地方政府無隸屬關係，地方政府（縣市長）如果透過正式管道請求當地駐軍支援，時效上可能會較為拖延，所以如何建立非正式互動管道，或以正式的方式訂定支援標準與協定，比較能夠掌握救災時機。

五、縣市政府水平與垂直單位之協調整合

災變發生後，除直屬縣市政的各單位與附屬機關在縣市長指揮下，應即投入救災工作，還有其它非隸屬縣政府之中央單位（例如監理站、調查站、高中職），若有必要也應該在縣政府指揮、協調、聯繫下，以整個組織體系進行救災。問題在於這些不隸屬縣政府的單位，與請求軍隊支援存在同樣的問題，除非有正式規定或有非正式溝通管道，否則難以在災害發生時，立即產生動員力量。再者，最好也應由消防局依照各種災害訂定各種應變與動員

計畫或方案，同時進行各種不同的救災演習，才能建立有效的救災組織動員機制。

參、結論

不論九二一大地震或八掌溪事件，都是在檢測救災組織體系功能運作。而且從九二一看八掌溪，再從八掌溪看九二一，我們可以從兩個救災事件實際運作的比較分析中，發現組織體系的許多問題。首先，工作技術或專業技能都是救災體系必須加強的，從八掌溪事件現場救災人員救災技術之貧乏，更證明救災技術應予加強，可以從人員之考試、晉用、考核、教育訓練、在職訓練等方面辦理，唯這不是本文的主題。就工作承諾分析，八掌溪事件中所顯示的，不論是政府或非政府部門，似乎工作承諾均不高。就領導分析，各層級領導者，對於救災危機處理與組織動員之協調整合，均有必要加強。

從鄉鎮市公所或縣政府層級分析，目前似乎有加強救災能力之必要，這對平時小型災害可能沒有參與之迫切性，但大型災難隨時可能來臨，因此平時仍應加強救災演習，以強化其救災與組織動員與協調整合之能力。當然，既謂以地方政府為主體，除有隸屬關係的縣政府各組織單位外，無隸屬關係的地方駐軍，甚至非政府與民間組織與單位，都應該是協調整合的對象，只是，整體性的協調合作必須有立即與正確資訊（通訊）傳輸，才可能發揮救災組織體系應有之功能。救災工作十萬火急，必須立即展開救災組織體系與民間團體之動員，最接近民眾的是鄉鎮市公所，因為最能搶得第一時間，如果善予組織動員，將可獲得最好的救災成效，也就是說救災體系動員雖必須有由上而下之動員，救災能力也必須由下而上加強，最基層的鄉鎮市公所人員與民眾都必須有更好的救災（難）技術。

警學叢刊，第三十二卷第三期，九十年十一月
著者：楊永年博士，中央警察大學教授兼行政管理系主任

金廈地區治安管理之研究

壹、研究動機與目的

在金廈互動交流頻繁的同時，治安問題也可能隨著增加，凸顯金廈地區治安管理的重要性。具體而言，關於金廈地區日益複雜的治安問題，兩岸金廈地區的治安機關都非常重視。兩岸治安機關進一步的接觸，對兩岸治安而言是互利的，因此可以說，任何兩岸任安機關的合作交流與互助，其所產生的是兩岸政府、治安機關、民眾等多贏的結果。所以，有關兩岸治安機關合作交流的議題相當值得重視、推動與研究。本文的研究目的，在探討如何透過金廈治安管理機制的建立，提升金廈治安管理的成效，雖然本文主題設定在金廈地區，直接與地方政府相關，但因任何涉及兩岸的跨境問題都與兩岸中央政府有關，因此雖然是區域性或地方性的議題，與兩岸中央政府都有關連，例如在海域執法部分，這屬於兩岸跨境問題，一旦發生爭執或爭議，不但是兩岸中央政府的大問題，甚至可能演變成國際關注的問題。

廣義而言，金廈地區的問題可以說是兩岸問題的縮影，或謂金廈之間問題的背後經常涉及兩岸複雜的政治、經濟與社會問題。也就是說，金廈之間的治安問題，不獨金廈兩地之地方政府可以解決，往往必須有兩岸中央政府的支持或首肯，才可能有進一步的互動與合作。或者在金門海域發生的治安或糾紛問題，就不是金廈兩地方政府所能處理，例如金門海域係海巡署的執法範圍，屬中央政府層級的事務，廈門海域則為邊防的執法範圍，雖係大陸福建省公安廳所屬單位，亦屬大陸中央政府權責範圍。或謂，如果金廈地區僅指金門與廈門地區，其所包含的範圍過於狹窄，所以金廈地區可以說是指比兩岸議題範圍小，但比金門廈門兩地議題範圍大的意涵。簡言之，本文所稱金廈地區是指以金門與廈門為主體之鄰近陸地與海域範圍，進行對治安問題的研究與探討，唯有時難以限縮在僅討論金廈地區的問題。至於，治安的範圍相當龐雜，除了所有犯罪偵查與預防工作項目，有關司法（通知、審判）文書之送達都與治安有關，所以直接與治安有關的機關或組織，至少應包括司法體系（如警察機關、檢察署、法院等機關），更廣的是與中央政府（如警政署屬內政部）、地方政府（如縣市警察局長人事權屬民選首長）有關，甚至間接的財政、農業、經濟等事務都可能與執法有關，也都可以涵蓋在治安項目之內。但為免論文內容過於龐雜，本文只針對刑事案件部分進行論述，但任何有關政府執法事項，包括農業、漁業、財政、經濟、環保等發生執法上的問題，多會要求警察介入，因此本文內容也不容易僅侷限於探討刑案部分，仍必須就與公共安全或公共秩序相關議題有所論述。

貳、研究內容

有關金門地區治安機關，應包括金門縣政府、金門縣警察局、境管局、農委會、衛生署、海關、民間守望相助或民間自衛團體、海巡署（包括海巡與岸巡總局）、金門地區防衛司令部（國防部及所屬各軍種）、調查局金門縣調查站、金門地方法院與地檢署；廈門地區治安機關則應包括以廈門為主體的大陸公安單位，包括福建省公安廳、廈門市公安局、邊防總隊、檢察署、地方法院等（有關廈門地區的治安機關有待進一步瞭解）。雖然有為數如此眾多的治安機關，但就實際運作而言，應以執法第一線的警察局、公安局、海巡隊、邊防總隊為主。

有關治安管理成效的意義，可以從組織績效的意涵進行瞭解，最簡單的概念應包括治安人員的工作表現與工作滿足感（楊永年，1997）。治安人員要有良好的工作表現，不僅要有個人的努力，還應有團體、組織（機關）以及所有影響組織因素之配合（楊永年，1999）。當然，相當重要的是，治安機關工作表現要能得到民眾的肯定，也就是要民眾滿意度要高，這樣的工作表現才有價值。至於治安人員的工作滿足感，來自於是否存在高度的工作誘因，或這些治安人員是否感覺在治安機關服務擁有尊榮感與成就感，或就激勵理論所提對激勵因子與保健因子的重視（Herzberg, 1968; Maslow, 1954）。

因此作者曾以金門治安聯防體系之研究為題的論文，將金門相關治安機關視為體系，探討組織間如何建立合作管道，也是屬於將治安機關的界線模糊化或開放化的論文，或本論文題目改為金廈地區治安聯防體系之研究也非常貼切。過去，作者使用「跨境」（cross boundary）一詞進行兩岸之間共同合作打擊犯罪機制之研究，就隱含建立兩岸治安聯防體系之重要，關於跨境合作方面，作者甚至針對兩岸如何建立組織間合作機制發表多篇論文。重點在於，跨境犯罪的產生經常無法就地理上清楚的界線作分野，因為犯罪經常是流動性而非固定性的，因此必須組成組織間合作的機制，背後其實也在顯示治安是整體的工作，所有治安機關都有責任，就是不應把金廈治安良莠的責任完全由金門縣警察局負責。

尤其金廈地區交流與互動機會日漸增加，可能成為犯罪的轉介站，尤其金廈地區相關的治安機關很多，是否存在嚴密的治安聯防網絡，也就是金廈地區治安機關（組織）間是否存在緊密的合作與協調聯繫機制，非常值得探究。更具體的說，研究重點應在於如何藉由金廈地區治安機關的合作，共同偵辦與預防金廈兩地跨境犯罪。再者，金廈地區治安機關合作共同打擊犯罪，難免涉及兩岸事務，或謂金廈兩地跨境犯罪不可能僅涉及金廈兩地，往往與更大範圍的大陸與台灣地區有關，因此論述內容難以排除兩岸因素的影響，或有時也必須考慮兩岸政府造成的影響。

參、建立金廈地區治安機關合作機制

當兩岸政府漸將交流重點放在金廈地區，建立金廈地區治安機關合作管道與機制，以有效共同打擊兩岸跨境犯罪，是目前金廈（兩岸）非常重要的工作。到底如何建立合作機制？有關這個議題，因為作者主要在建立金門地區治安聯防體系，主要分從個人、團體、組織進行思考，而今場景換成金廈地區，其實有著相同的理論基礎。從另一角度分析，因為環境的需求，也就是治安上的需要，促使金廈（兩岸）治安機關必須合作，或環境因素，讓兩岸治安人員自然而然的產生合作。金門地區治安機關有治安聯防整合的問題，廈門地區也有其治安聯防問題亟待整合，同樣的道理，金廈地區也可以視為一個整體的治安聯防區域，就像概念上外交領域有亞太地區、東亞地區、東南亞地區、東北亞地區、南太平洋地區等，有其區域的概念，都在進行區域性的合作，區域整合的治安概念當然也可以作如此推論。因此，本文仍將以個人、團體、組織等三個層次作為進行對金廈地區治安機關合作機制架構的思考。

一、個人間

金廈治安聯防始於兩地治安人員間的接觸與合作，唯治安人員若作廣義定義，可以將所有與金廈治安相關的政府人員或甚至一般民眾都涵蓋在內。換句話說，任何關心金廈治安者，都可算是金廈治安聯防體系的一員。就實際的執行面分析，金廈地區治安機關人員的直接接觸，對治安管理成效的提升最有幫助，因為治安機關畢竟是直接負責治安事務的單位。因此，在金門地區的金門縣警察局員警與海巡署人員，以及在廈門地區的廈門市公安局、福建省公安廳、邊防總隊等治安機關員警個人之間的合作，都具有很重要的意義。所以金廈治安機關任何個人間的接觸與連繫，都有促進金廈治安聯防或治安管理成效的功能，值得鼓勵。

事實上，個人與個人間的合作因受到的限制較少，彈性較大，因為個人間的合作可以在任何時間、任何地點以任何方式進行，如兩地治安人員透過電話進行合作（不一定要熟視，只要有共識就可以），是很好的方式。只是有關個人與個人間合作管道的建立，牽涉到誘因與困境的問題。也就是個人間合作必須存在誘因，讓參與合作的個人感覺合作是件快樂的事，因此所謂誘因不一定指實質的獎勵，也包括成就感與尊榮感在內，而就目前作者所接觸兩岸治安學術與實務人員，都對兩岸交流存在高度意願，因此誘因比較不成問題。至於困境，來自政治、社會、文化因素的影響或壓力，造成金廈（兩岸）治安機關個人認知的差異，往往形成金廈治安機關個人間合作的困境或障礙，因此困境比較是金廈地區治安機關要去突破之處。另一方面，治安機關領導者間的接觸與合作，雖屬個人層次，但因領導者擁有行政資源，能夠發揮的治安管理成效能量將更為驚人。具體而言，個人間的合作僅是點對點的合作，必須擴大到線、面甚至立體的合作，不能只靠個人，所以要靠整體（團體與組織）的力量進行合作。

二、團體間

關於團體的定義，是指兩人或兩人以上，具有共同目標，且心理上相互意識到其為團體中的一員，就是團體。但要能發揮能量，團體還要能進一步能發展成為團隊，存在團隊精神。而根據前述團體的定義，金門縣警察局、海巡隊、岸巡隊等內部分別存在很多團體，例如各工作單位、部門都是團體。當然也可以形成組織內部跨部門的工作團隊，例如專案小組或委員會，而且也可以形成跨組織的治安工作團隊，例如成立由金門地檢署指揮監督與主導的查緝團隊。同樣的道理，廈門公安局、邊防隊、福建省公安廳可以分為形成內部的治安工作團隊，以及跨組織的治安團隊。

當然，如果前述這邏輯說的通，金廈地區（兩岸）也可以著手建立金廈的治安工作團隊，這就如學者所提，可以建立虛擬團隊，可以在任何地點、時間，以各種方式成立治安工作團隊。或者更進一步可以建立各團隊間的連繫合作機制，也就是整合成團隊間的合作網絡，所能發揮的治安管理成效更大。再者，如果我們將正式與非正式團體再作進一步劃分，所謂團體概念的運作性其實更廣，正式團體雖重要（如刑警隊、分駐所、各課室），非正式團體有時更為重要（非正式則代表發自內心的認同，如同鄉、同學、同理念之團體），因為非正式團體往往有較正式團體有高的凝聚力。重點在於，團隊成員對於跨區犯罪必須存在合作的共識，才可能發揮功能。

以金廈地區治安管理學術研討會參與人員分析，不只來自金廈地區，也不僅來自狹義的治安機關，還有自兩岸中央層級的人員參加，可以說在形成跨地區、跨層級、跨部門、跨領域的治安工作團體。雖然可以說，研討會的目的是創造一個治安工作團隊，但這團隊裏面又可以創造很多的團體，甚至大家熟視後返回各自的工作單位，又可形成更多的治安工作團隊。只是，就概念架構分析，團體的層次在組織之下，組織比團體有更豐富的資源。

三、組織間

組織是指兩個人以上，有正式且完整之分工，為達共同目標，透過正式與非正式交流活動，所結合而成的社會實體。根據這定義，派出所、分隊、各課室或其它正式分工不完整的單位，都不能稱為組織，僅警察分局、警察局、警政署、縣市政府可以稱為組織。如前述，組織間的合作往往要透過個人與團體間的合作，只是，若將思考的層次擴大，透過組織領導者間的合作，等於將組織的資源投入合作機制內運作，當然可以獲致的治安管理成效將更為驚人。換言之，組織間合作的思考空間更大，擁有更多資源，可以創造更多共生或相互依賴關係。

重點在於，每個組織有其特定的任務範圍，或組織自然會形成一定的界線（boundary），造成組織間合作難以突破的障礙。界線可能是心理上的、可能是法令上的、可能是業務上的，也有可能是地理上的，或是綜合前述四種因素的界線。而且往往是領導者與第一線實作人員在進行界線上的定義，例如在金廈海域執法，雖存在所謂的中線，但金廈經常的往來，往往造成界線的模糊，或界線往往成爭議。例如此次過年，台商中轉人數在金門成長十倍，交通部於是考慮將在金門中轉的春節輸運專案變成通案（聯合報2003年2月9日第1版），這其實就屬組織界線的擴大或突破。在金門舉辦金廈地區治安管理學術研討會，對兩岸、對金廈都是第一次，也可以說是界線上的突破。

肆、結論

金廈地區交流擴大是無法避免的趨勢，可能產生更多的治安問題，仍有賴金廈治安機關建立個人、團體、組織之間，正式與非正式的合作機制，才能發揮提升治安管理的功效。依前述的界線概念，因為金廈（兩岸）交流的擴大，界線在模糊當中，金廈地區治安機關因此也應同步發展，讓原本金廈治安機關清楚的界線模糊化。也就是想辦法讓金廈地區更多的治安機關共同參與治安事務的維護。同時，金廈地區治安問題所涉及的問題很多不是地方性的，而是與兩岸中央政府有關，所以也應發展跨政府層級的合作機制，才能突破目前合作的困境。

金廈地區治安管理學術研討會論文，九十二年二月二十二日

著者：楊永年博士，中央警察大學教授兼行政管理系主任

社會科學類　AF0145

行政專題論述
（增訂二版）

編　　著 / 林克昌
責任編輯 / 黃姣潔
圖文排版 / 張慧雯
封面設計 / 蕭玉蘋

發 行 人 / 宋政坤
法律顧問 / 毛國樑　律師
印製出版 / 秀威資訊科技股份有限公司
114台北市內湖區瑞光路76巷65號1樓
電話：+886-2-2796-3638　傳真：+886-2-2796-1377
http://www.showwe.com.tw
劃撥帳號 / 19563868　戶名：秀威資訊科技股份有限公司
讀者服務信箱：service@showwe.com.tw
展售門市 / 國家書店（松江門市）
104台北市中山區松江路209號1樓
電話：+886-2-2518-0207　傳真：+886-2-2518-0778
網路訂購 / 秀威網路書店：http://www.bodbooks.tw
國家網路書店：http://www.govbooks.com.tw
圖書經銷 / 紅螞蟻圖書有限公司
114台北市內湖區舊宗路二段121巷28、32號4樓
電話：+886-2-2795-3656　傳真：+886-2-2795-4100

2002年9月BOD一版
2003年4月BOD二版
2004年9月修訂一版
2006年7月BOD再刷
2010年9月增訂二版
定價：380元

國家圖書館出版品預行編目

行政專題論述 / 林克昌編著. -- 增訂二版. -- 臺
北市：秀威資訊科技, 2010.09
面；　公分. --（社會科學類：AF0145）
BOD版
ISBN 978-986-221-612-5（平裝附光碟片）

1. 公共行政　2. 文集

572.907　　99017634

讀者回函卡

感謝您購買本書，為提升服務品質，請填妥以下資料，將讀者回函卡直接寄回或傳真本公司，收到您的寶貴意見後，我們會收藏記錄及檢討，謝謝！如您需要了解本公司最新出版書目、購書優惠或企劃活動，歡迎您上網查詢或下載相關資料：http:// www.showwe.com.tw

您購買的書名：____

出生日期：________年________月________日

學歷：□高中（含）以下　□大專　□研究所（含）以上

職業：□製造業　□金融業　□資訊業　□軍警　□傳播業　□自由業

□服務業　□公務員　□教職　□學生　□家管　□其它_____

購書地點：□網路書店　□實體書店　□書展　□郵購　□贈閱　□其他

您從何得知本書的消息？

□網路書店　□實體書店　□網路搜尋　□電子報　□書訊　□雜誌

□傳播媒體　□親友推薦　□網站推薦　□部落格　□其他__________

您對本書的評價：（請填代號　1.非常滿意　2.滿意　3.尚可　4.再改進）

封面設計____　版面編排____　內容____　文／譯筆____　價格____

讀完書後您覺得：

□很有收穫　□有收穫　□收穫不多　□沒收穫

對我們的建議：____

____

____

____

請貼
郵票

11466
台北市內湖區瑞光路 76 巷 65 號 1 樓
秀威資訊科技股份有限公司 收
BOD 數位出版事業部

（請沿線對折寄回，謝謝！）

姓　　名：＿＿＿＿＿＿＿＿　年齡：＿＿＿＿　性別：□女　□男

郵遞區號：□□□□□

地　　址：＿＿＿＿＿＿＿＿＿＿＿＿＿＿＿＿

聯絡電話：(日) ＿＿＿＿＿＿＿＿ (夜) ＿＿＿＿＿＿＿＿

E-mail：＿＿＿＿＿＿＿＿＿＿＿＿＿＿＿＿